Trevallars carambole: Runt om i världen mönster

Från professionella mästerskapsturneringar

Testa dig mot professionella spelare

Allan P. Sand
PBIA Certifierad Biljardinstruktör

ISBN 978-1-62505-350-3
PRINT 7x10

ISBN 978-1-62505-514-9
PRINT 8.5x11

First edition

Copyright © 2019 Allan P. Sand

All rights reserved under International and Pan-American Copyright Conventions.

Published by Billiard Gods Productions.
Santa Clara, CA 95051
U.S.A.

For the latest information about books and videos, go to: http://www.billiardgods.com

Acknowledgements

Wei Chao created the software that was used to create these graphics.

Innehållsförteckning

Introduktion **1**
Om bordslayouten 1
Tabellinställningsanvisningar 2
Syftet med layouterna 2
A: Kort ben (lång vallar) **3**
A: Grupp 1 3
A: Grupp 2 8
A: Grupp 3 13
A: Grupp 4 18
A: Grupp 5 23
A: Grupp 6 28
A: Grupp 7 33
B: Inåt bakåt **38**
B: Grupp 1 38
B: Grupp 2 43
B: Grupp 3 48
B: Grupp 4 53
C: Förlängt ben **58**
C: Grupp 1 58
C: Grupp 2 63
C: Grupp 3 68
D: Stor boll i hemmet hörnet **73**
D: Grupp 1 73
D: Grupp 2 78
D: Grupp 3 83
D: Grupp 4 88
D: Grupp 5 93
D: Grupp 6 98
D: Grupp 7 103
D: Grupp 8 108
D: Grupp 9 113
E: Följ i hörnet **118**
E: Grupp 1 118
E: Grupp 2 123
E: Grupp 3 128
F: Kort ben (modifierat) **133**
F: Grupp 1 133
F: Grupp 2 138

Other books by the author ...
- 3 Cushion Billiards Championship Shots (a series)
- Carom Billiards: Some Riddles & Puzzles
- Carom Billiards: MORE Riddles & Puzzles
- Why Pool Hustlers Win
- Table Map Library
- Safety Toolbox
- Cue Ball Control Cheat Sheets
- Advanced Cue Ball Control Self-Testing Program
- Drills & Exercises for Pool & Pocket Billiards
- The Art of War versus The Art of Pool
- The Psychology of Losing – Tricks, Traps & Sharks
- The Art of Team Coaching
- The Art of Personal Competition
- The Art of Politics & Campaigning
- The Art of Marketing & Promotion
- Kitchen God's Guide for Single Guys

Introduktion

Detta är en av en serie Carom Biljardböcker som visar hur professionella spelare fattar beslut, baserat på bordslayouten. Alla dessa layouter är från internationella tävlingar.

Dessa layouter sätter dig inuti spelarens huvud, börjar med bollarnas positioner (visas i första tabellen). Den andra tabellen layout visar vad spelaren bestämde sig för att göra.

Om bordslayouten

Det här är de tre bollarna på bordet:

Ⓐ (CB) (din biljardboll)

⊙ (OB) (motståndare biljardboll)

● (OB) (röd biljardboll)

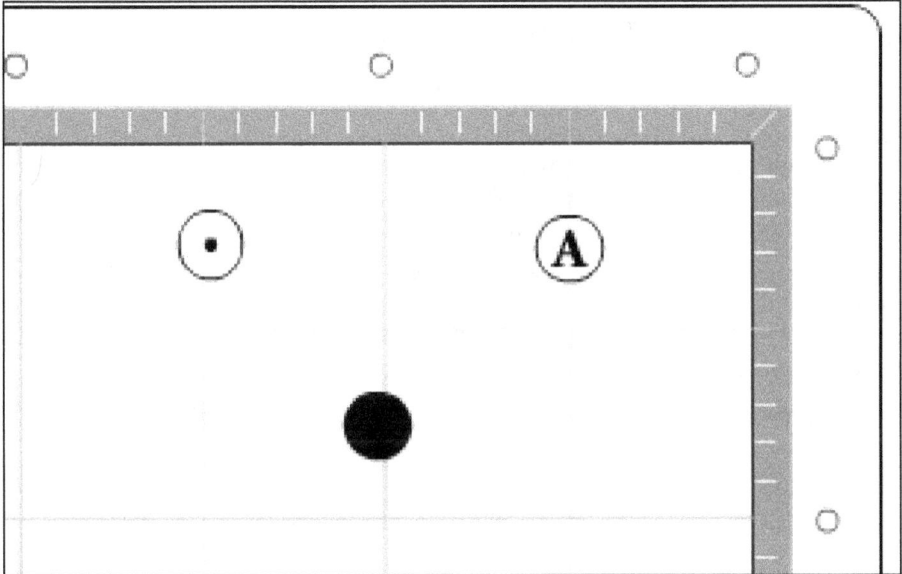

Varje konfiguration har två tabelllayouter. Den första tabellen är bollpositionerna. Den andra tabellen är hur bollarna rör sig på bordet.

Tabellinställningsanvisningar

Använd pappersbindningsringar för att markera kulans positioner (köp på vilken som helst kontorsleveransbutik).

Placera ett mynt vid varje bordsduk som (CB) kommer att röra.

Jämför din (CB) -väg med den andra tabellkonfigurationen. För att lära dig kan du behöva flera försök. Efter varje misslyckande, gör justering och försök igen tills du lyckas.

Syftet med layouterna

Dessa layouter finns för två ändamål.

- Din analys - Hemma kan du överväga hur du spelar konfigurationen på den första tabellen. Jämför dina idéer med det faktiska mönstret på den andra tabellen. Tänk på din lösning och överväga alternativ. Från den andra tabellen kan du också analysera hur man följer mönstret. Mentalt spela skottet och bestämma hur du kan lyckas.

- Öva bordkonfigurationen - Placera bollarna i position enligt den första tabellen konfigurationen. Försök att skjuta på samma sätt som det andra bordsmönstret. Du kan behöva många försök innan du hittar rätt sätt att spela. Så här kan du lära dig och spela dessa skott under tävlingar och turneringar.

Kombinationen av mental analys och praktisk praxis gör dig till en smartare spelare.

A: Kort ben (lång vallar)

På denna serie av bollkonfigurationer kontakter (CB) först (OB), som ligger mycket nära den långa vallar. (CB) går sedan in i standarden runt världsmönstret.

Ⓐ (CB) (din biljardboll) - ⊙ (OB) (motståndare biljardboll) - ● (OB) (röd biljardboll)

A: Grupp 1

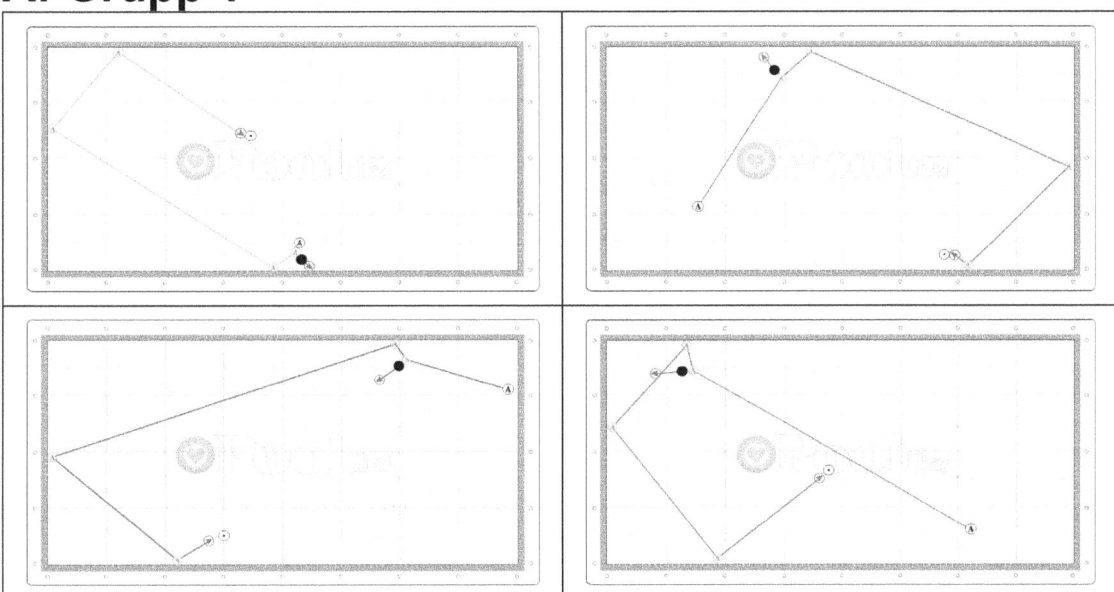

Analys:

A:1a. _____

A:1b. _____

A:1c. _____

A:1d. _____

A:1a – Inrätta

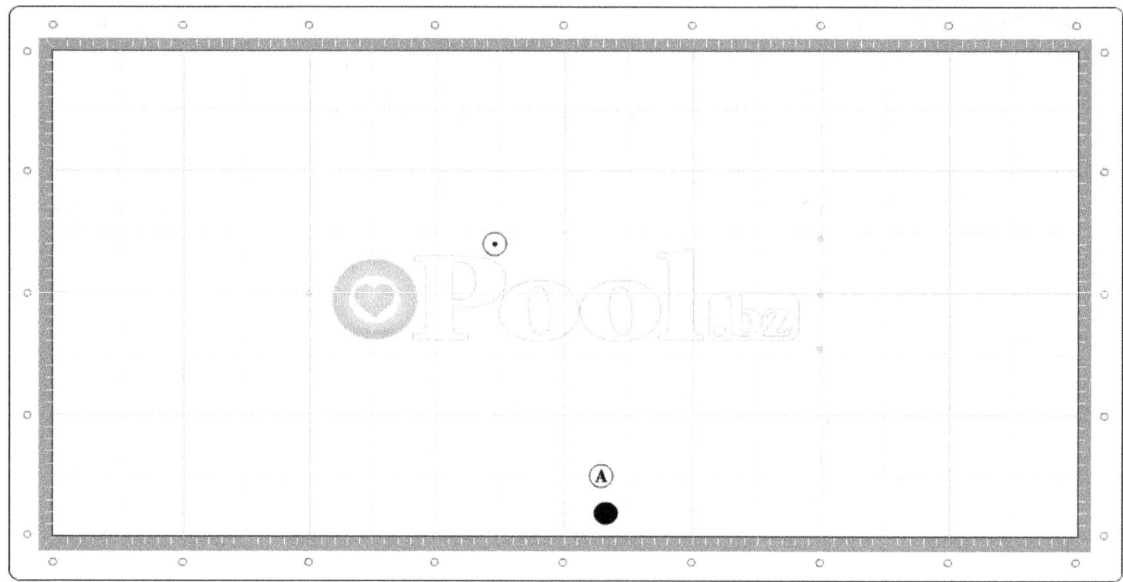

Anteckningar och idéer:

Skottmönster

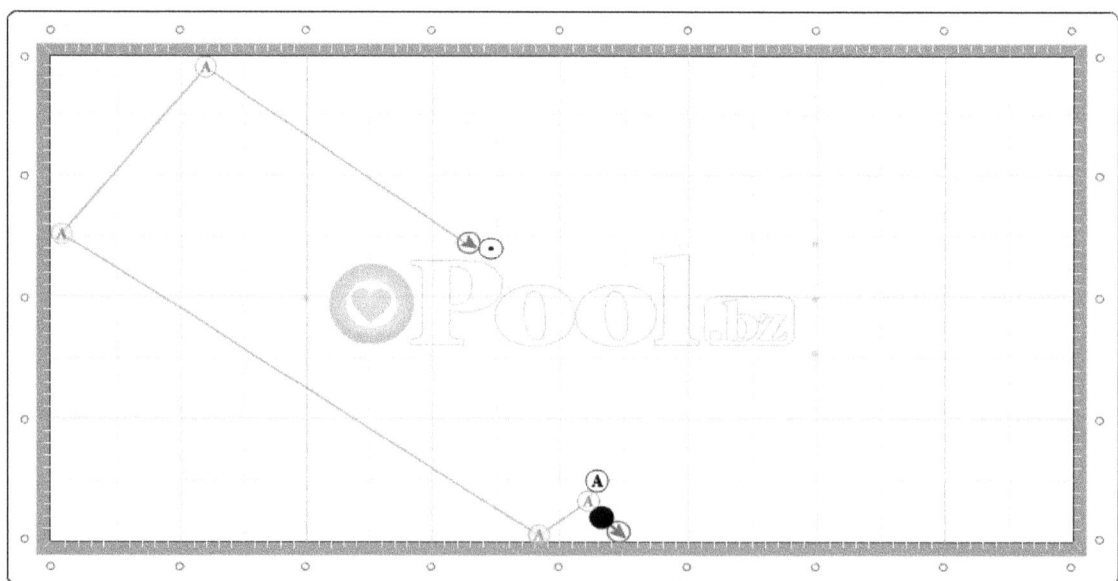

A:1b – Inrätta

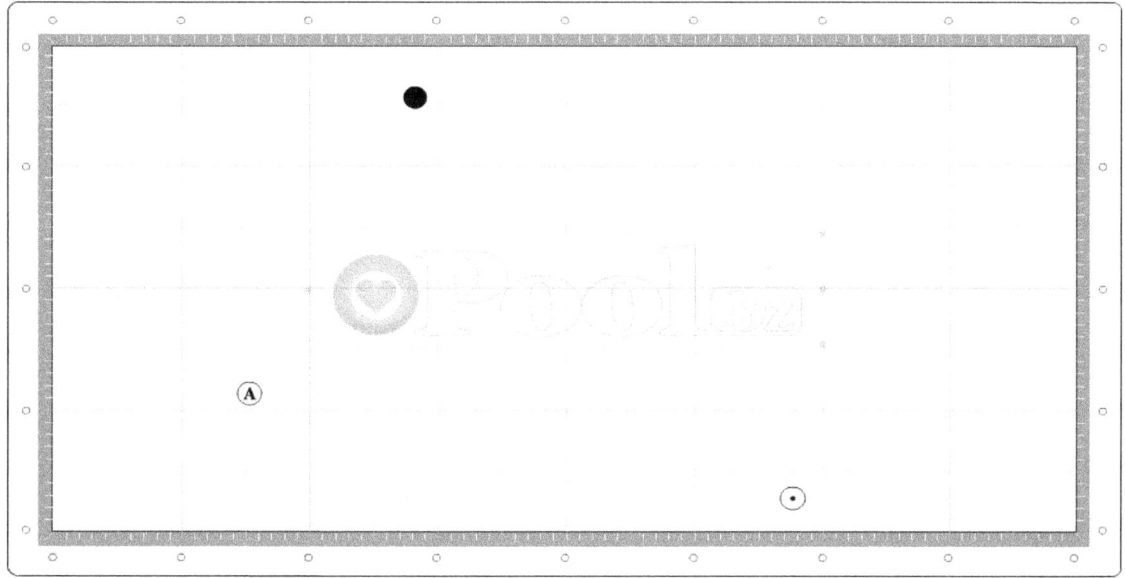

Anteckningar och idéer:

Skottmönster

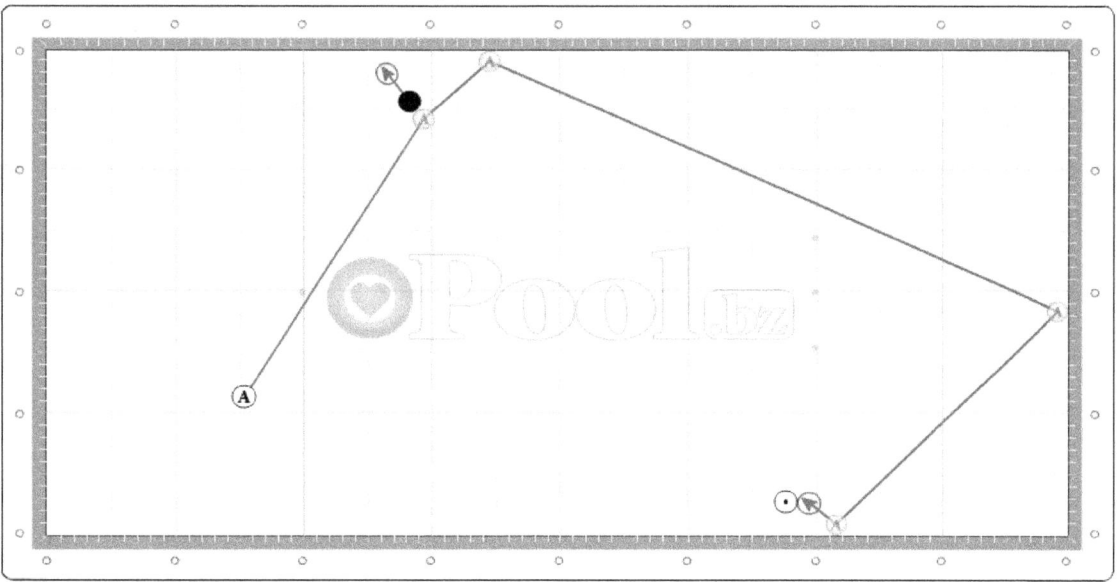

A:1c – Inrätta

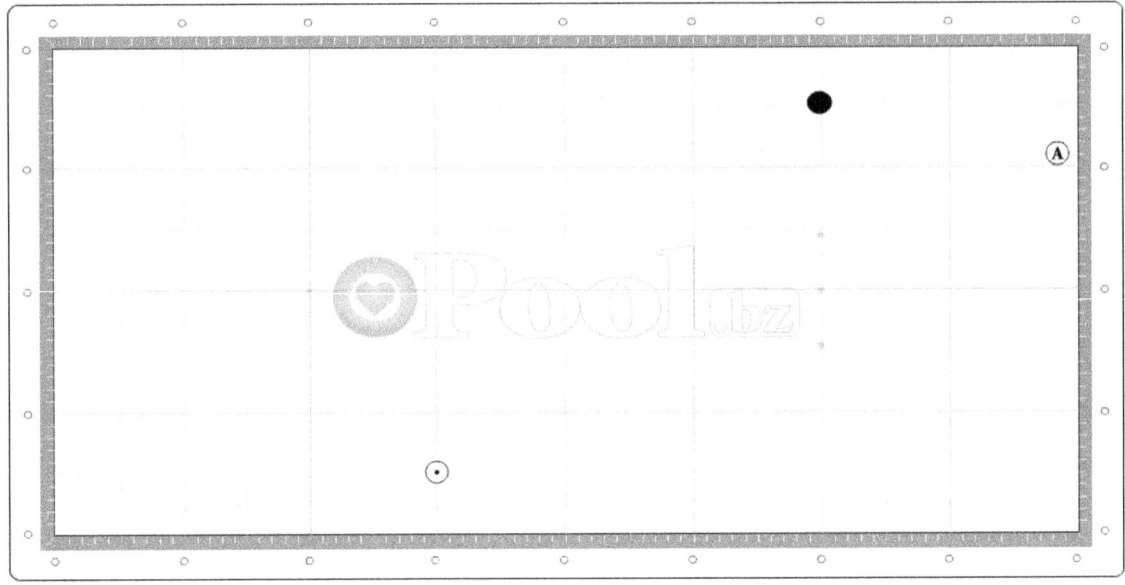

Anteckningar och idéer:

Skottmönster

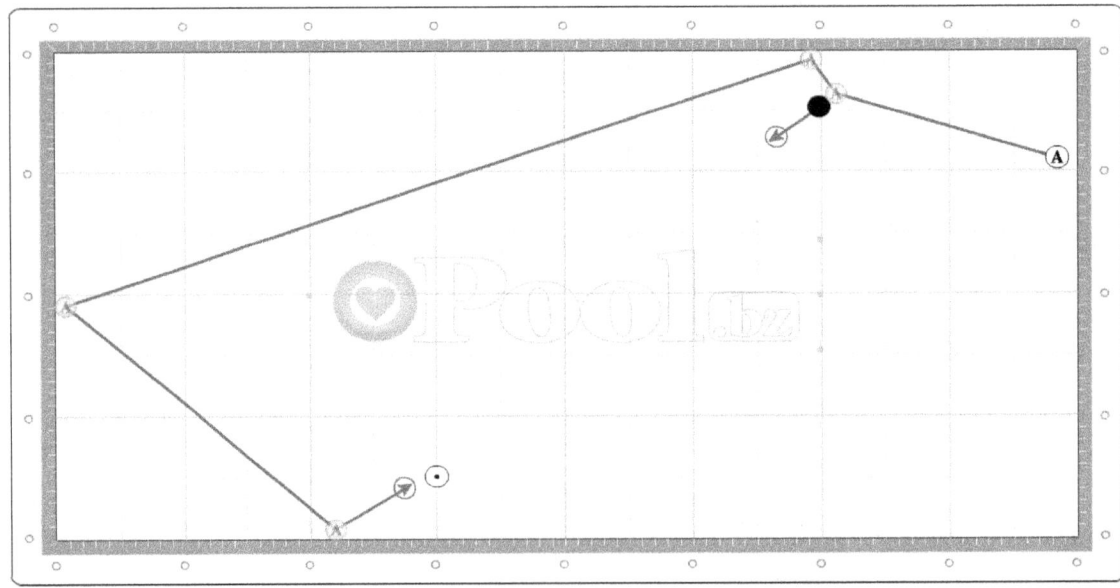

A:1d – Inrätta

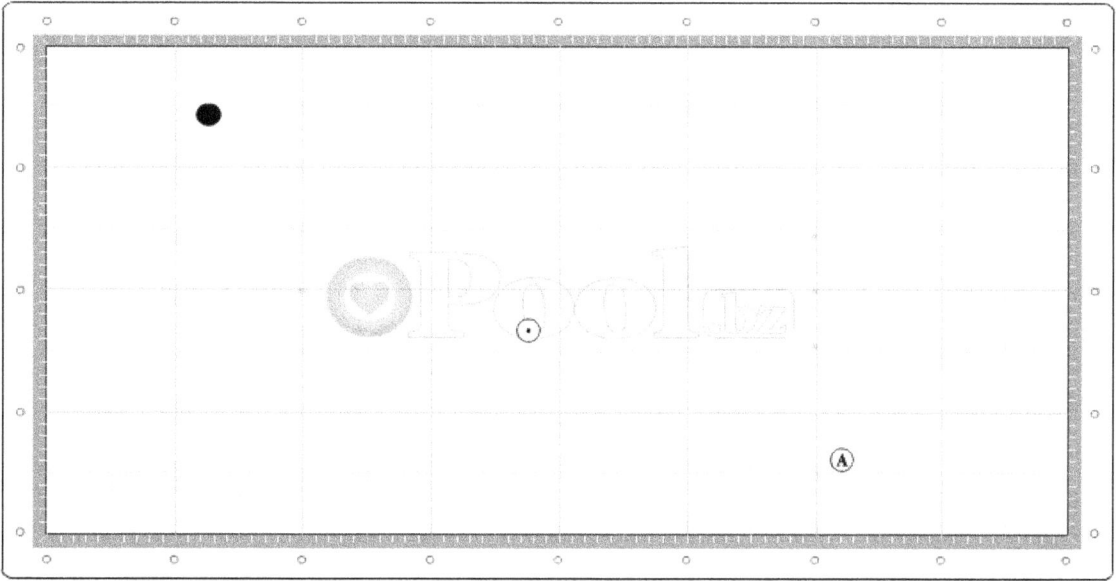

Anteckningar och idéer:

Skottmönster

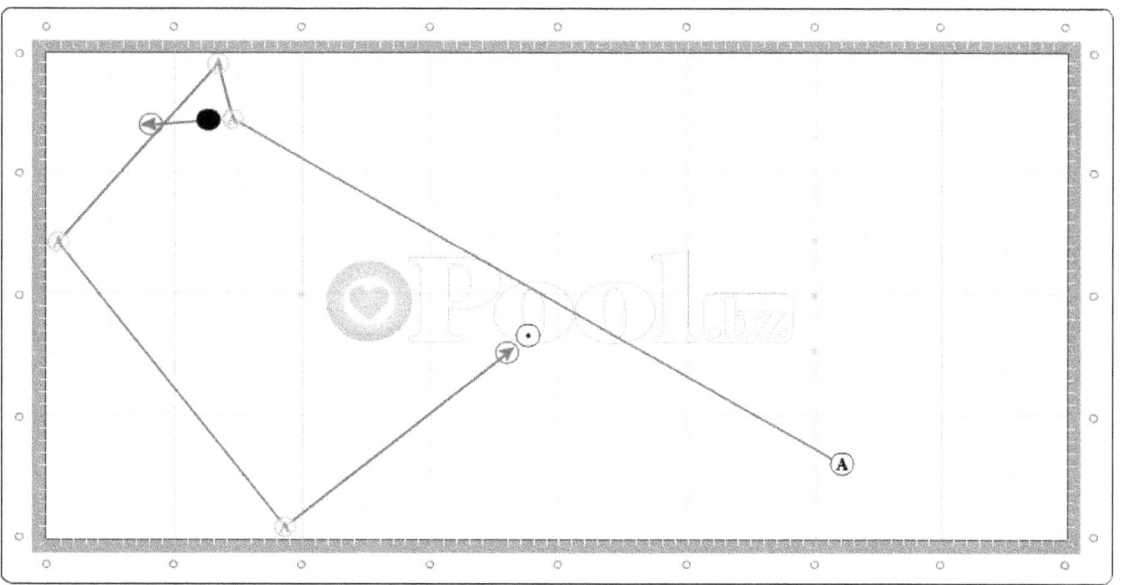

A: Grupp 2

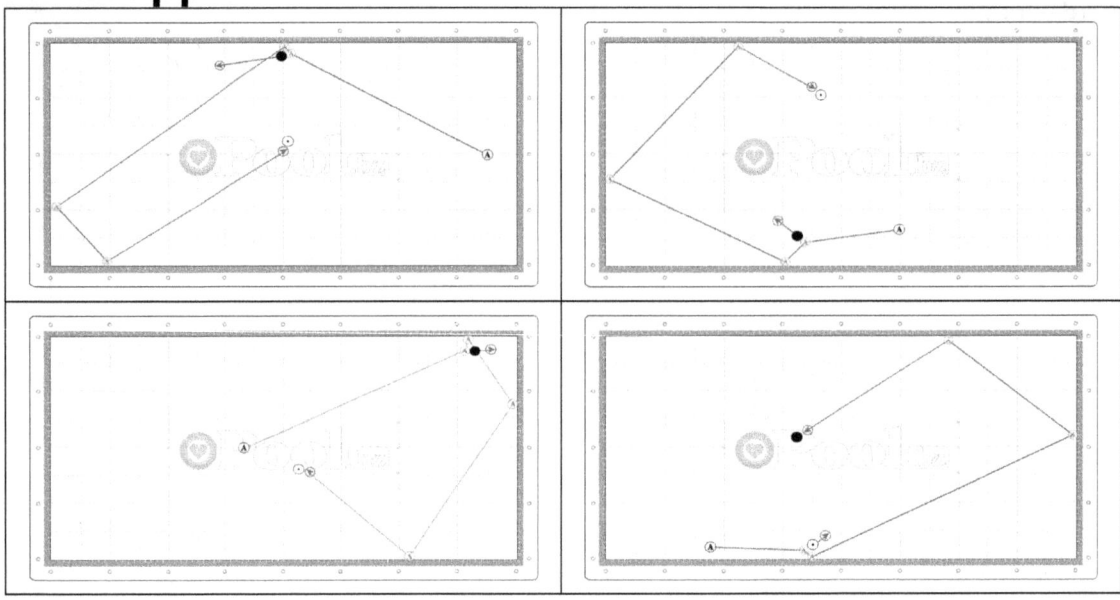

Analys:

A:2a. _____

A:2b. _____

A:2c. _____

A:2d. _____

A:2a – Inrätta

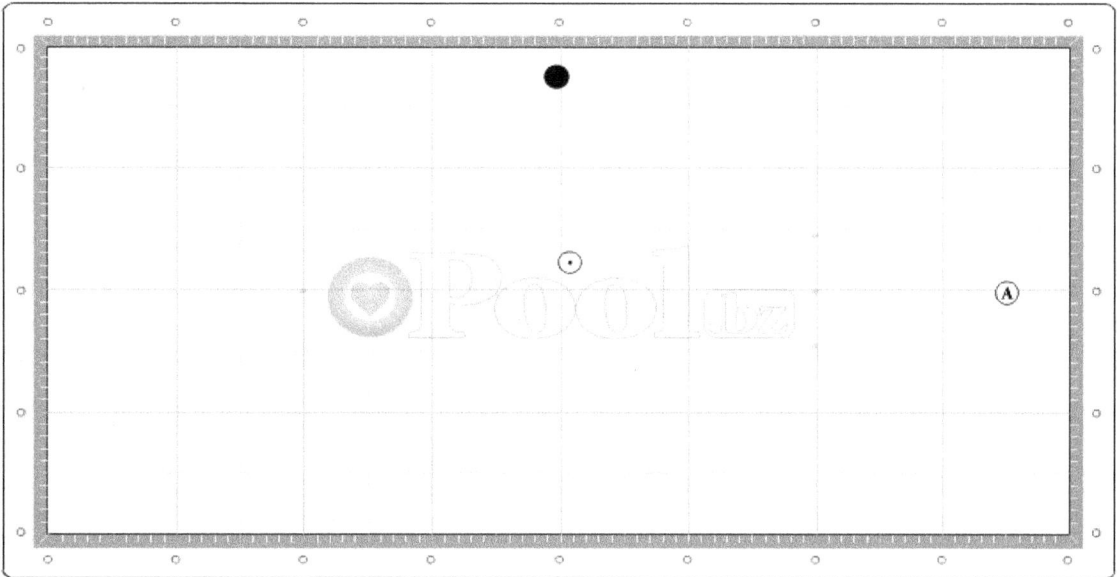

Anteckningar och idéer:

Skottmönster

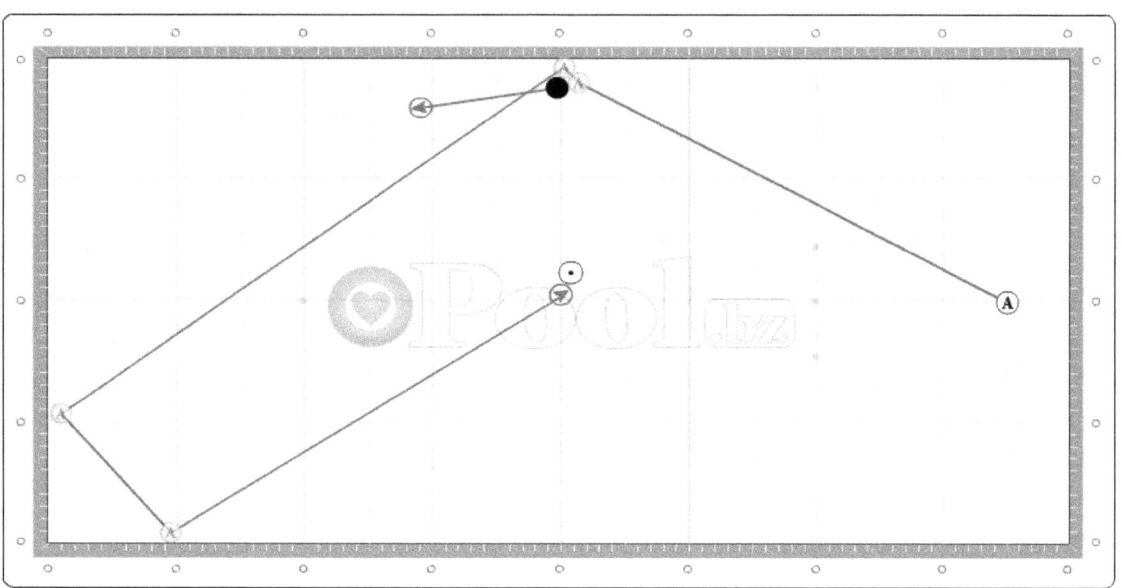

A:2b – Inrätta

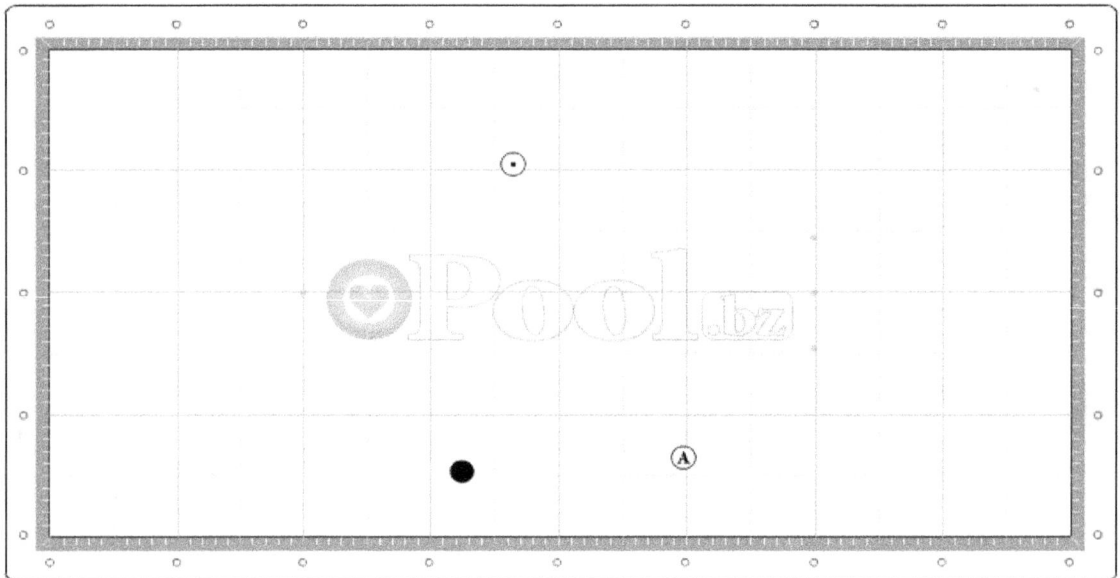

Anteckningar och idéer:

Skottmönster

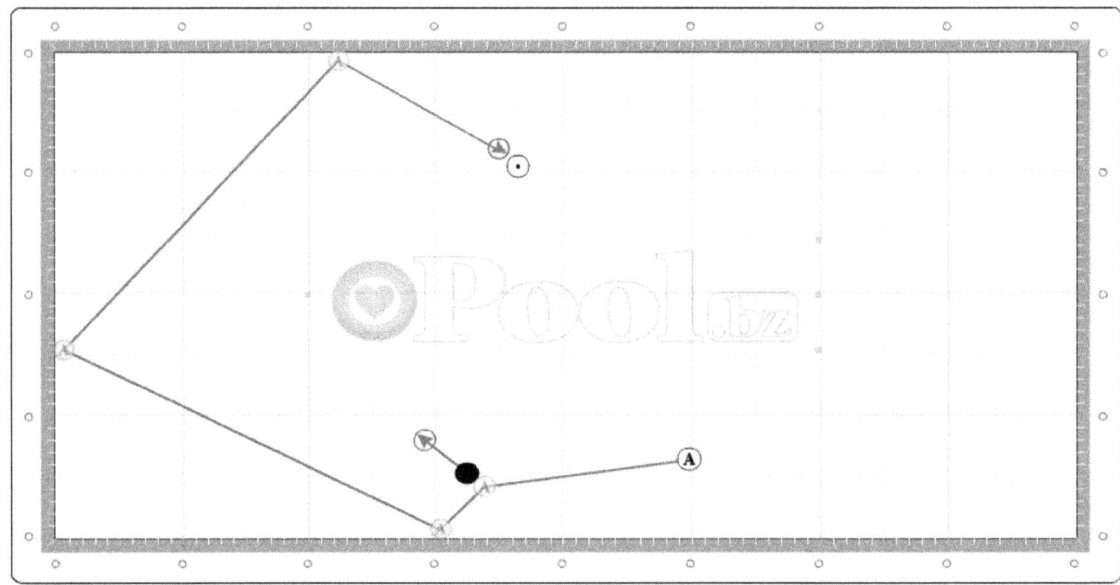

A:2c – Inrätta

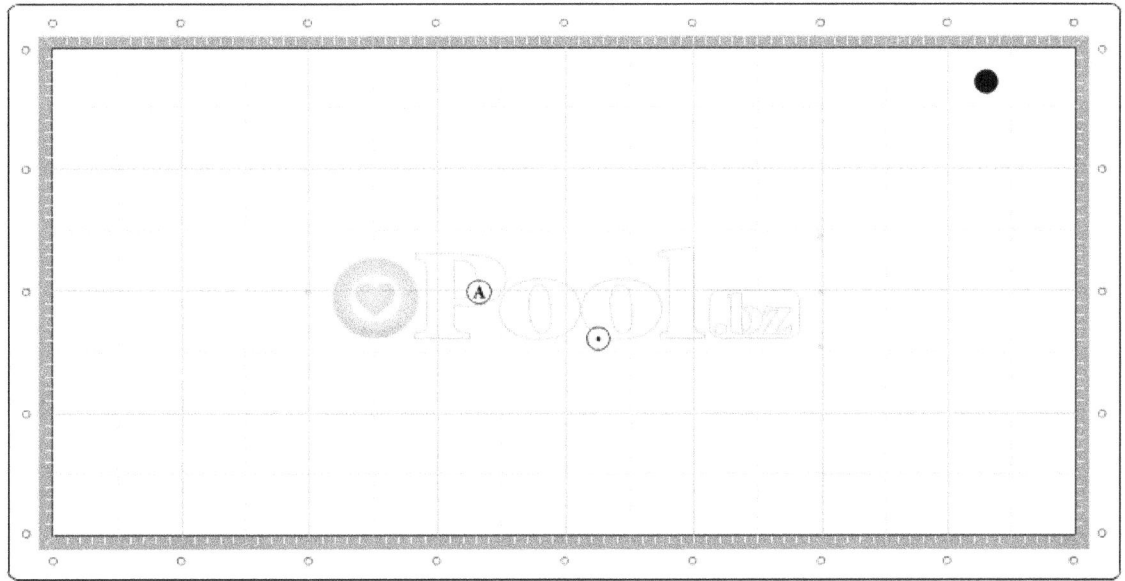

Anteckningar och idéer:

Skottmönster

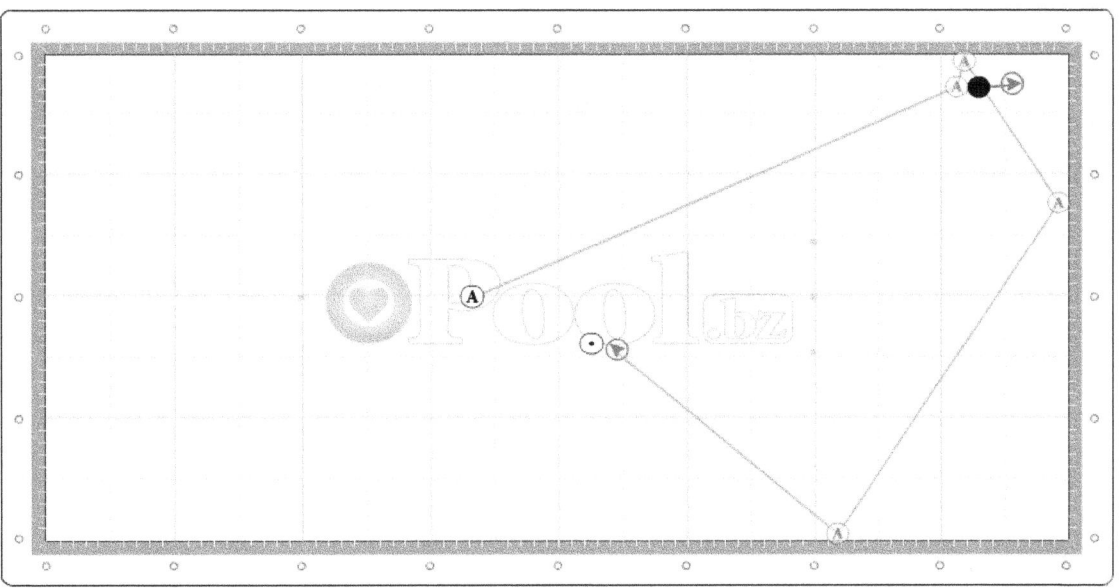

A:2d – Inrätta

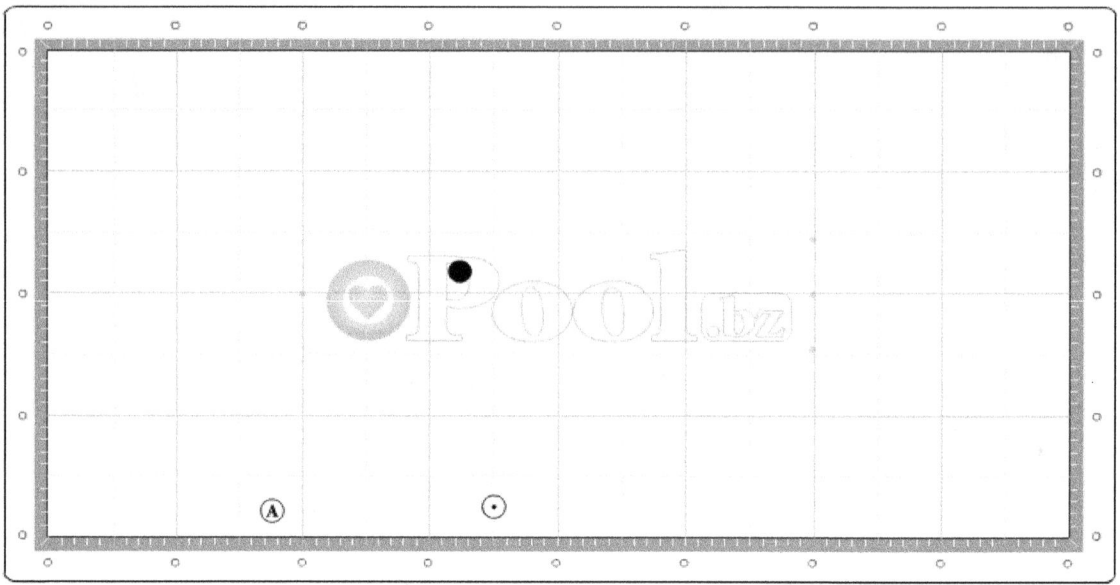

Anteckningar och idéer:

Skottmönster

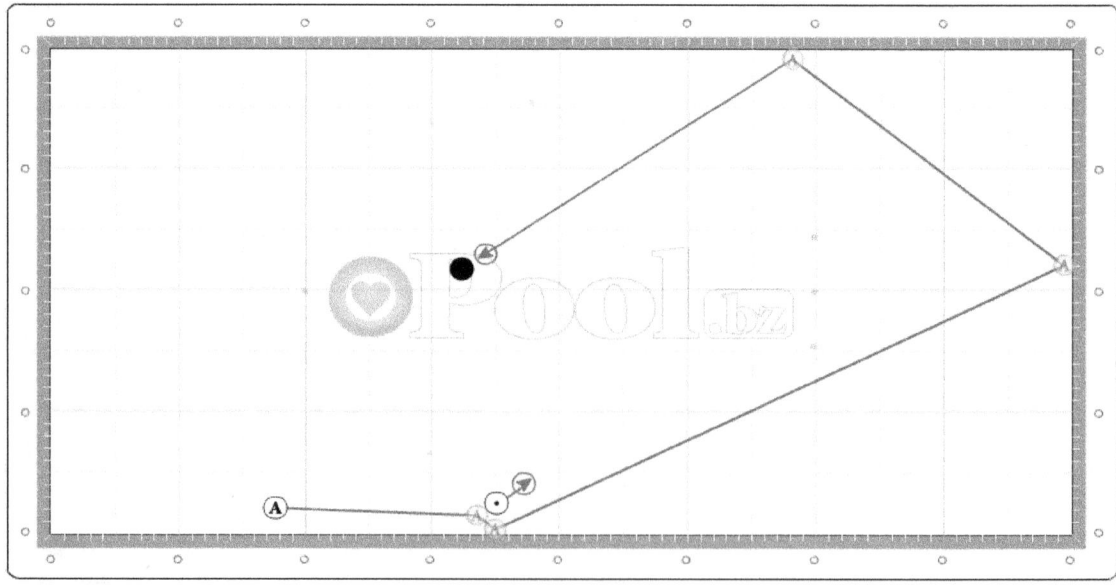

A: Grupp 3

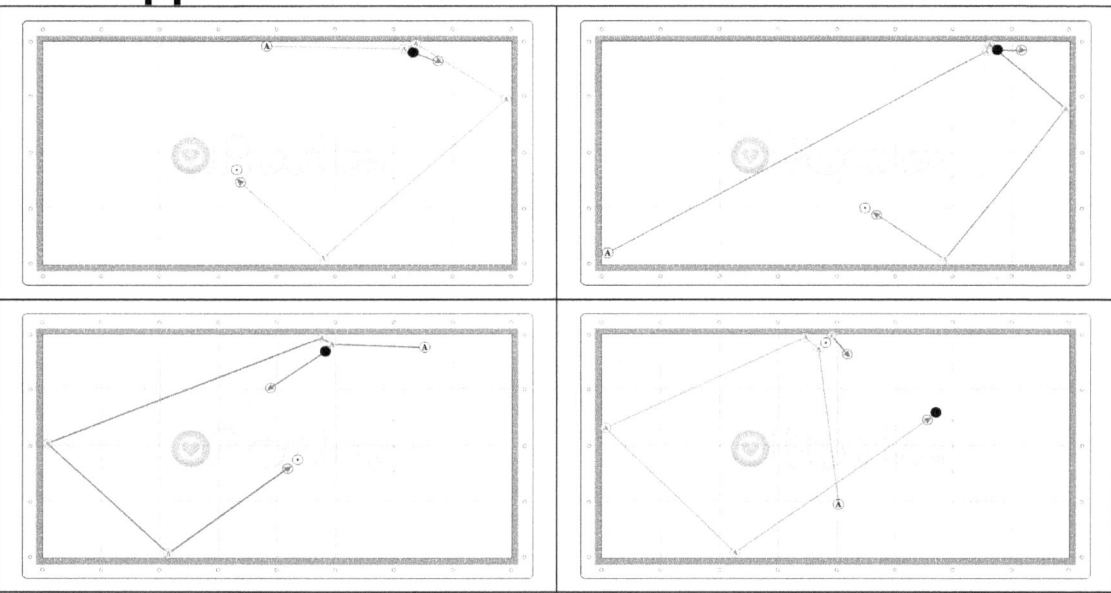

Analys:

A:3a. _____

A:3b. _____

A:3c. _____

A:3d. _____

A:3a – Inrätta

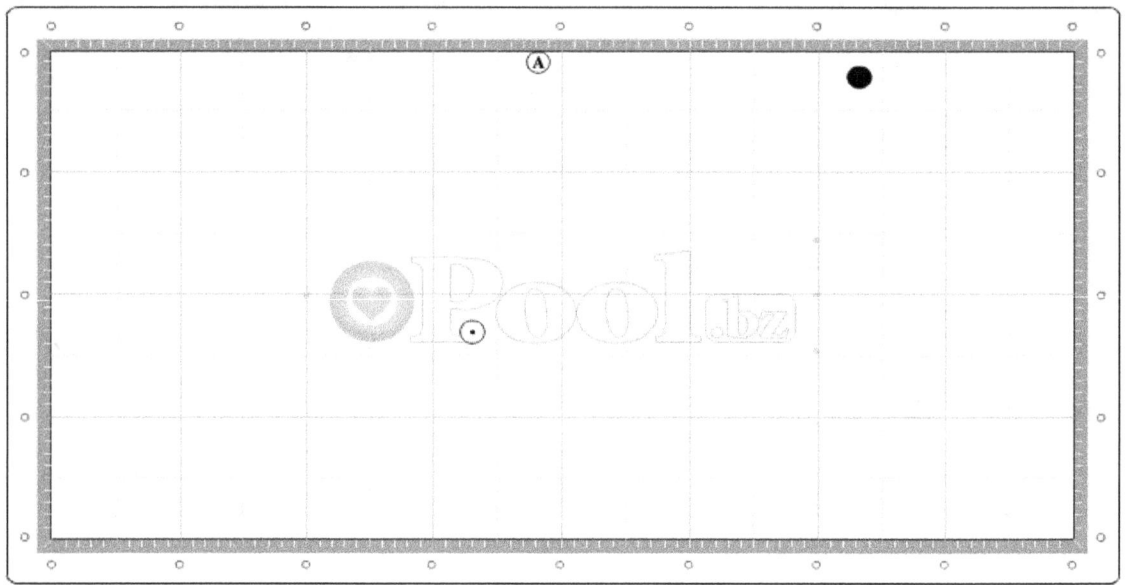

Anteckningar och idéer:

Skottmönster

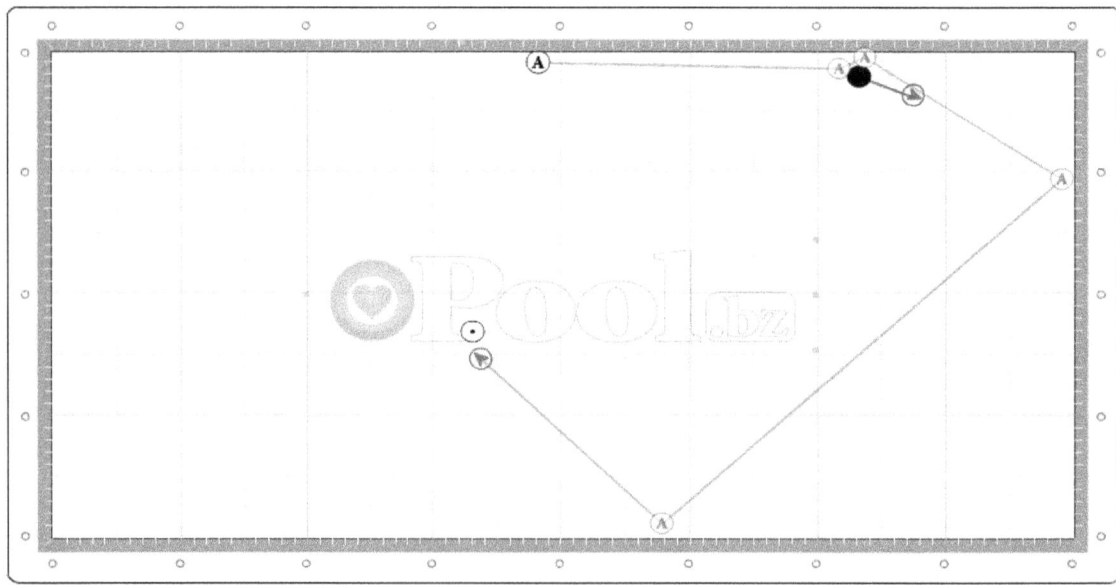

A:3b – Inrätta

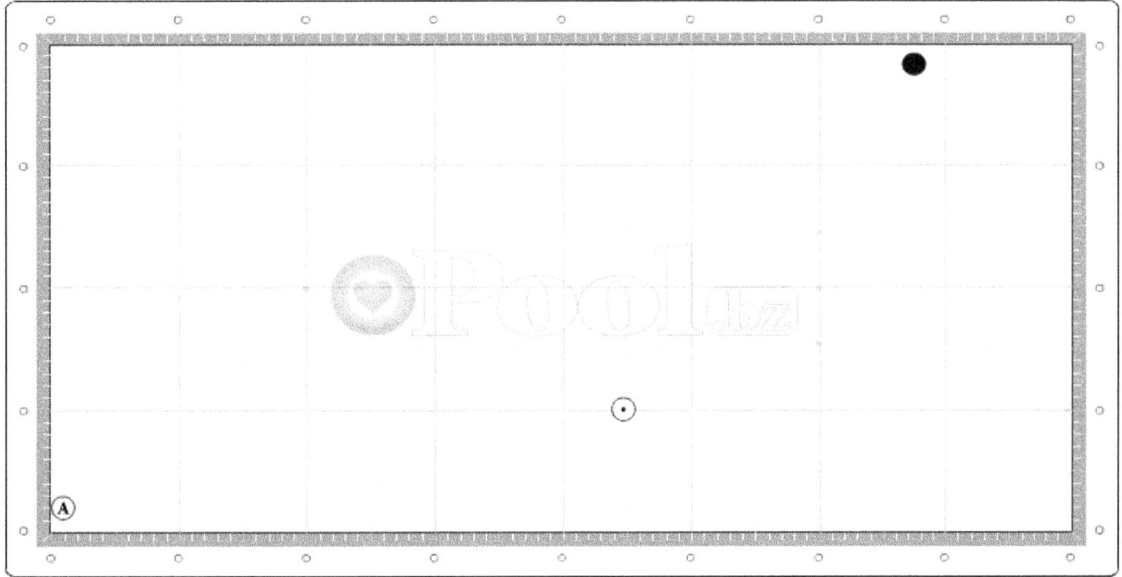

Anteckningar och idéer:

Skottmönster

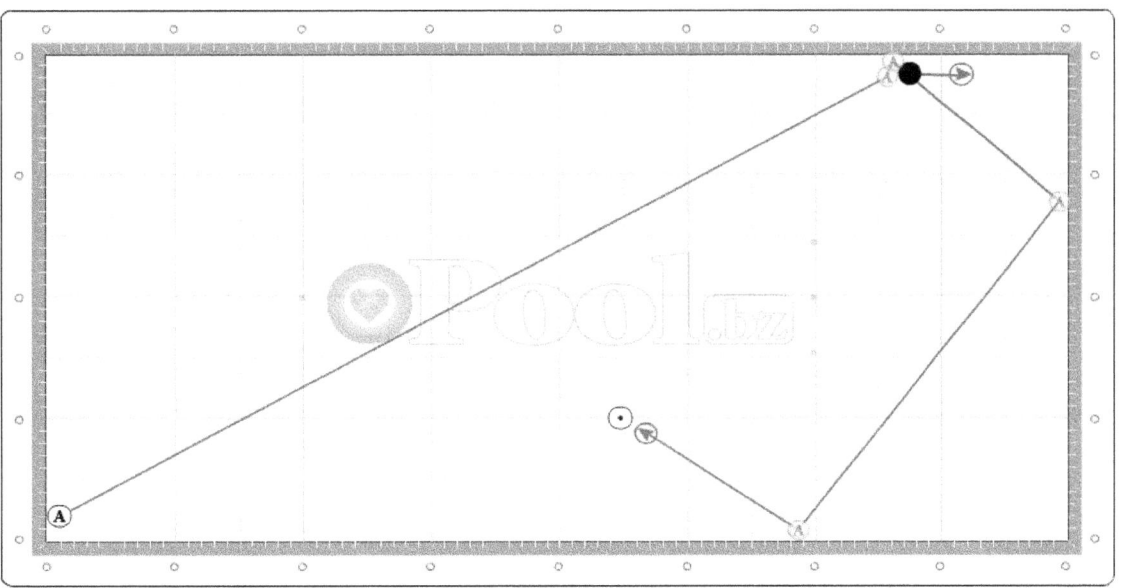

A:3c – Inrätta

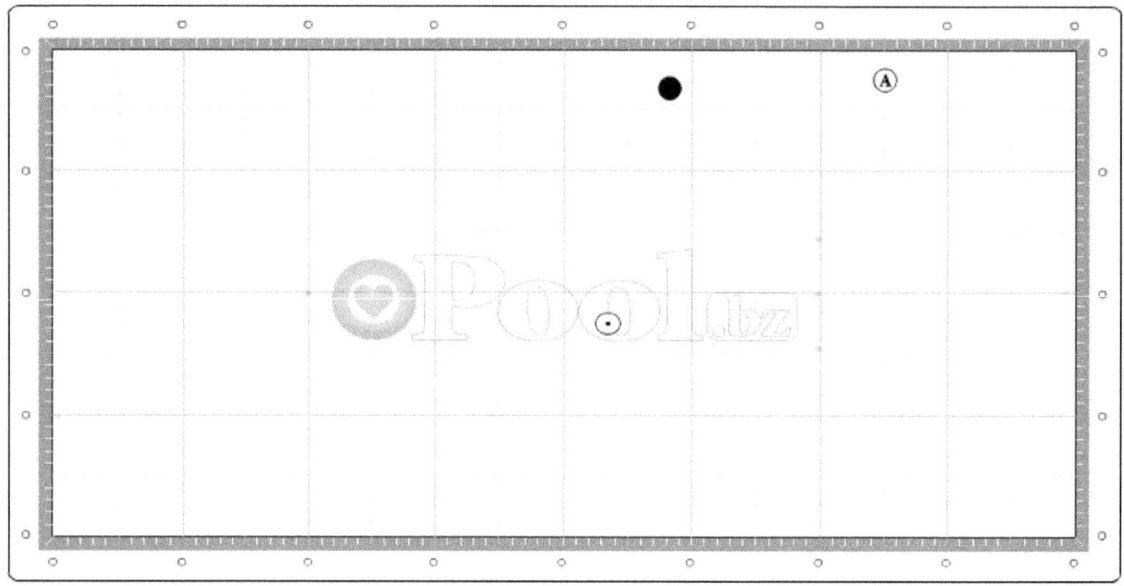

Anteckningar och idéer:

Skottmönster

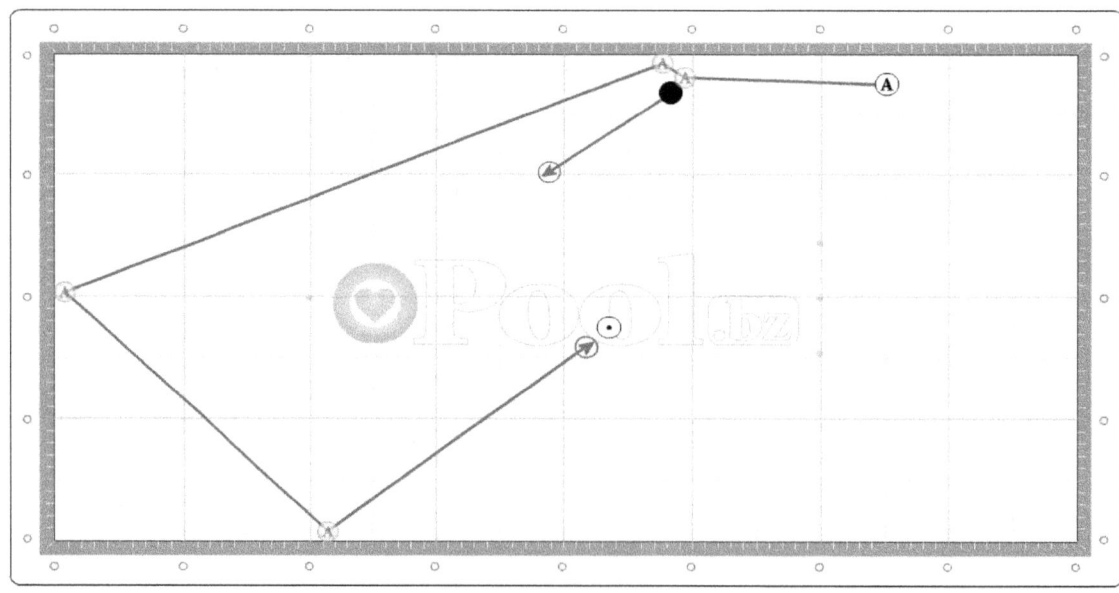

A:3d – Inrätta

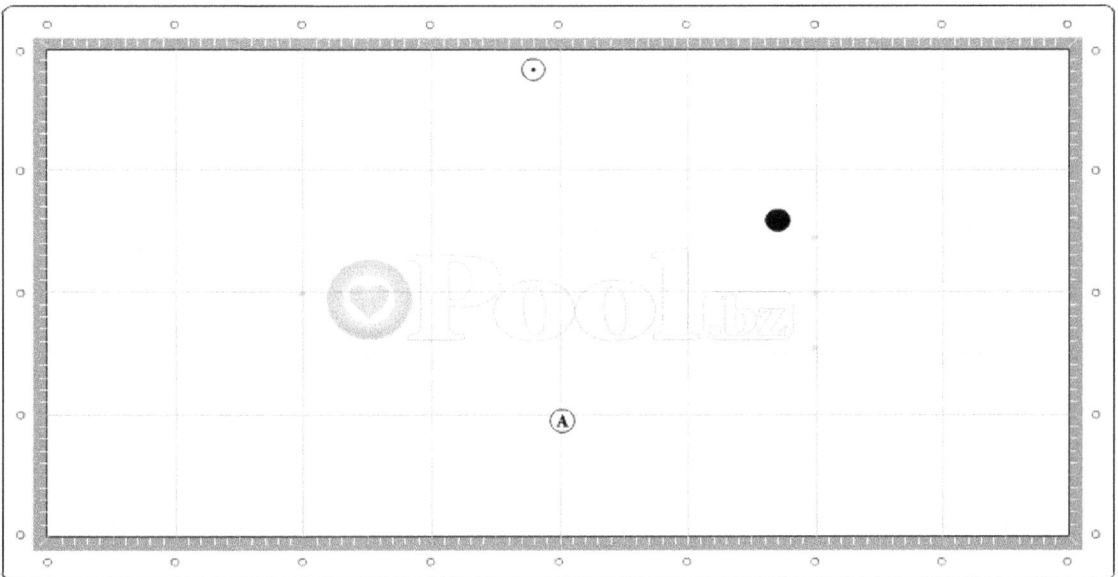

Anteckningar och idéer:

Skottmönster

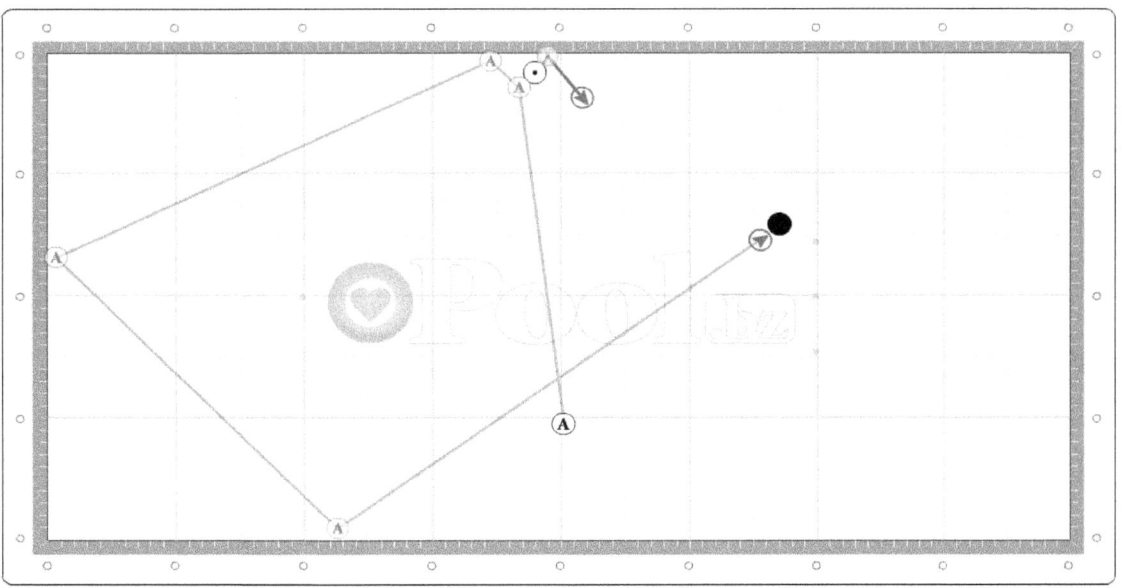

A: Grupp 4

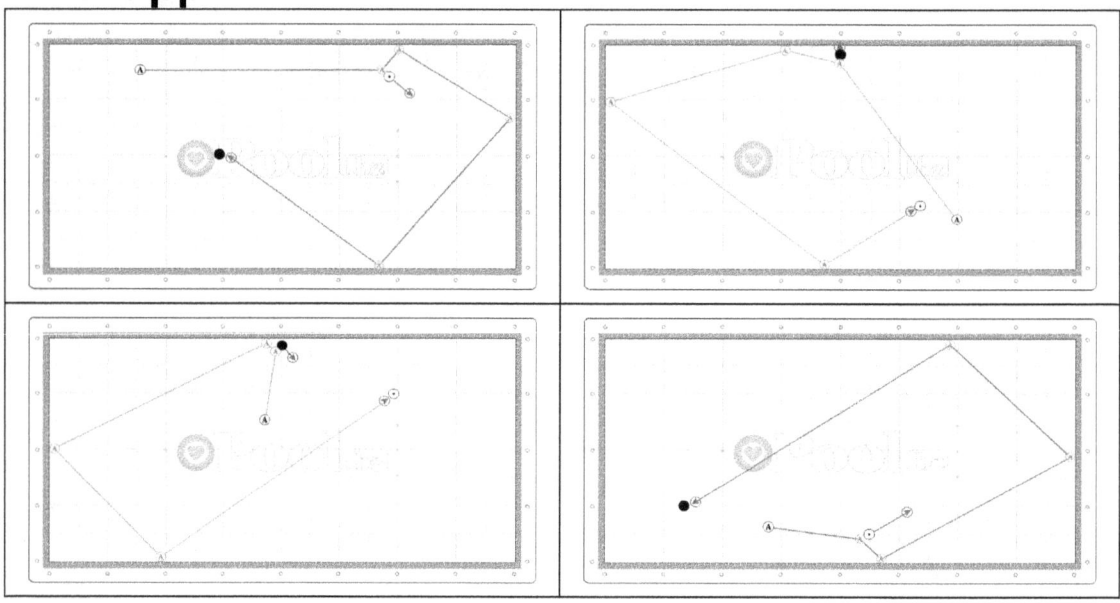

Analys:

A:4a. _____

A:4b. _____

A:4c. _____

A:4d. _____

A:4a – Inrätta

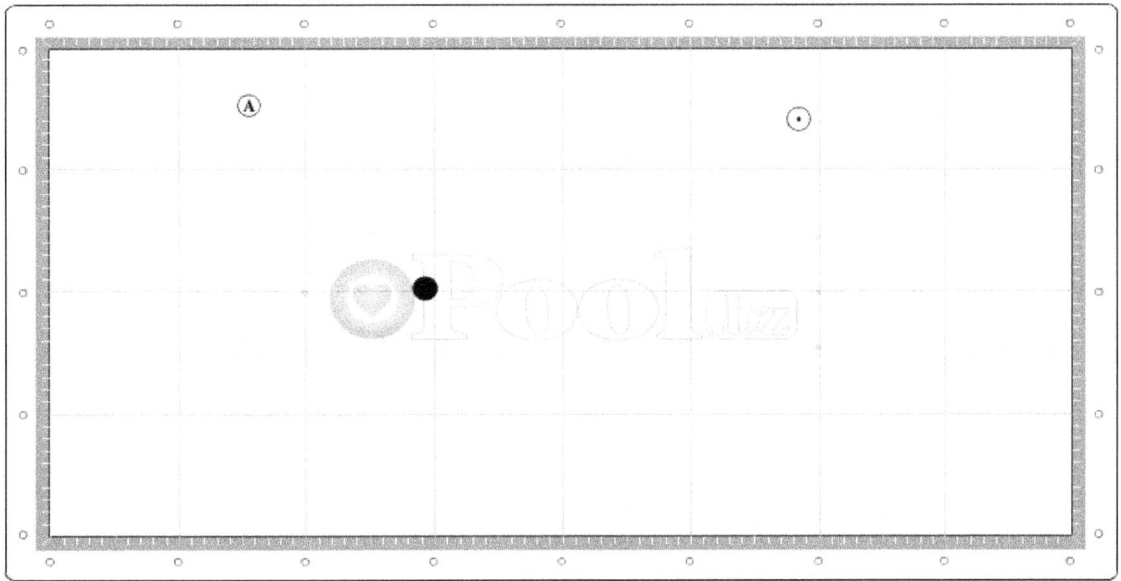

Anteckningar och idéer:

Skottmönster

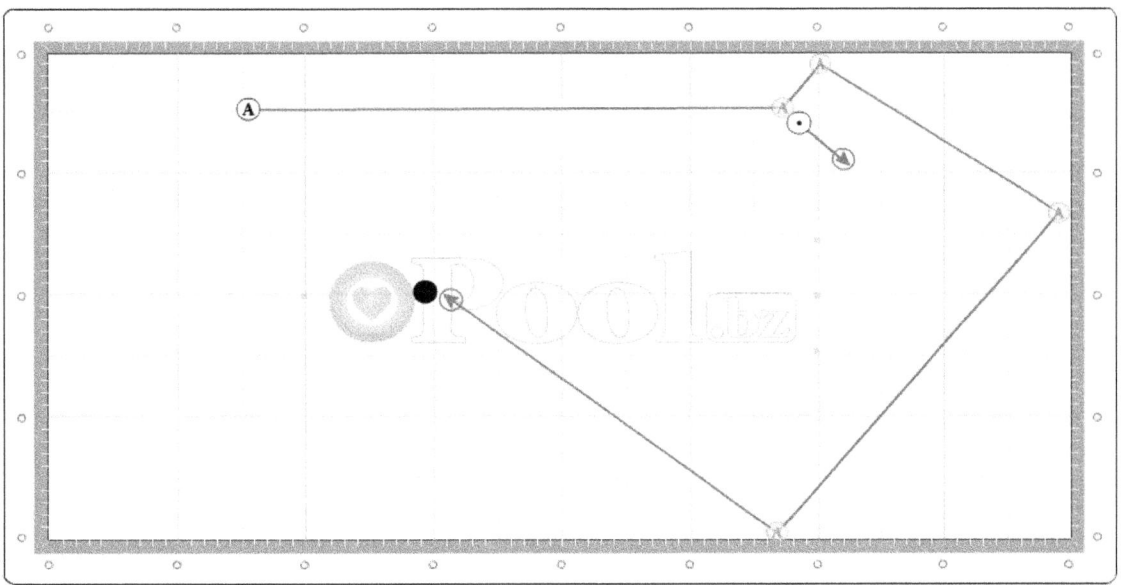

A:4b – Inrätta

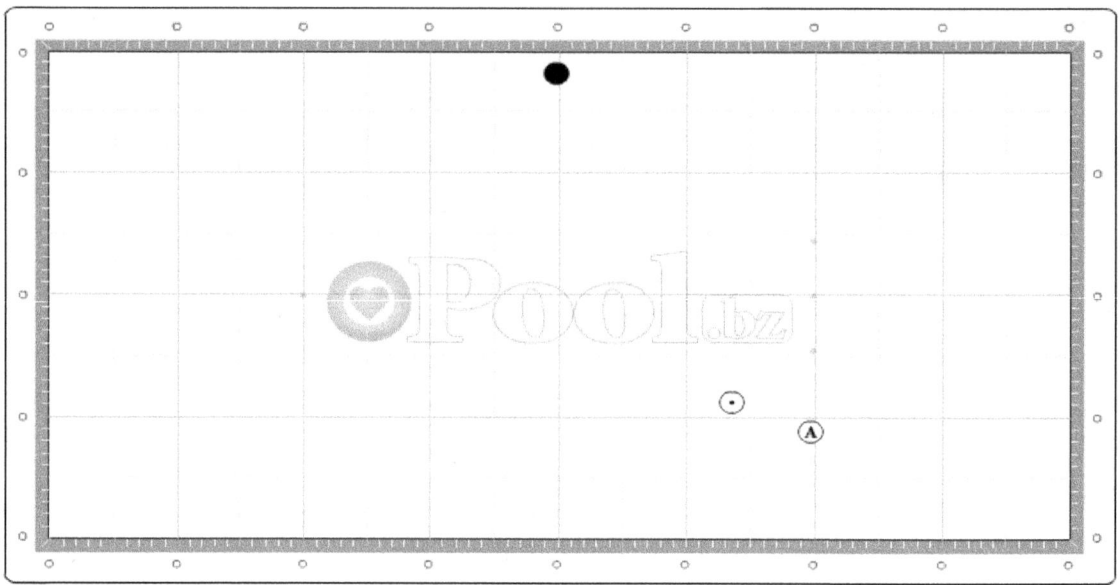

Anteckningar och idéer:

Skottmönster

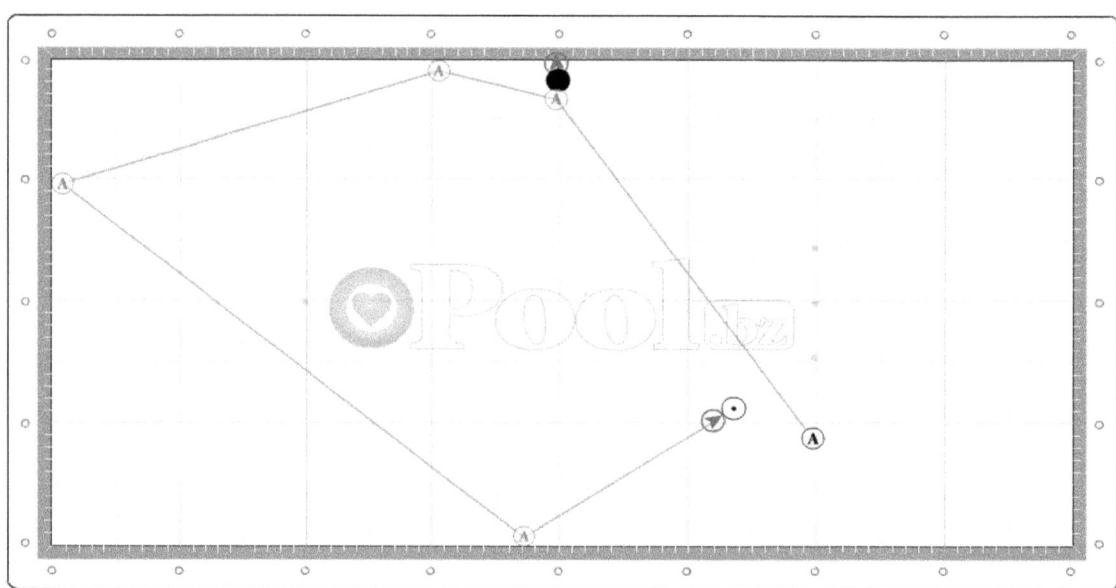

A:4c – Inrätta

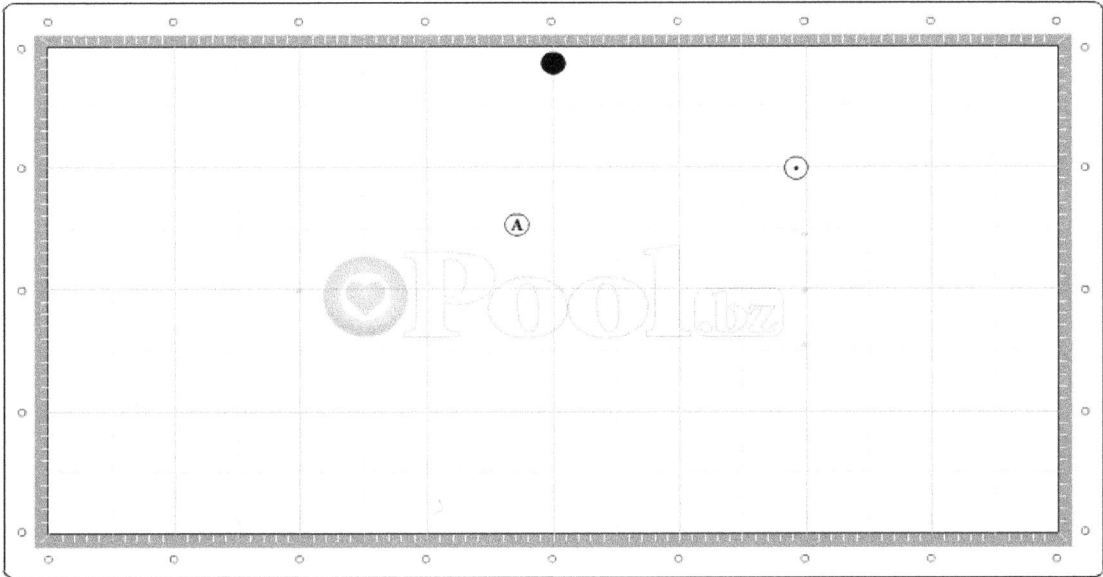

Anteckningar och idéer:

Skottmönster

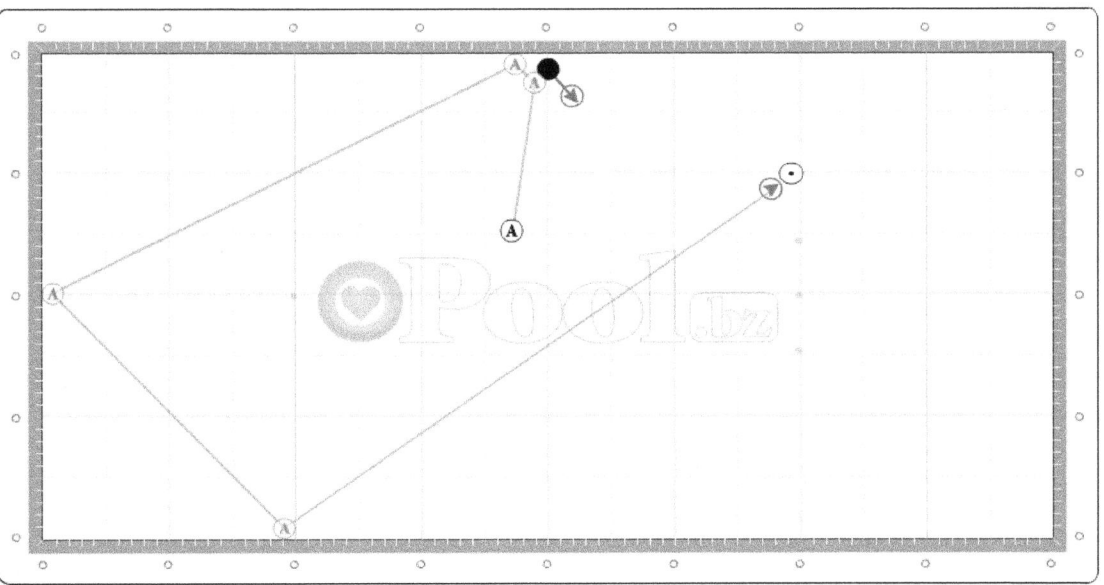

A:4d – Inrätta

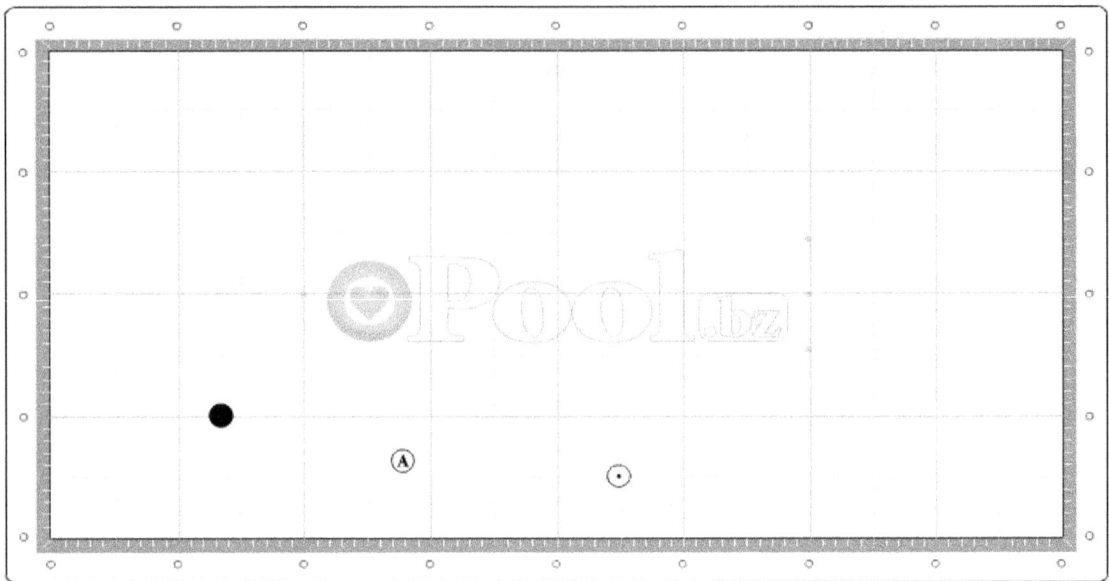

Anteckningar och idéer:

Skottmönster

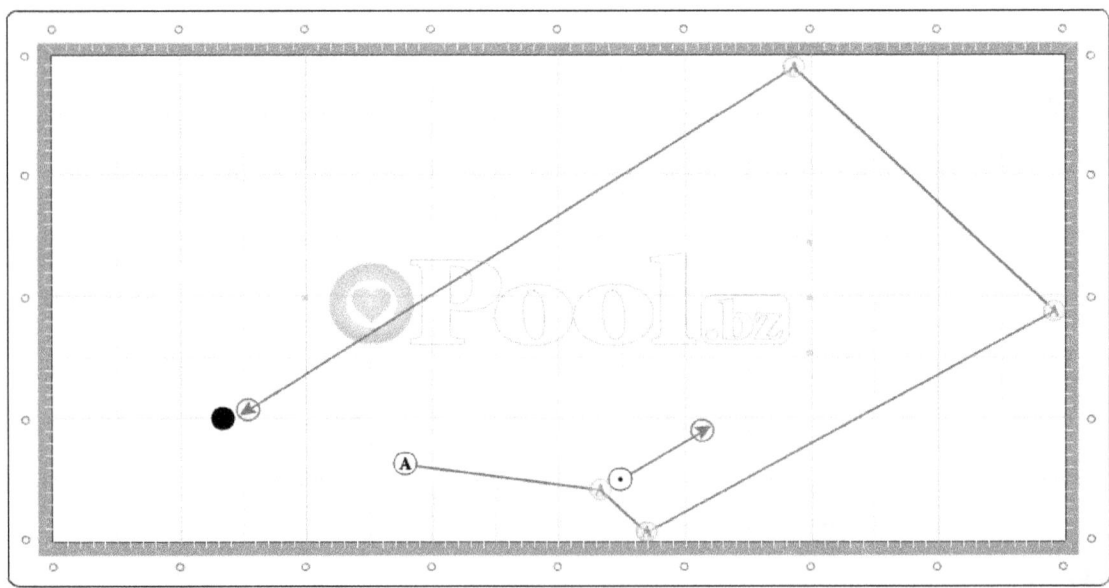

A: Grupp 5

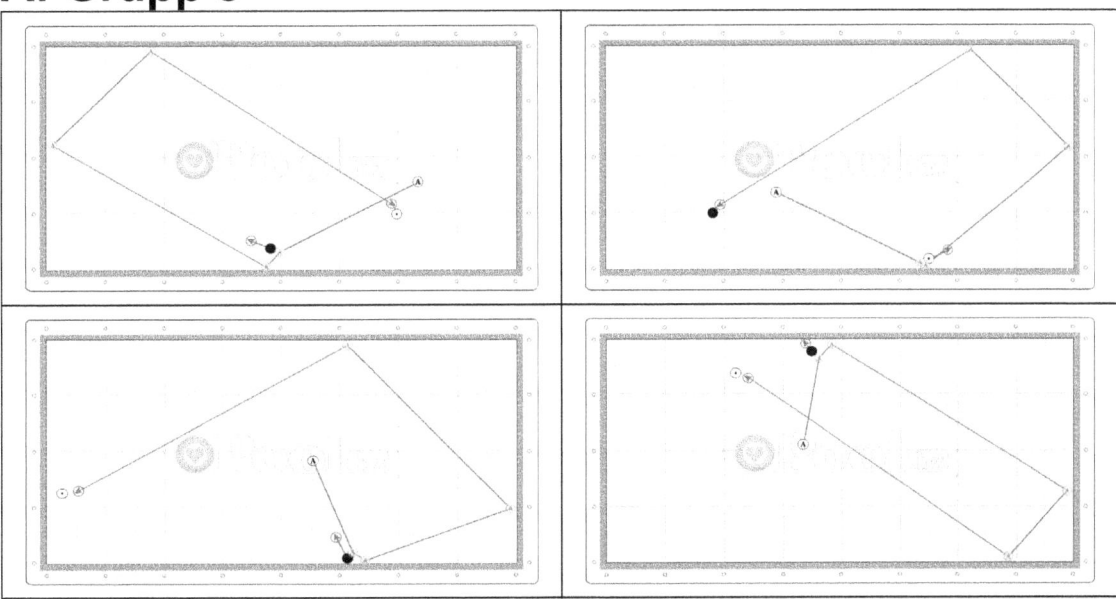

Analys:

A:5a. _____

A:5b. _____

A:5c. _____

A:5d. _____

A:5a – Inrätta

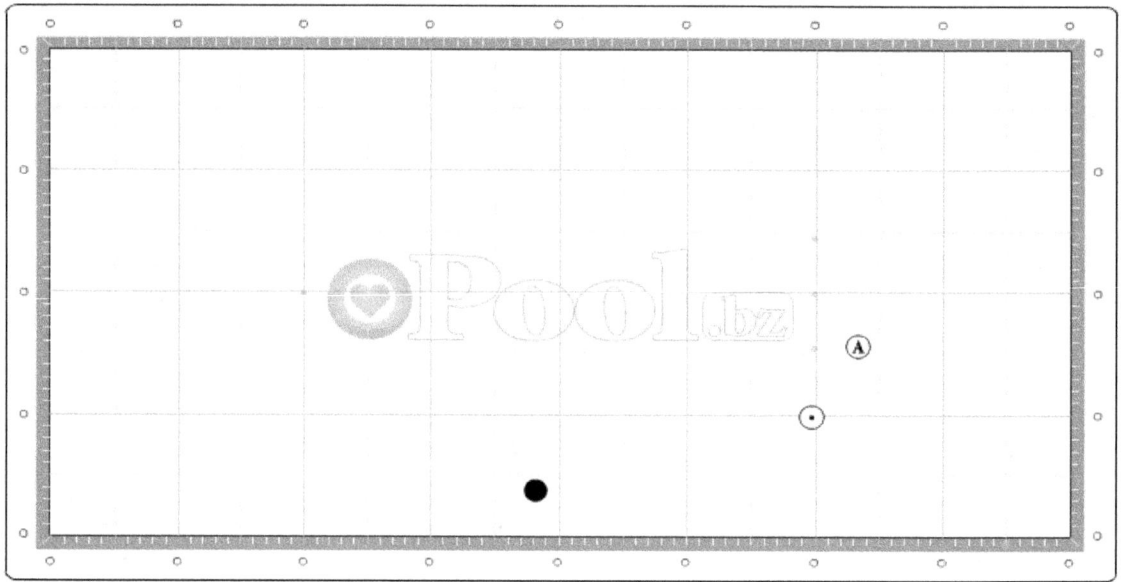

Anteckningar och idéer:

Skottmönster

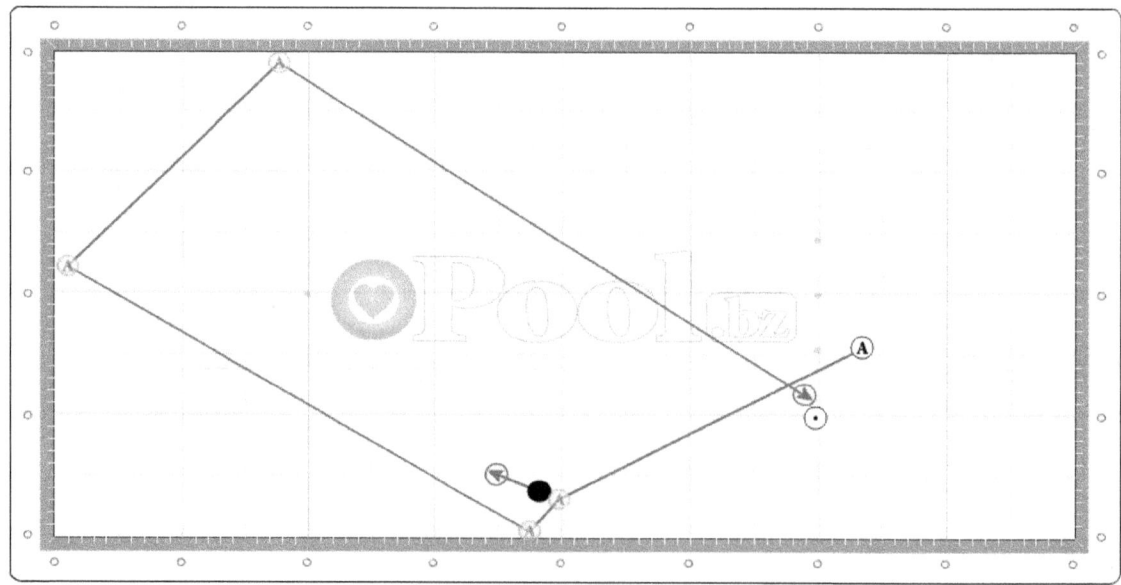

A:5b – Inrätta

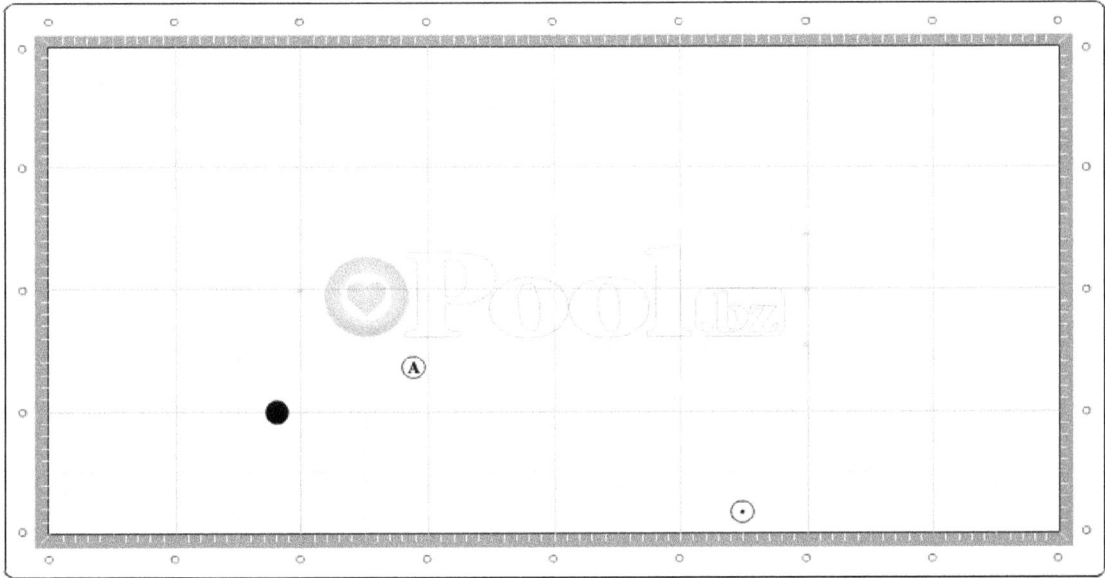

Anteckningar och idéer:

Skottmönster

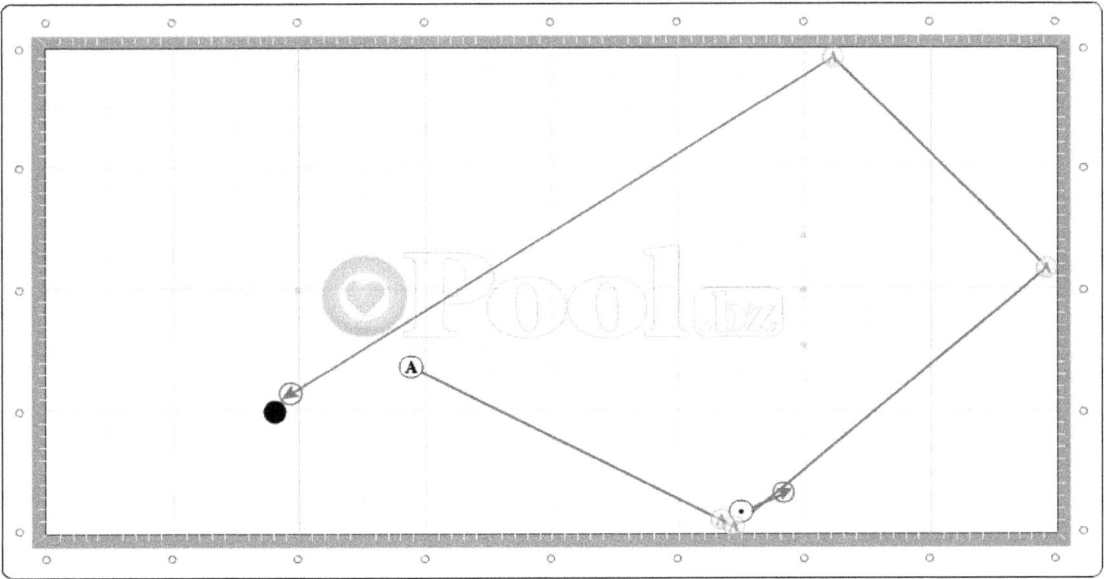

A:5c – Inrätta

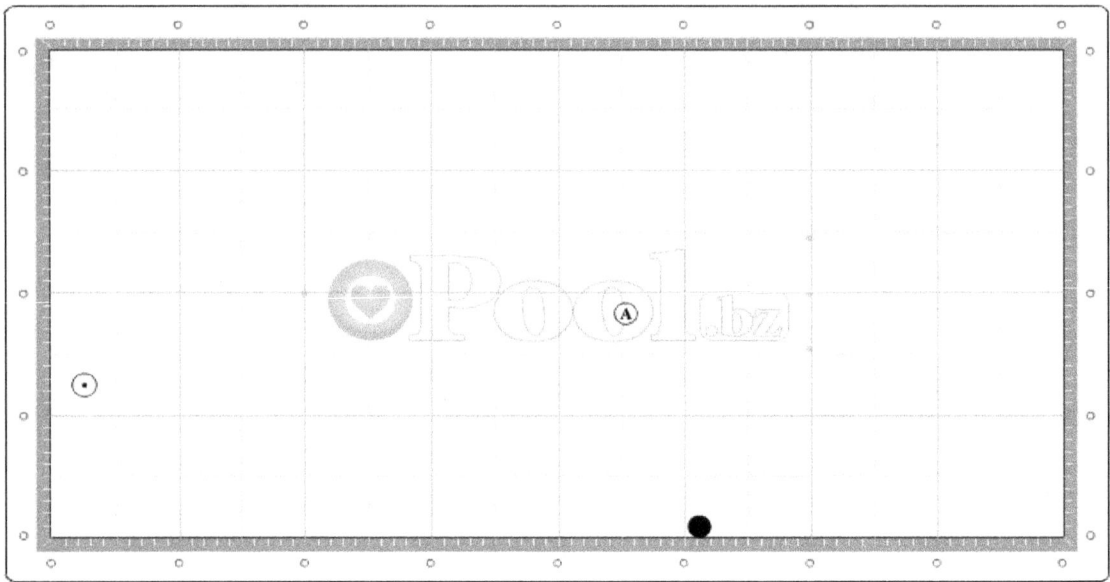

Anteckningar och idéer:

Skottmönster

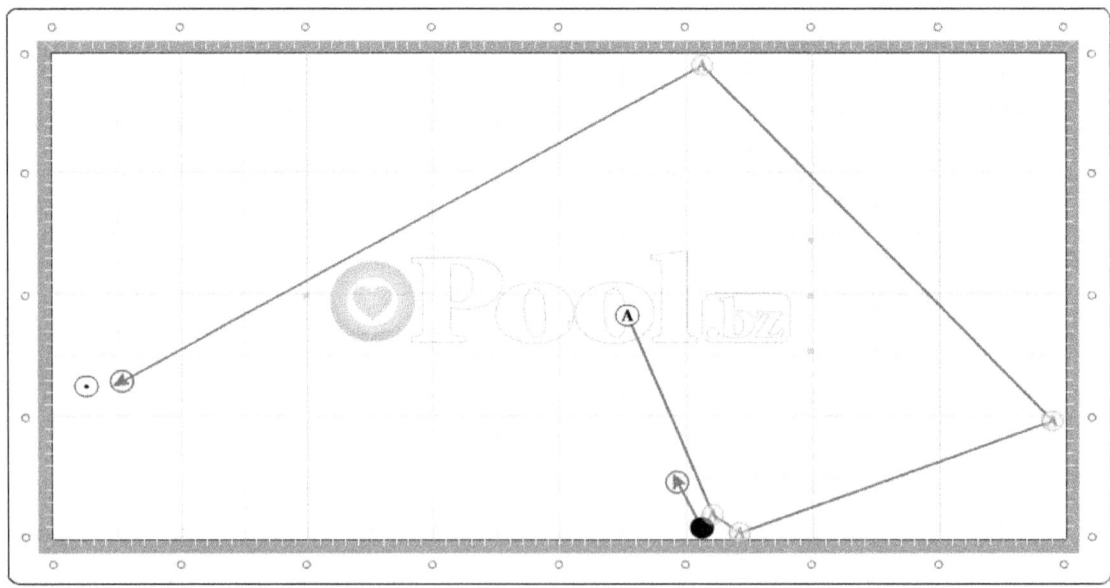

A:5d – Inrätta

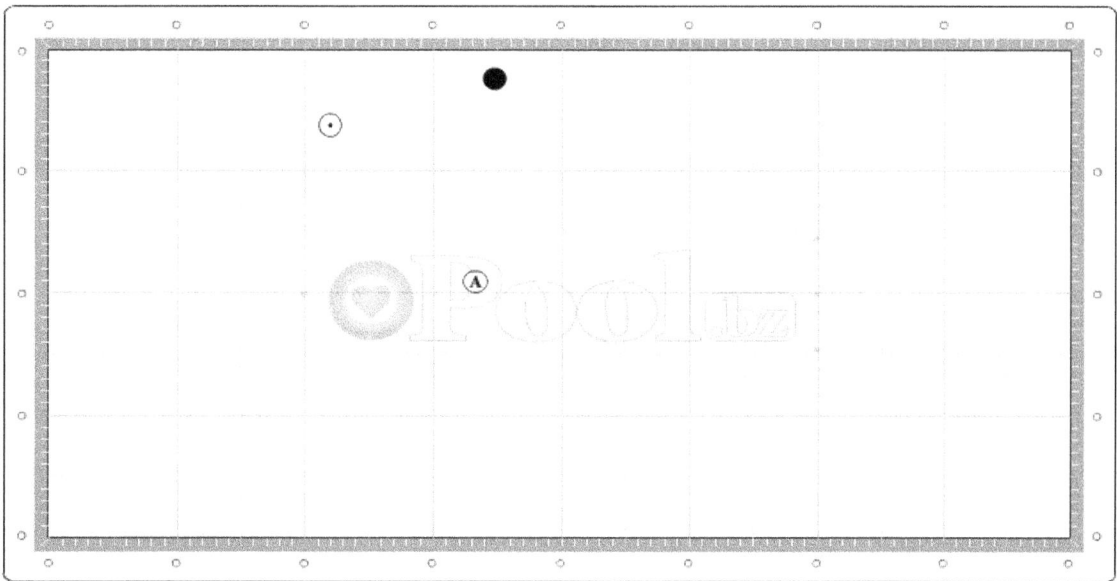

Anteckningar och idéer:

Skottmönster

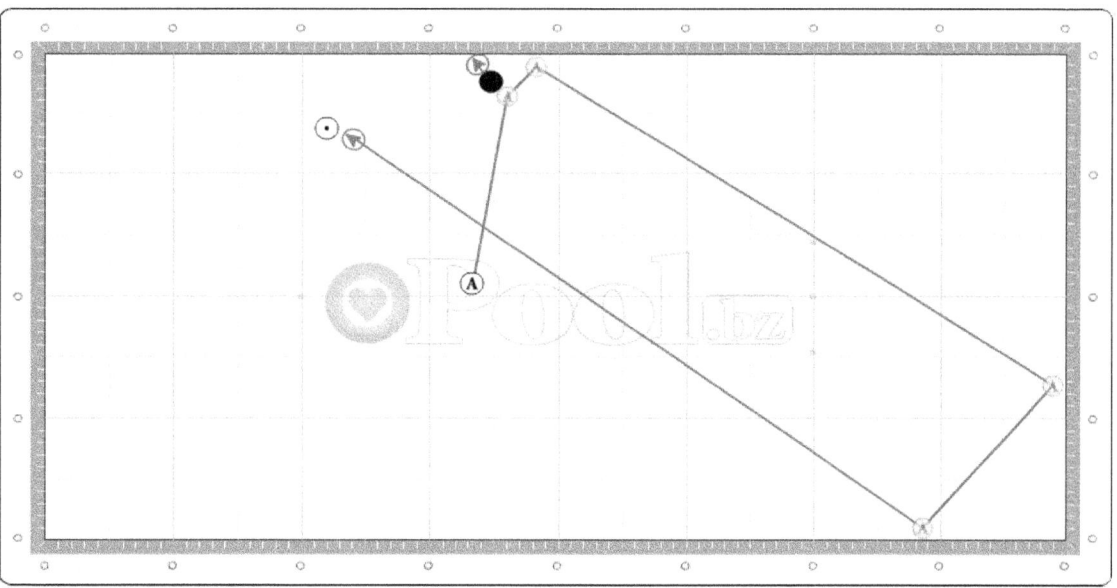

A: Grupp 6

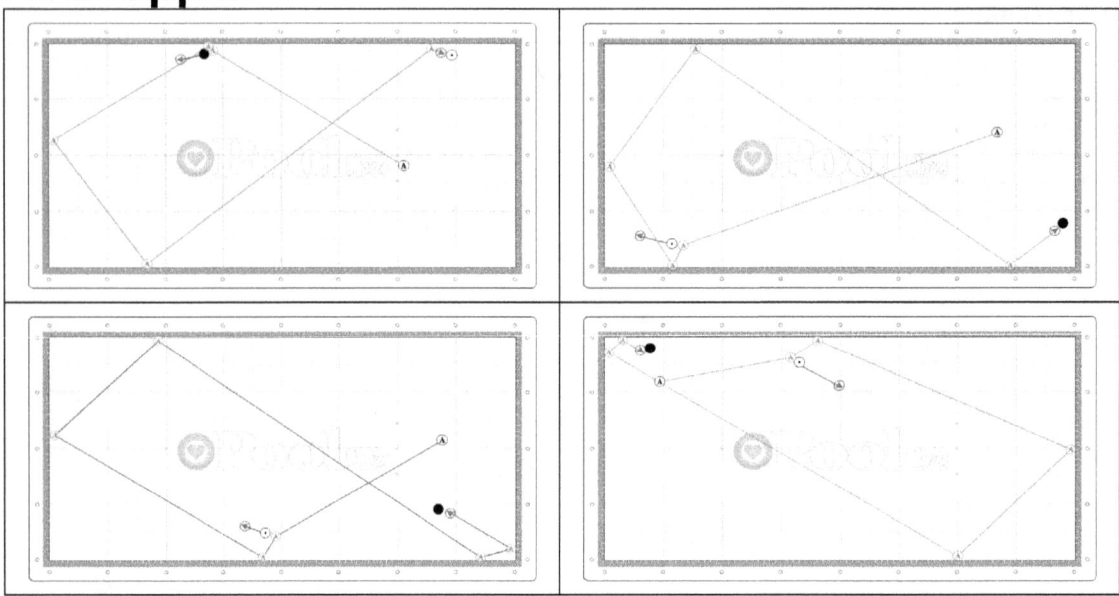

Analys:

A:6a. _____

A:6b. _____

A:6c. _____

A:6d. _____

A:6a – Inrätta

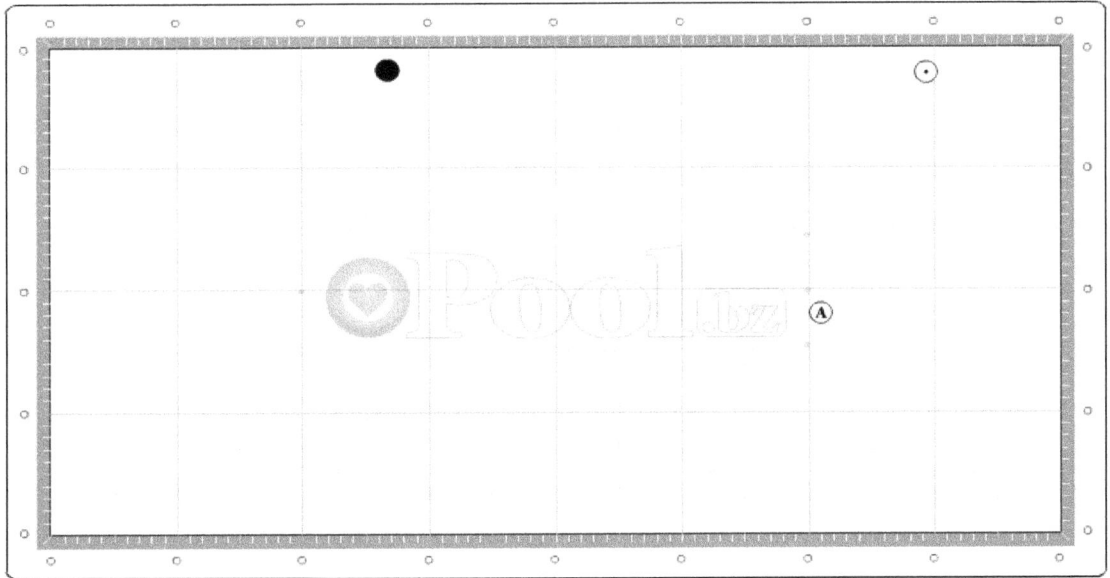

Anteckningar och idéer:

Skottmönster

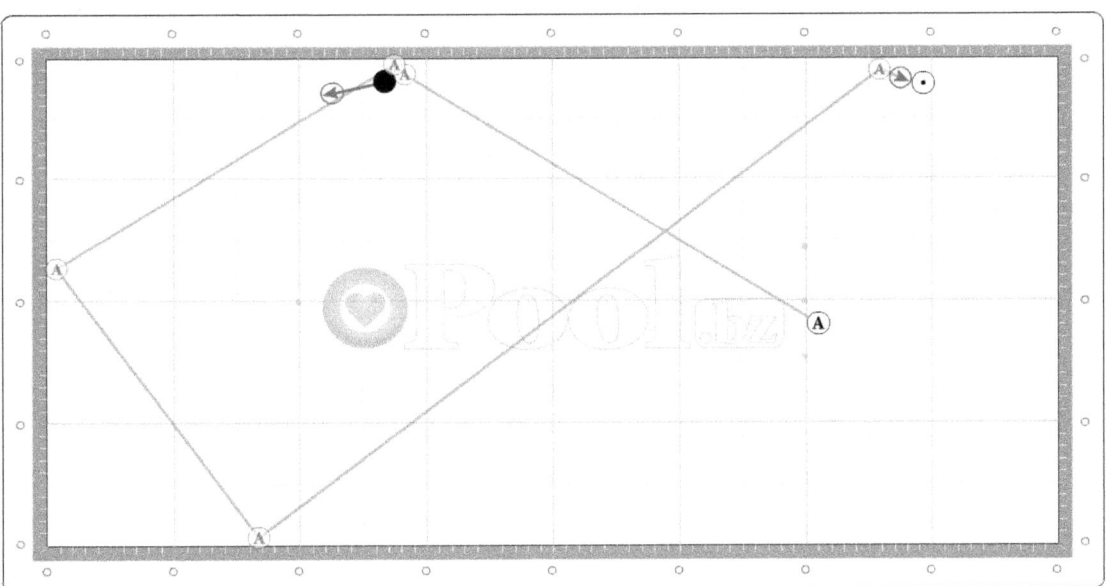

A:6b – Inrätta

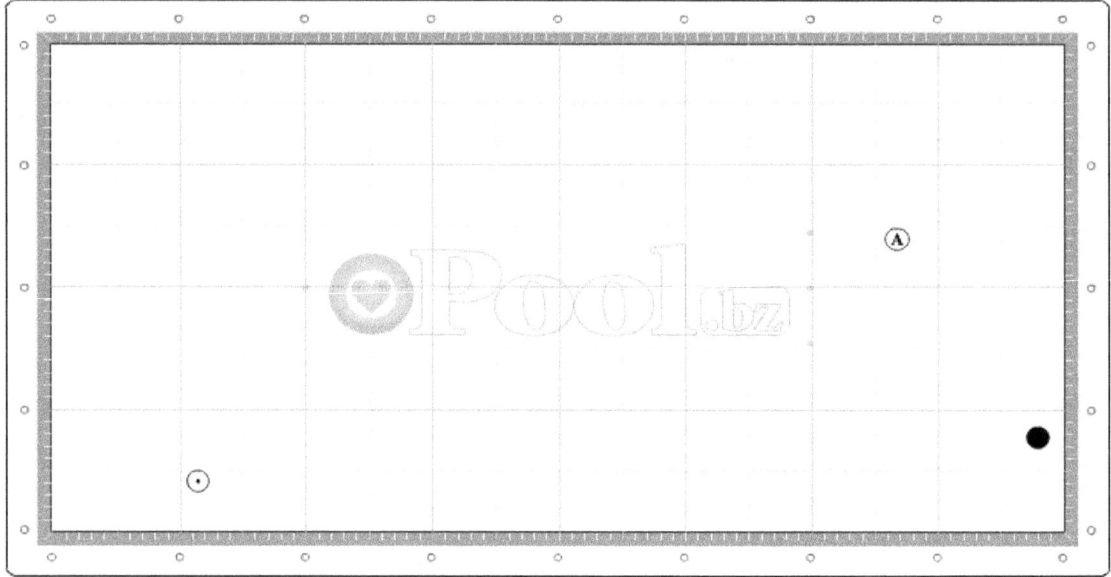

Anteckningar och idéer:

Skottmönster

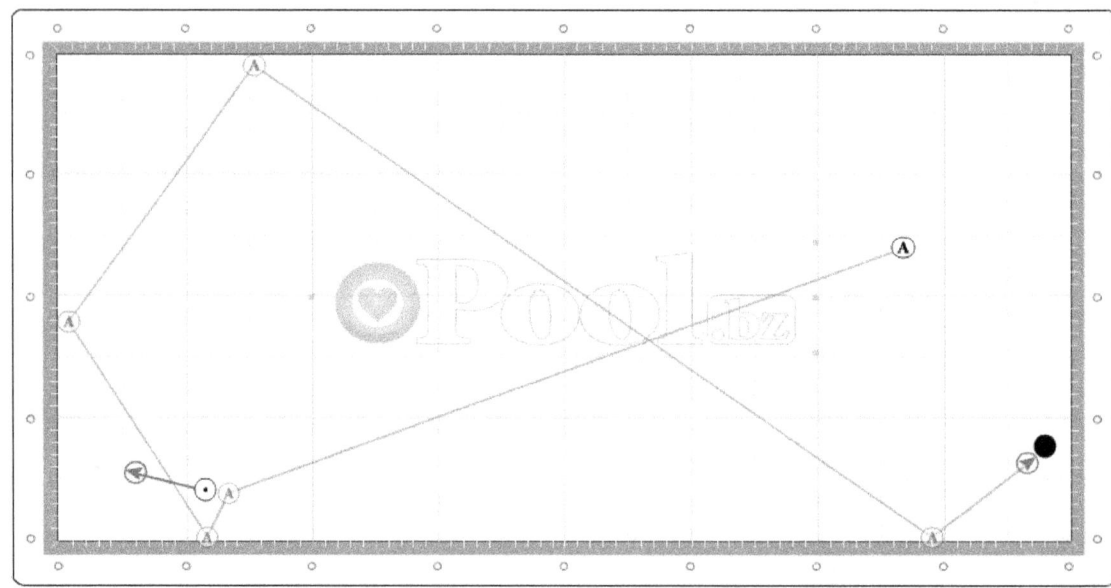

A:6c – Inrätta

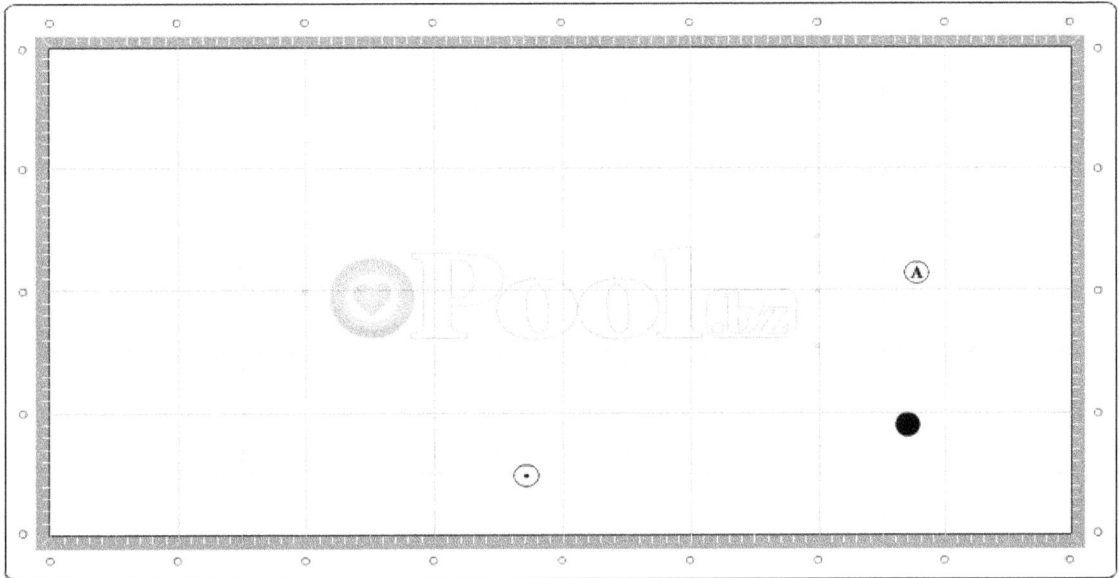

Anteckningar och idéer:

Skottmönster

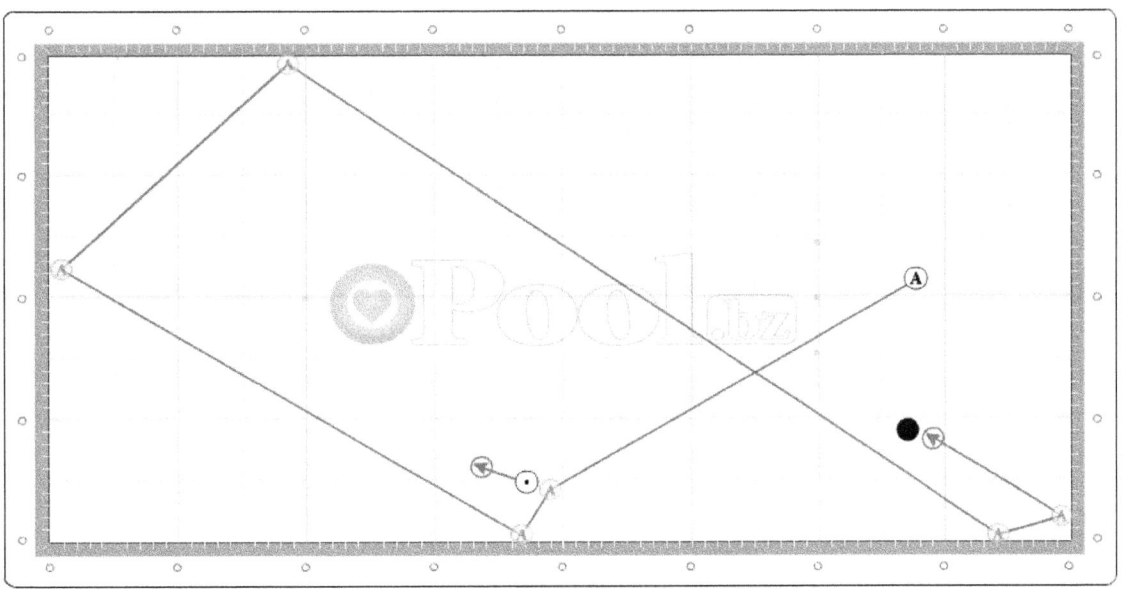

A:6d – Inrätta

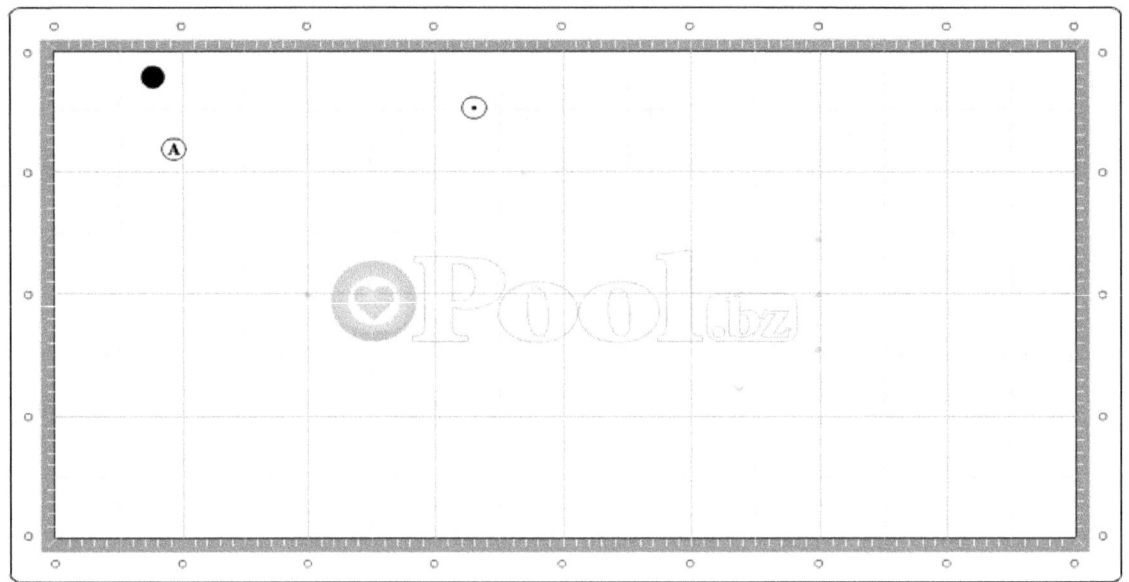

Anteckningar och idéer:

Skottmönster

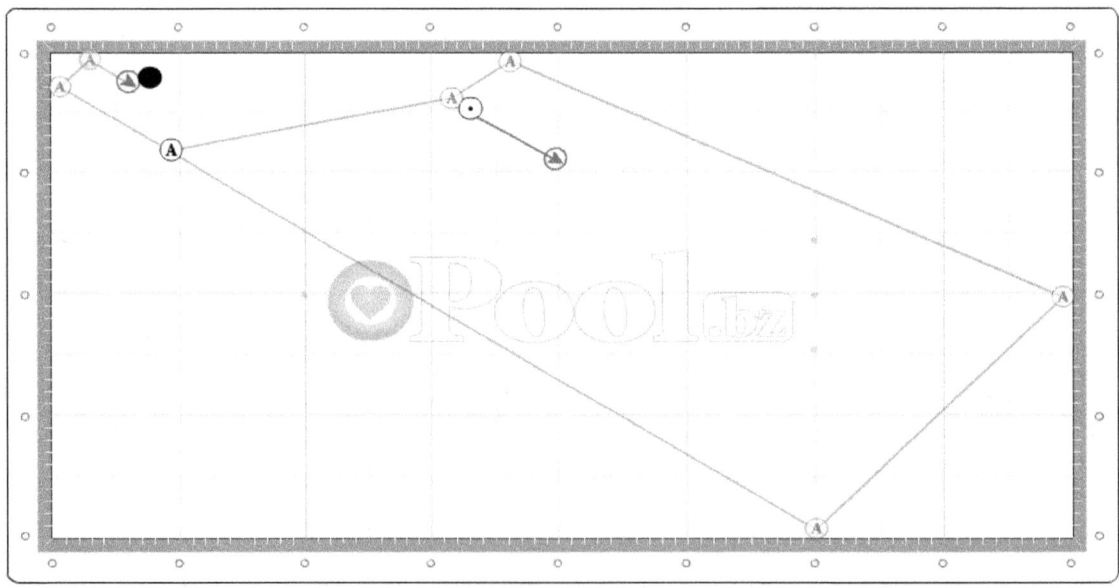

A: Grupp 7

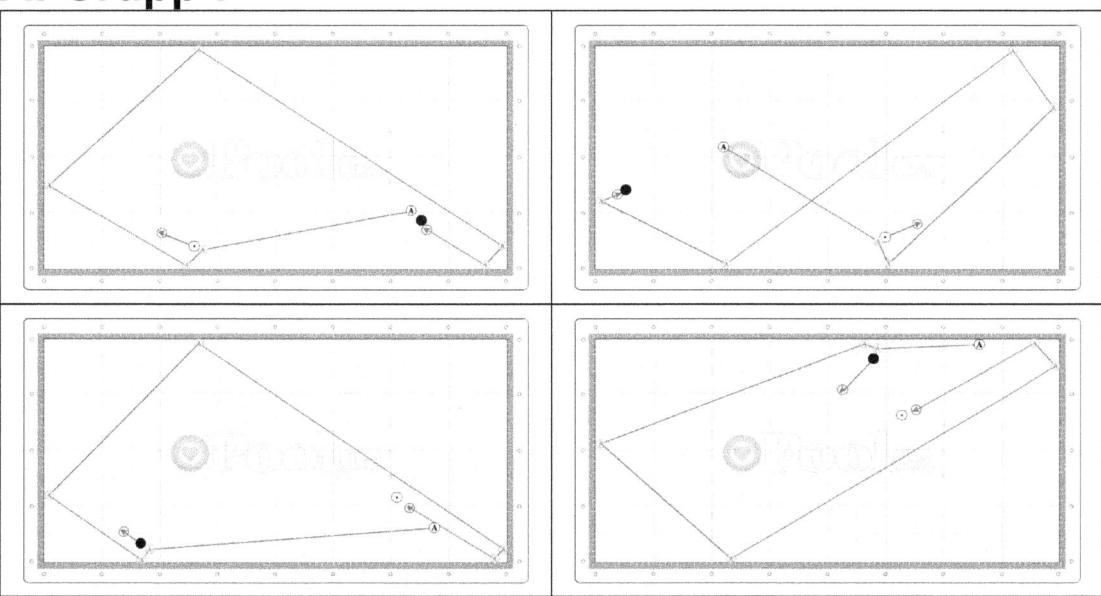

Analys:

A:7a. _____

A:7b. _____

A:7c. _____

A:7d. _____

A:7a – Inrätta

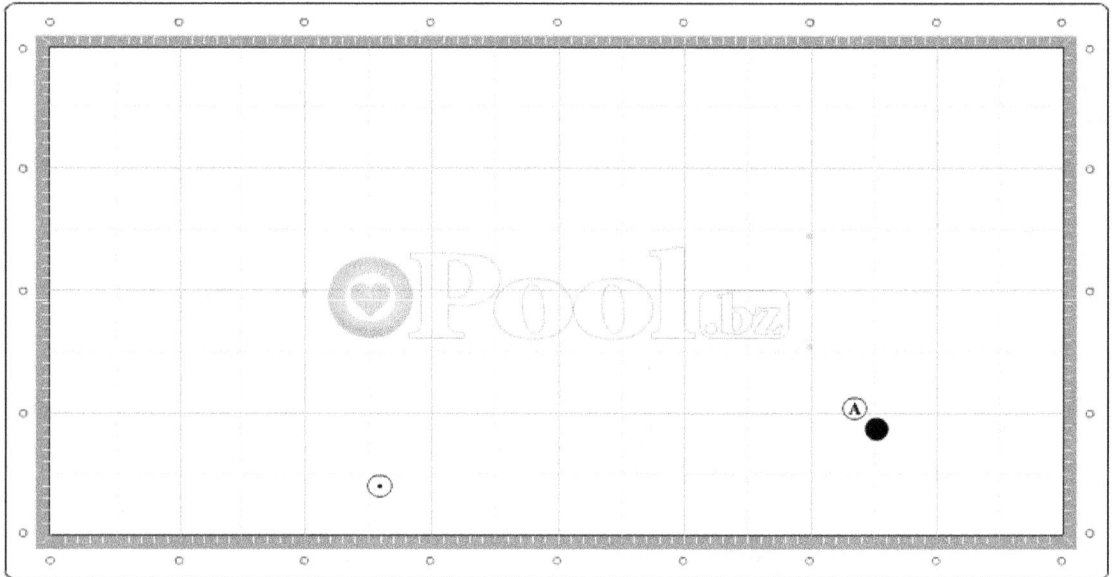

Anteckningar och idéer:

Skottmönster

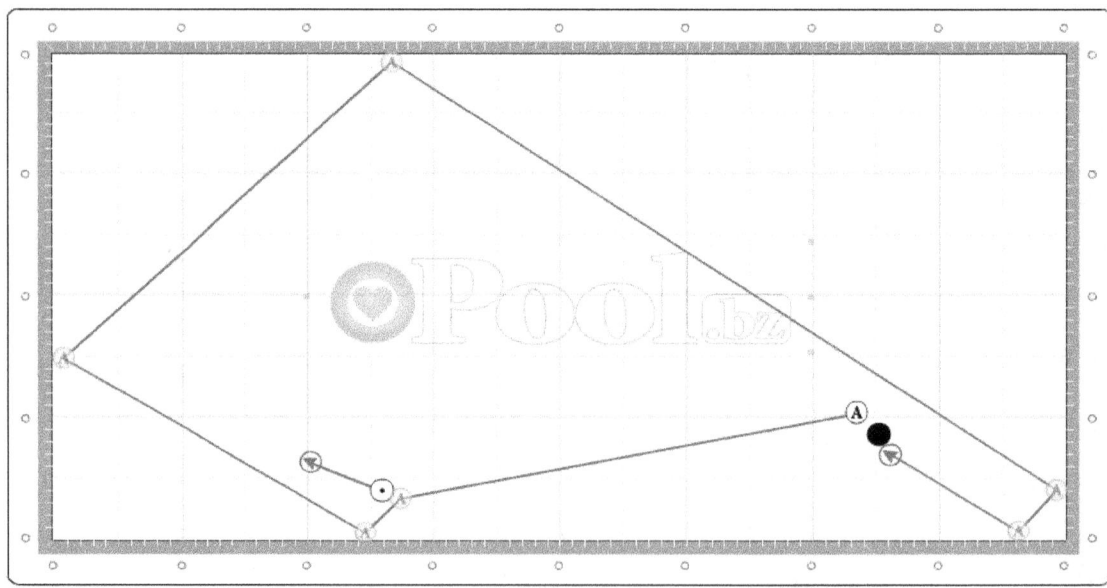

A:7b – Inrätta

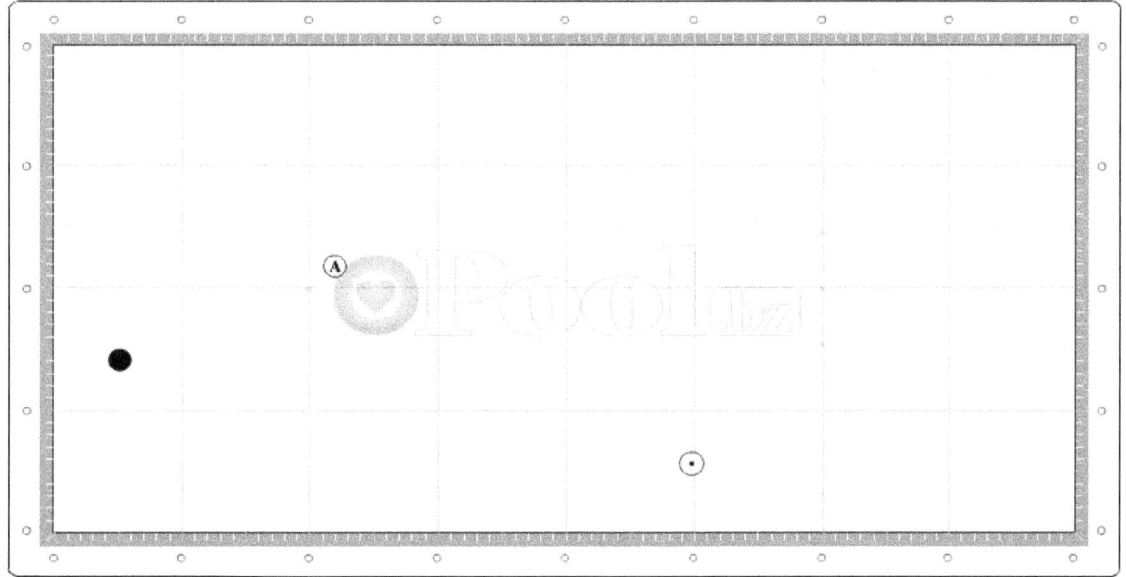

Anteckningar och idéer:

Skottmönster

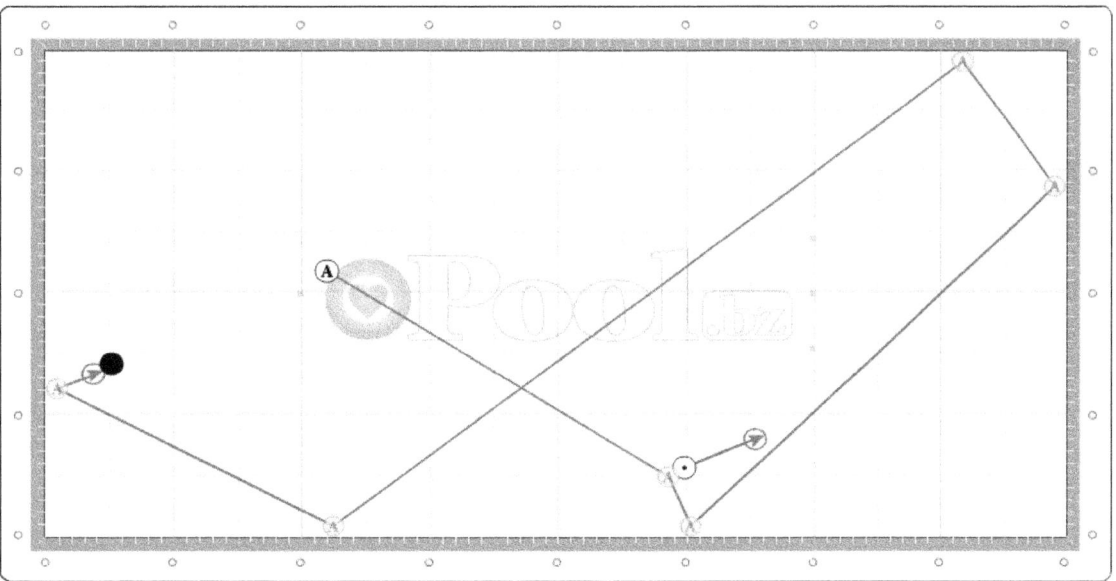

A:7c – Inrätta

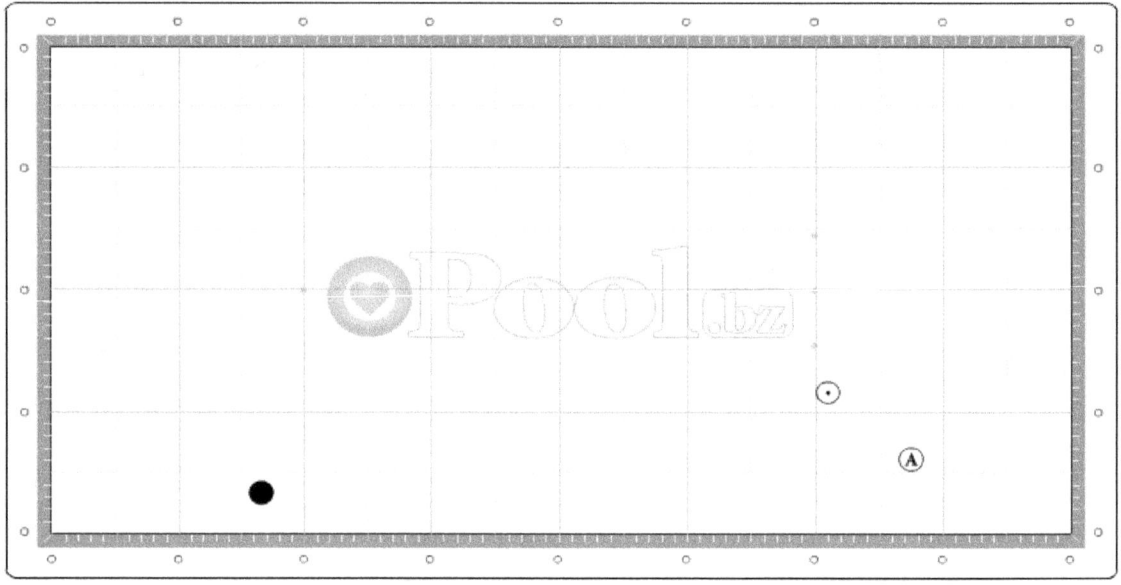

Anteckningar och idéer:

Skottmönster

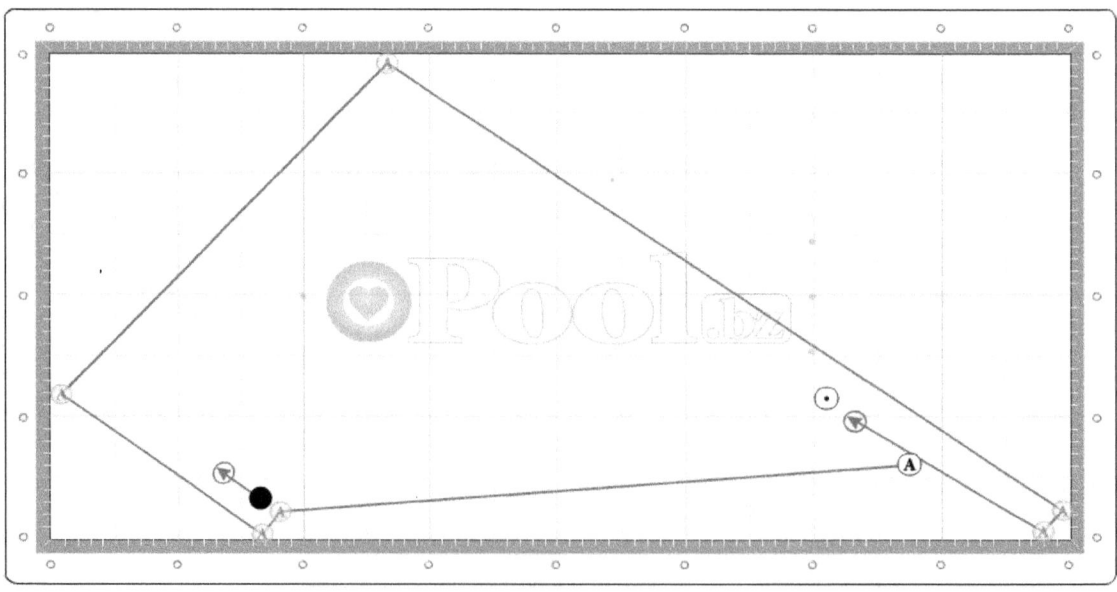

A:7d – Inrätta

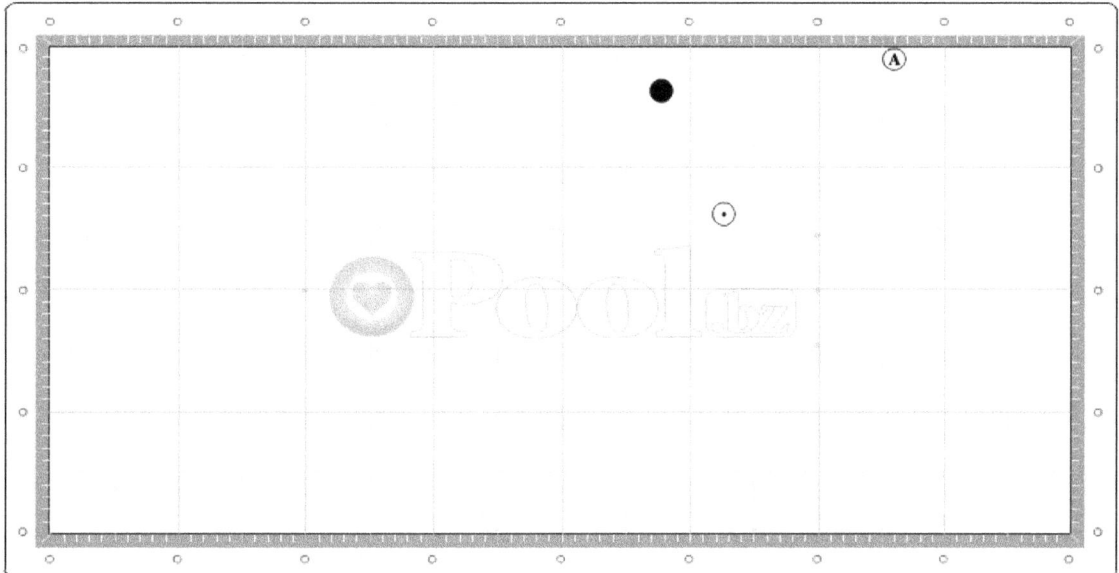

Anteckningar och idéer:

Skottmönster

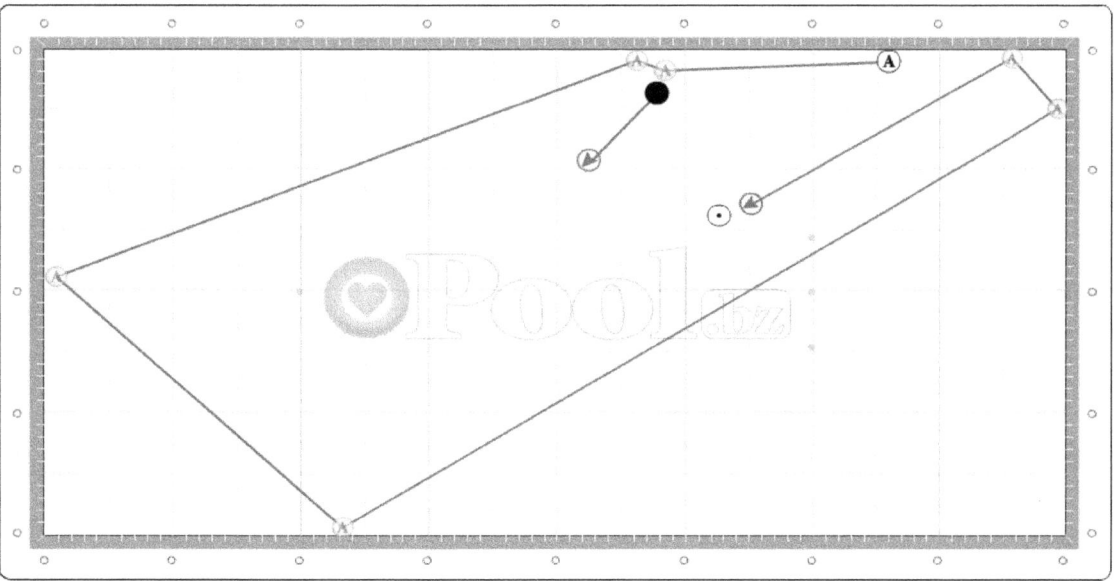

B: Inåt bakåt

På denna uppsättning layouter går (CB) in i den första (OB) med en viss tillämpad rita och sidospinn. Detta sänder (CB) tillbaka från tangentlinjen i ett omvänd mönster. (CB) följer standarden runt världen mönstret mot hemmet hörnet.

Ⓐ (CB) (din biljardboll) - ⊙ (OB) (motståndare biljardboll) - ● (OB) (röd biljardboll)

B: Grupp 1

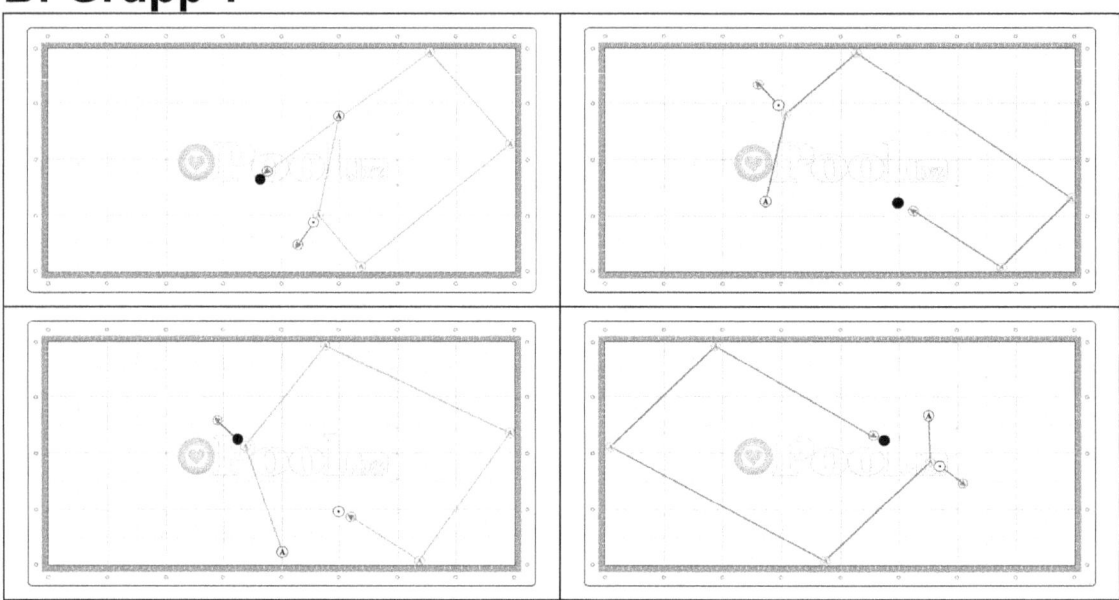

Analys:

B:1a. _____

B:1b. _____

B:1c. _____

B:1d. _____

B:1a – Inrätta

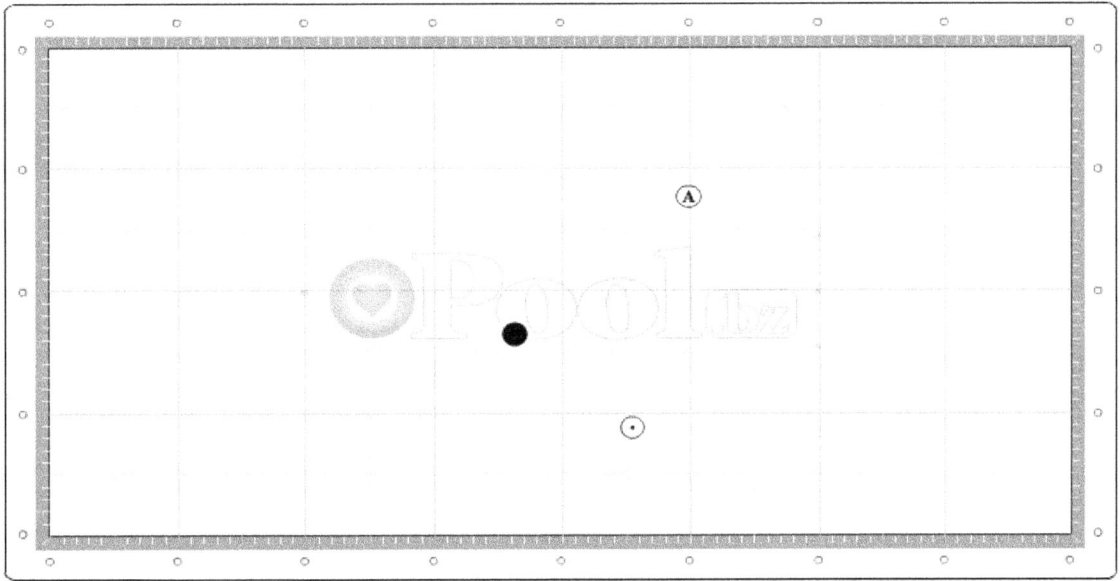

Anteckningar och idéer:

Skottmönster

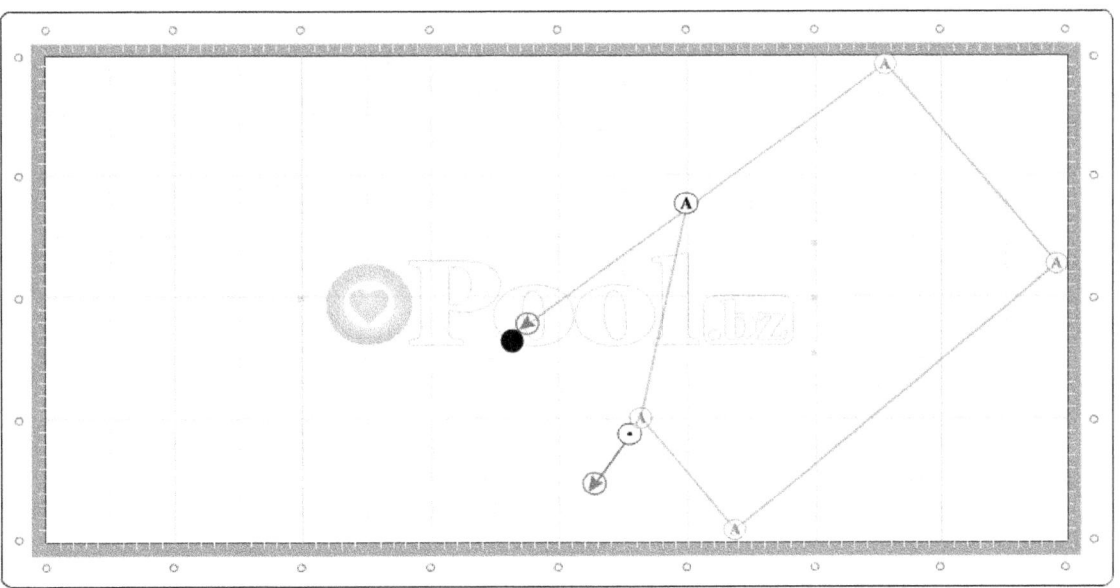

B:1b – Inrätta

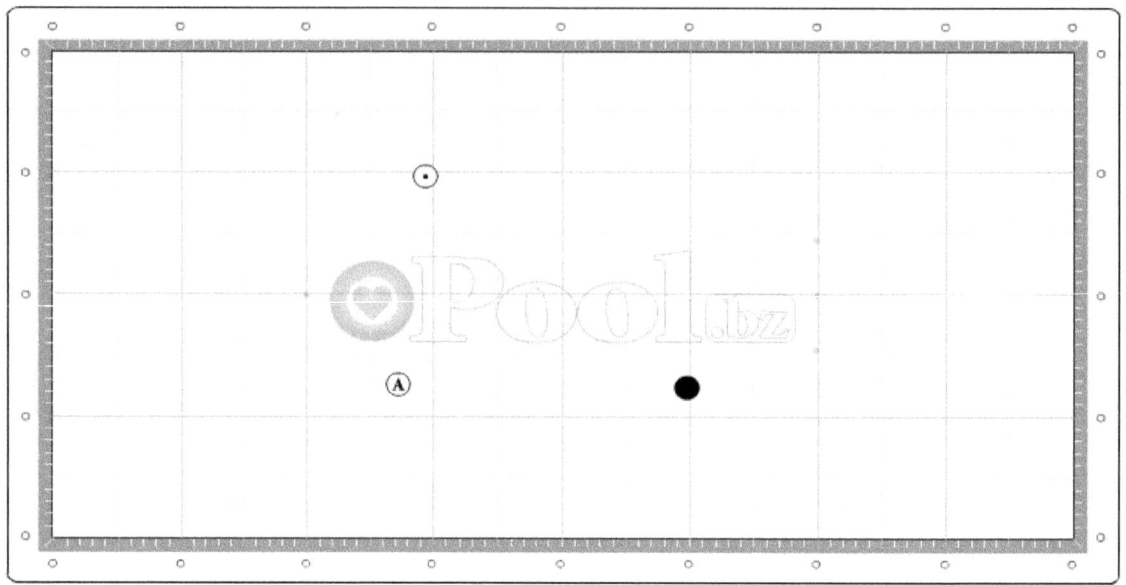

Anteckningar och idéer:

Skottmönster

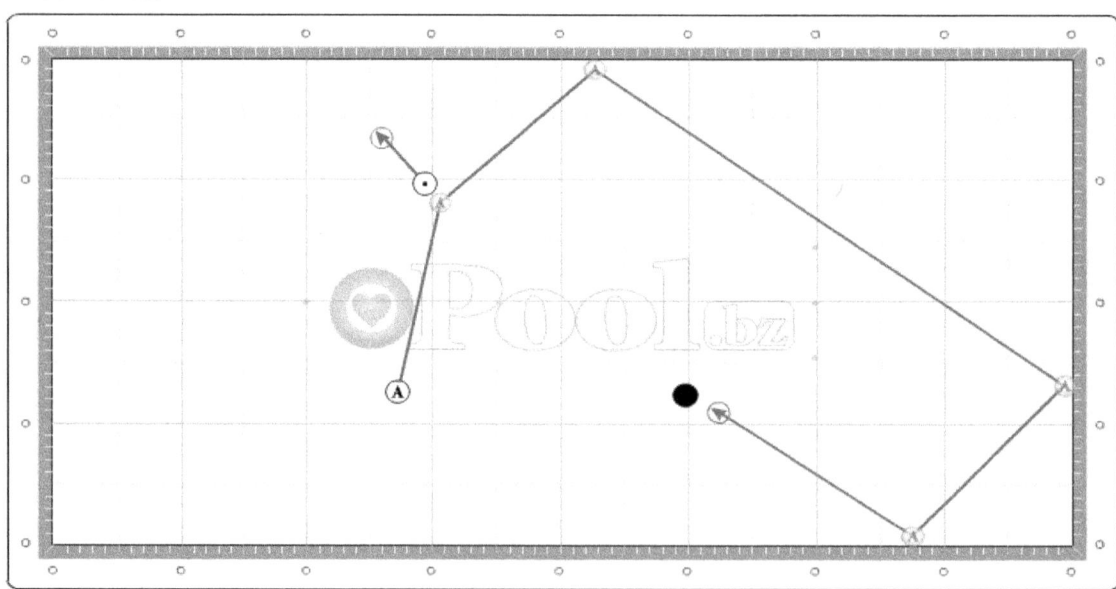

B:1c – Inrätta

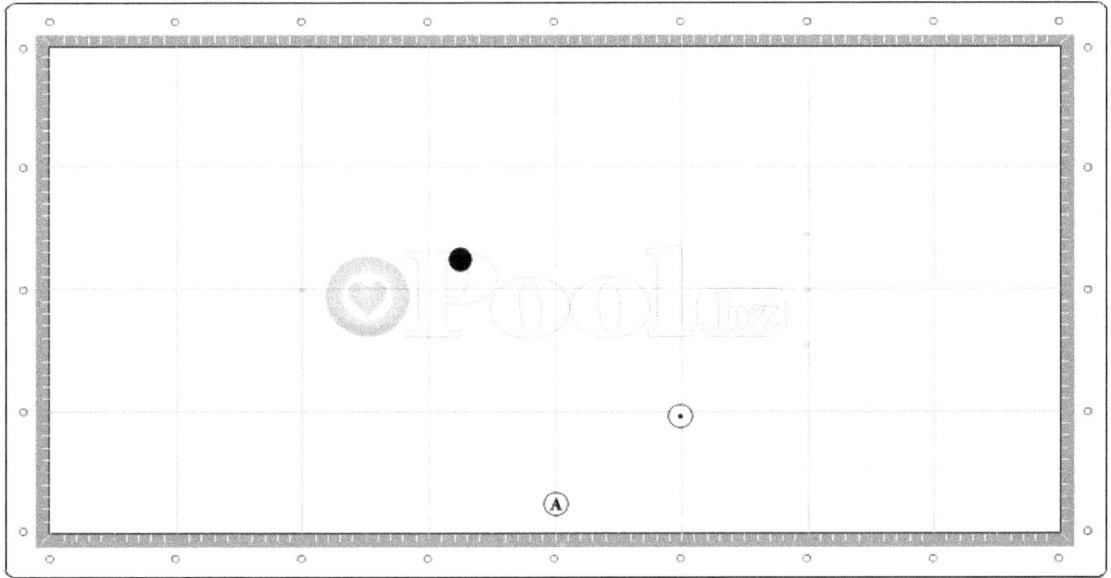

Anteckningar och idéer:

Skottmönster

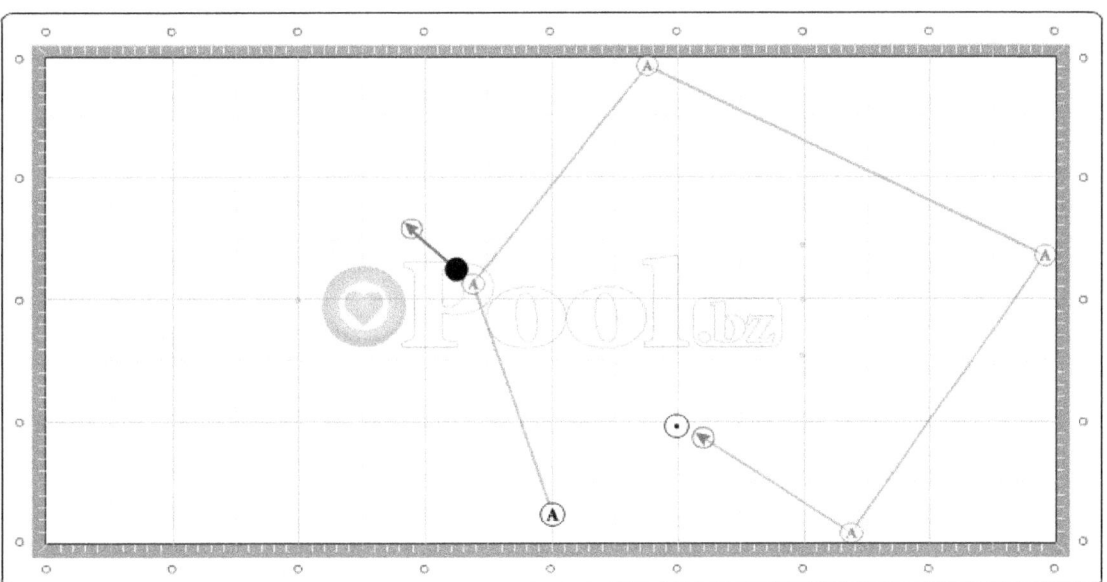

B:1d – Inrätta

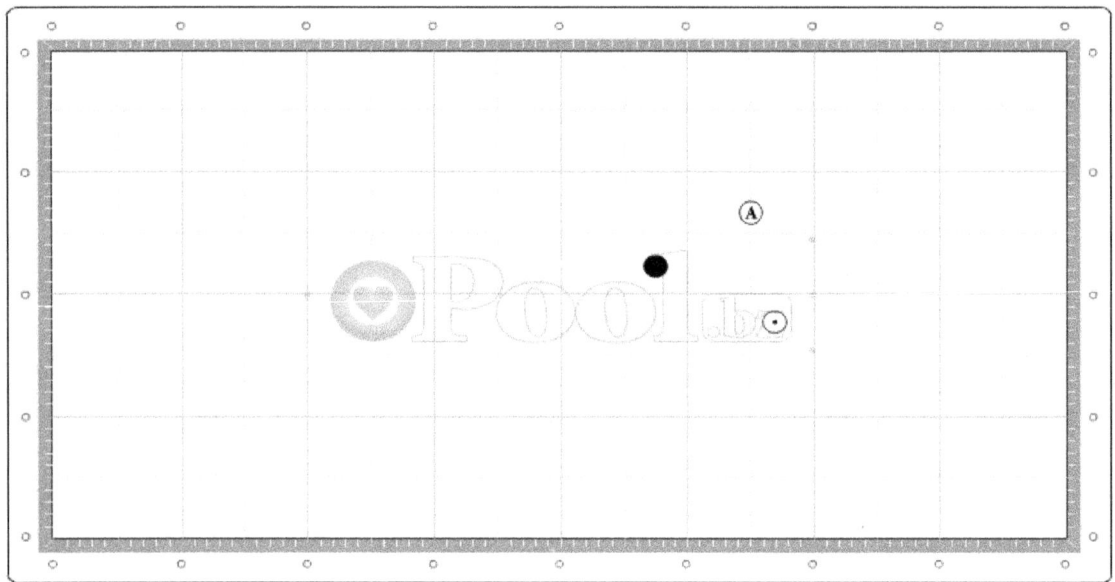

Anteckningar och idéer:

Skottmönster

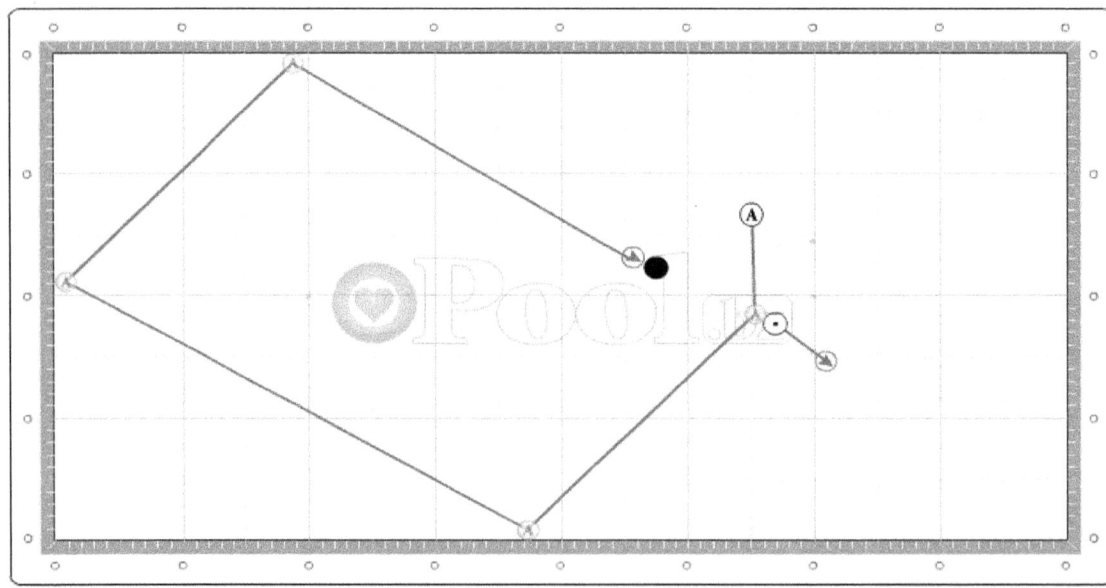

B: Grupp 2

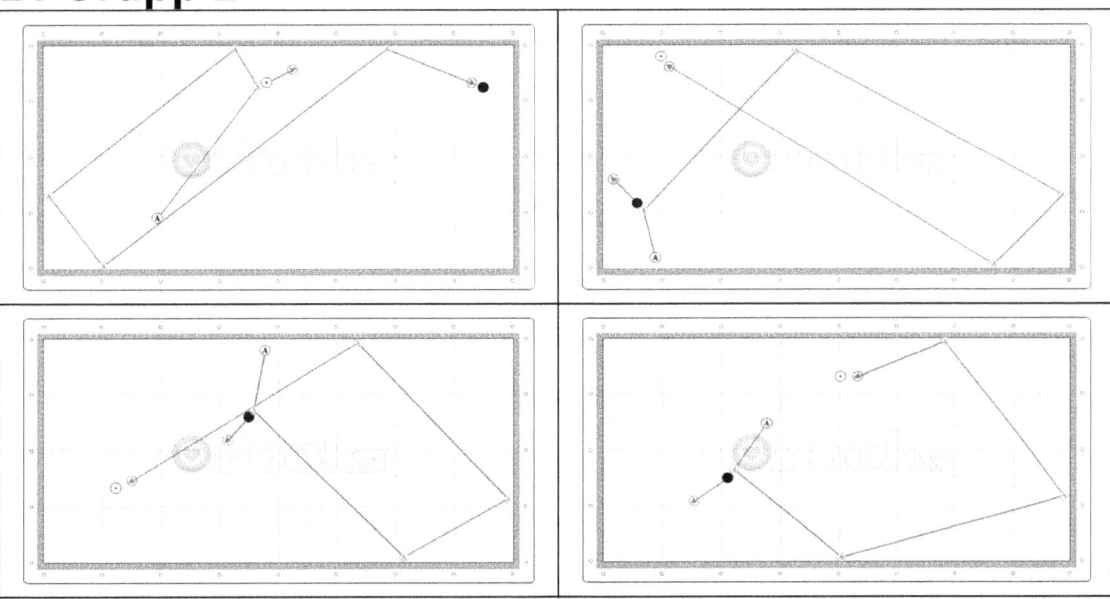

Analys:

B:2a. _____

B:2b. _____

B:2c. _____

B:2d. _____

B:2a – Inrätta

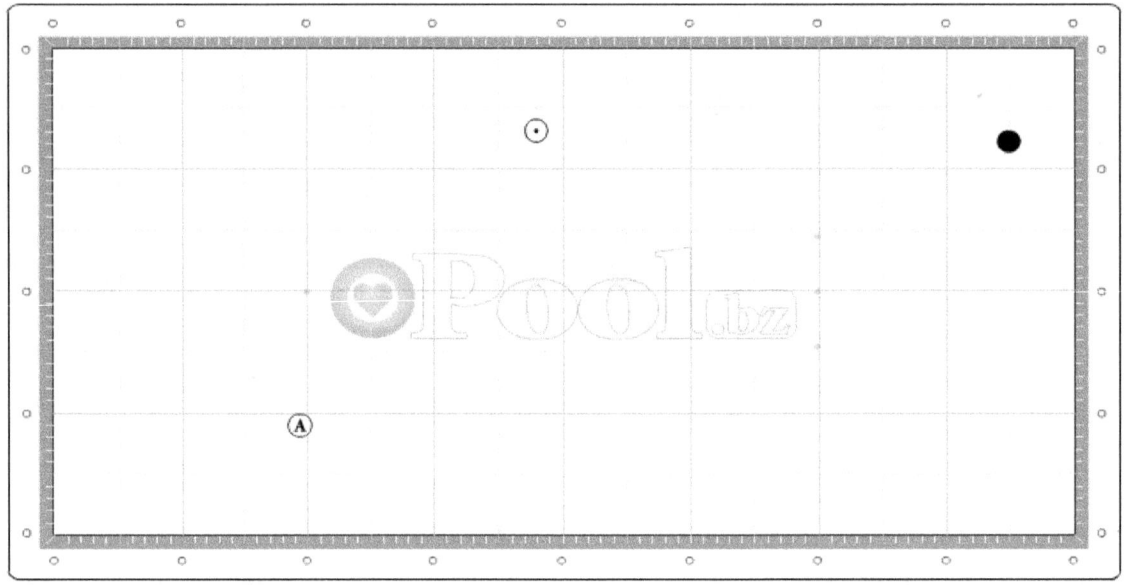

Anteckningar och idéer:

Skottmönster

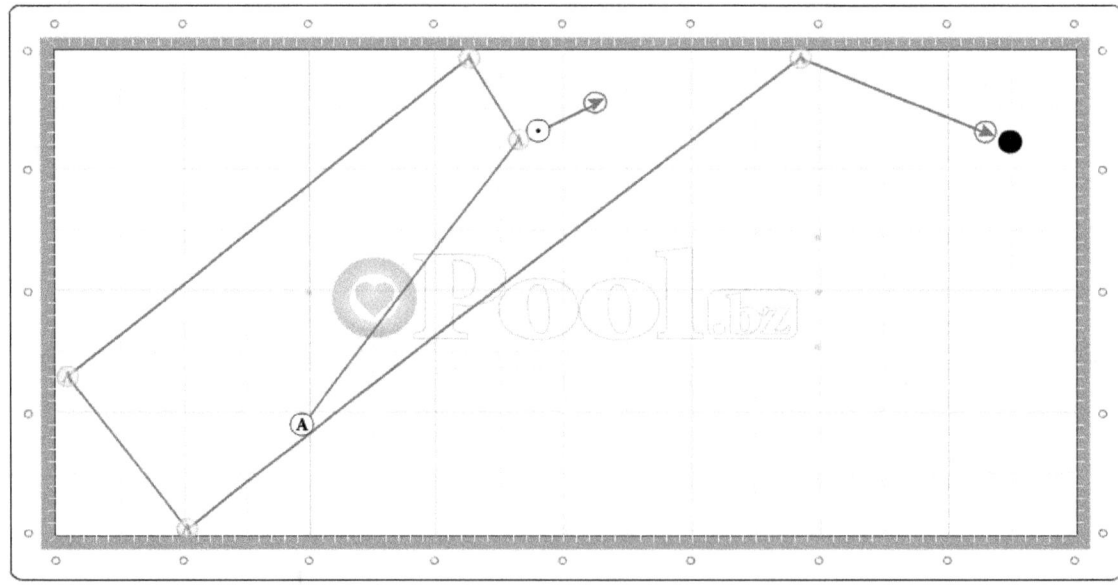

B:2b – Inrätta

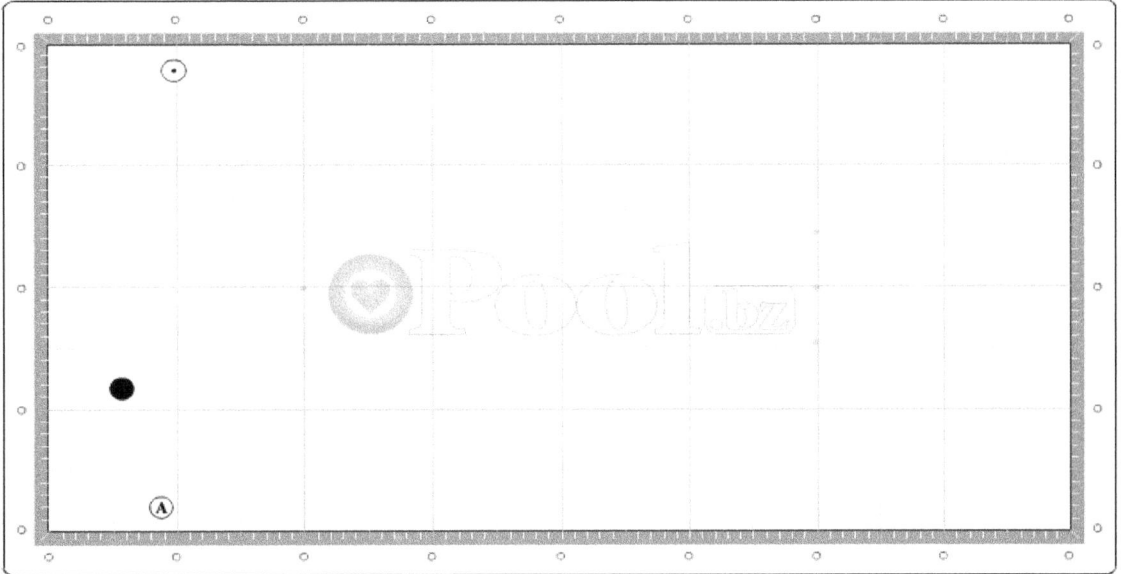

Anteckningar och idéer:

Skottmönster

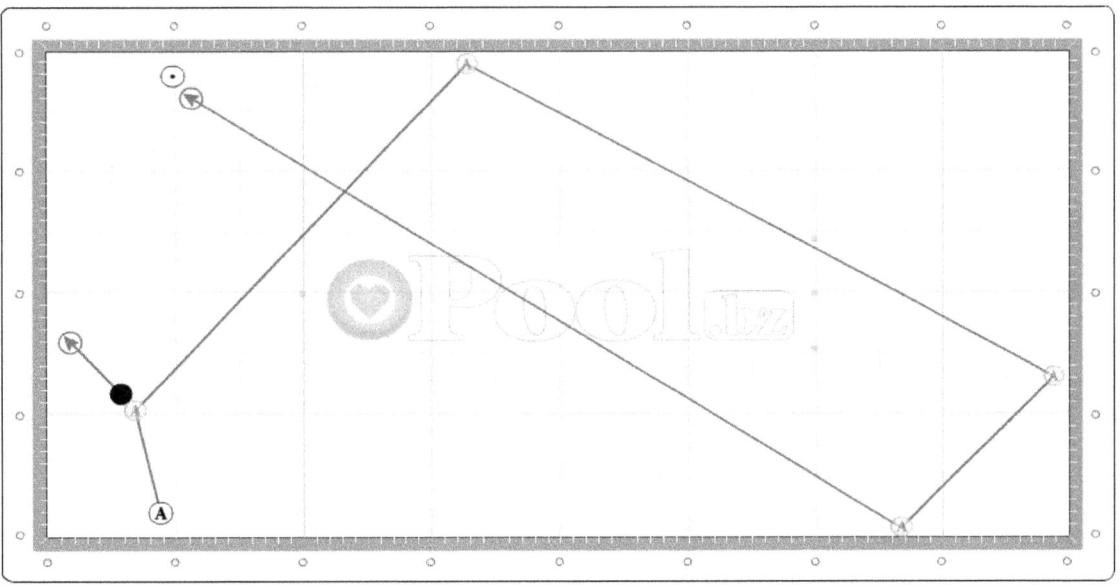

B:2c – Inrätta

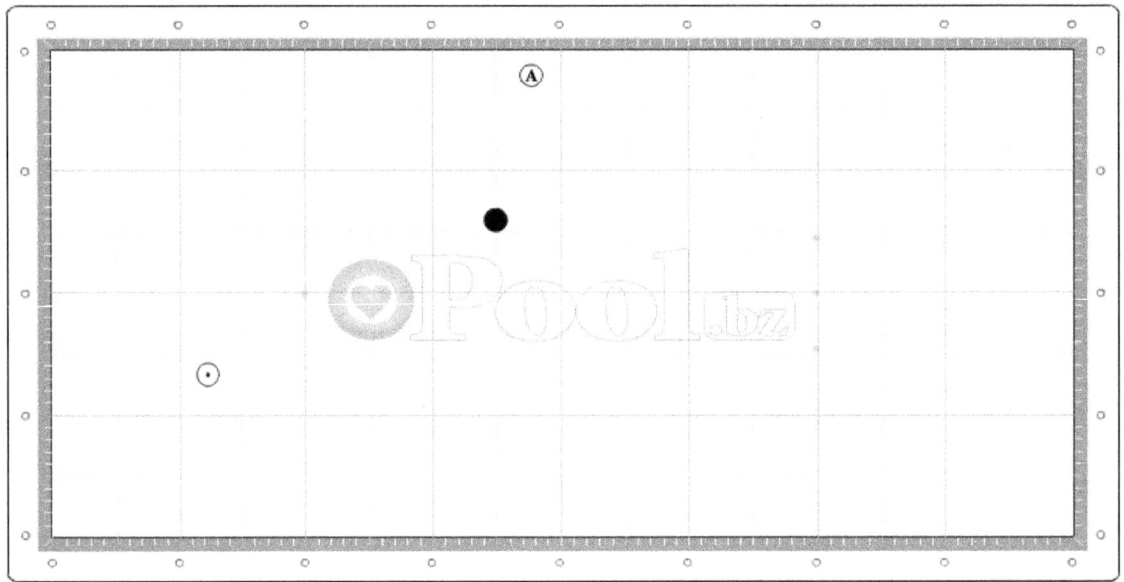

Anteckningar och idéer:

Skottmönster

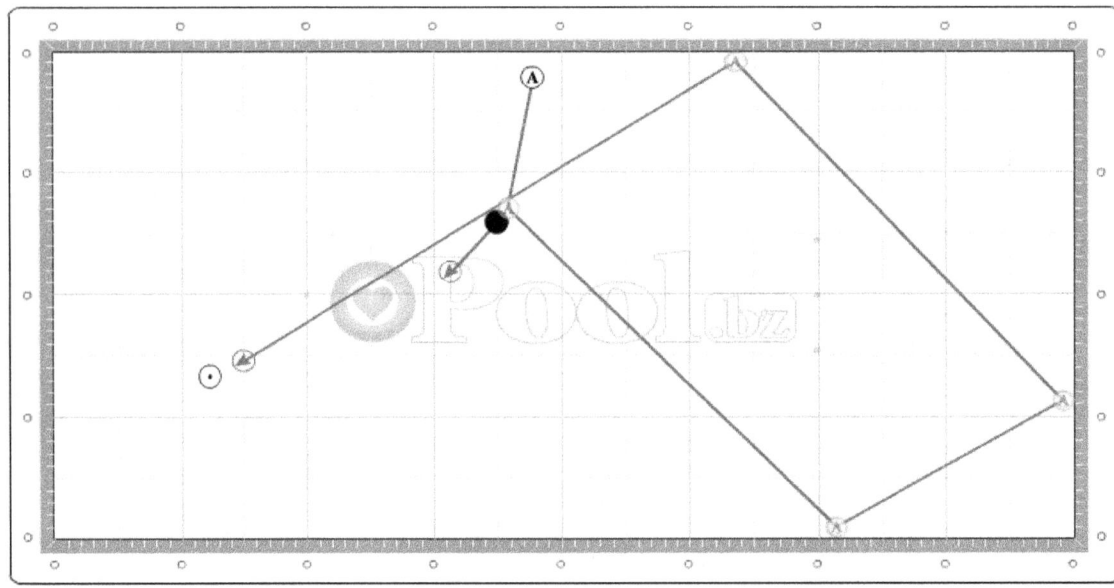

B:2d – Inrätta

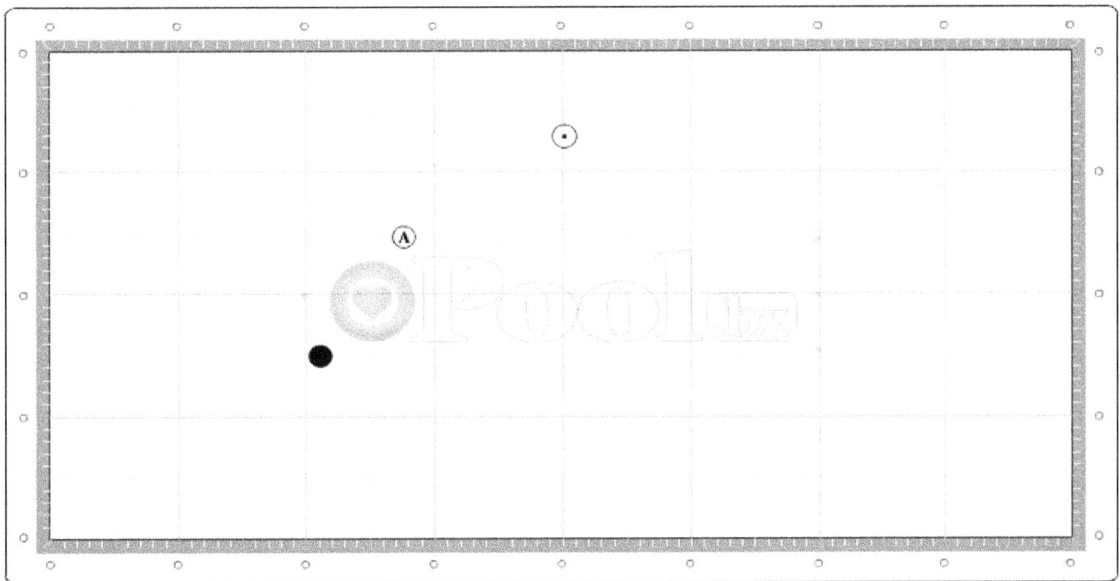

Anteckningar och idéer:

Skottmönster

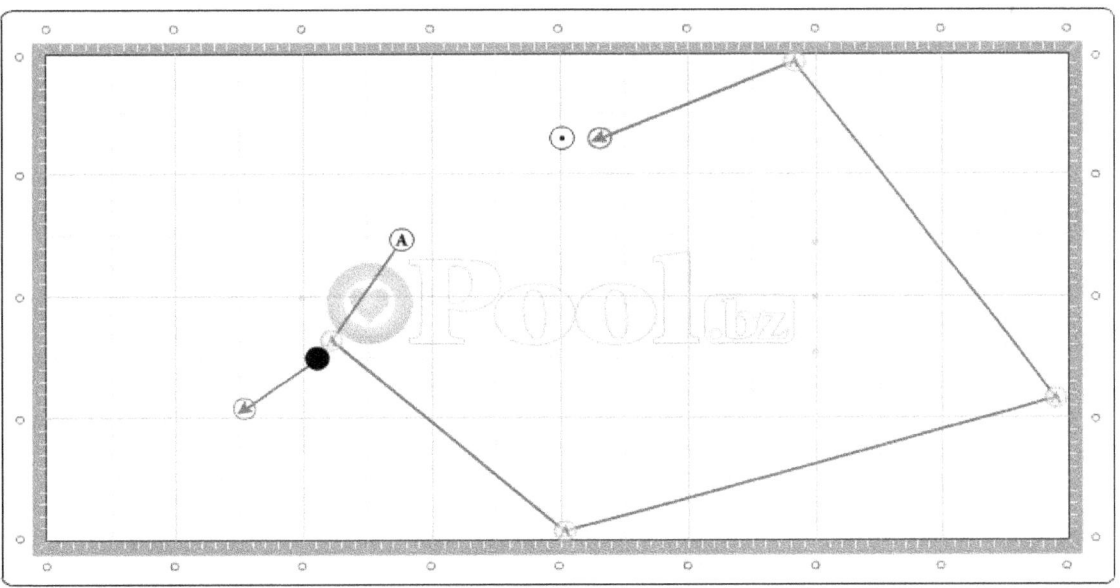

B: Grupp 3

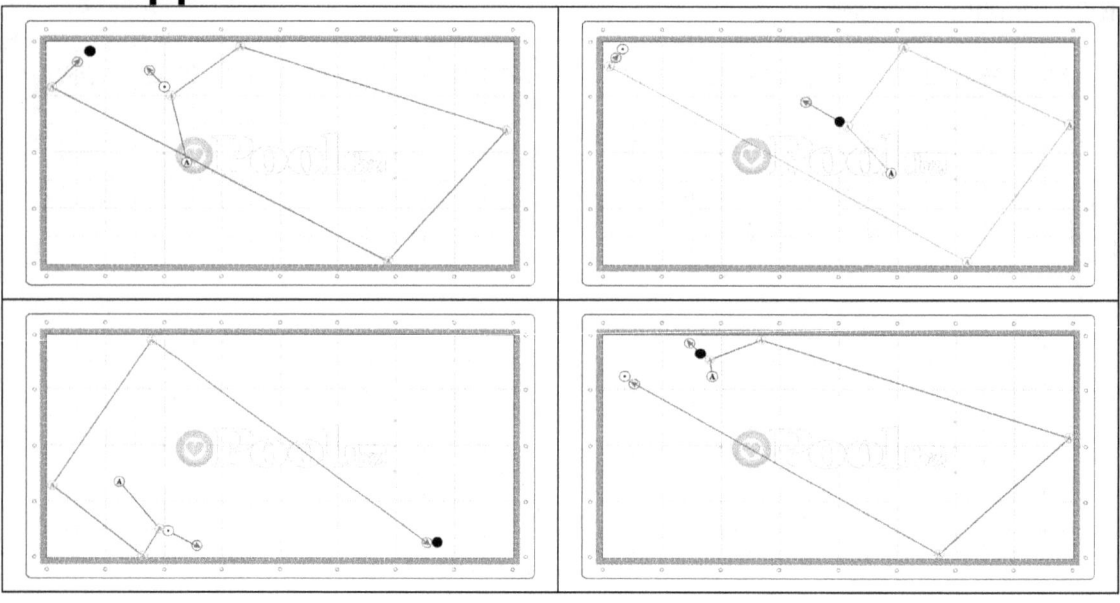

Analys:

B:3a. _____

B:3b. _____

B:3c. _____

B:3d. _____

B:3a – Inrätta

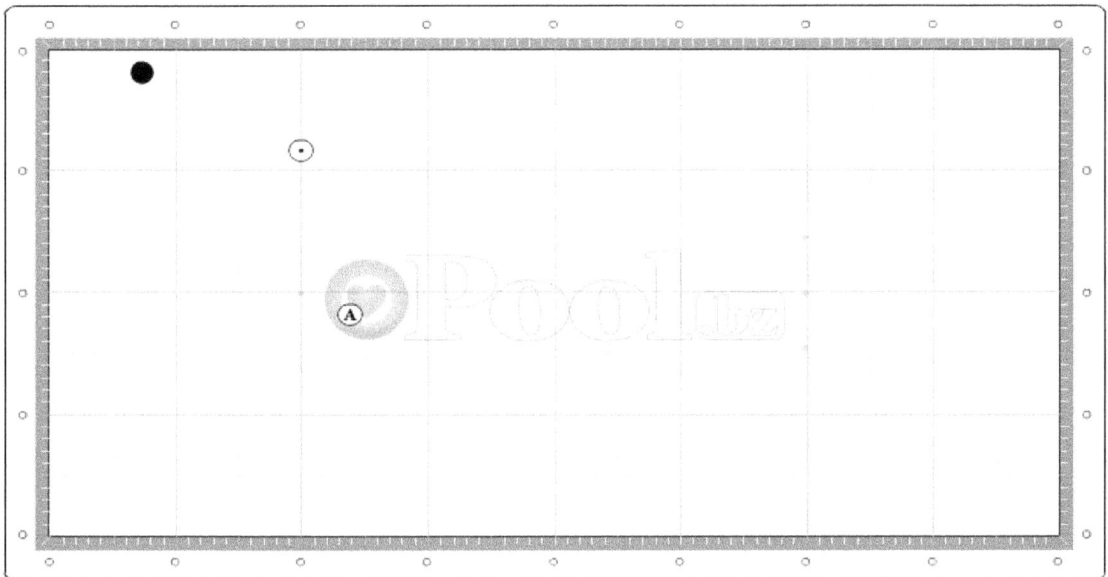

Anteckningar och idéer:

Skottmönster

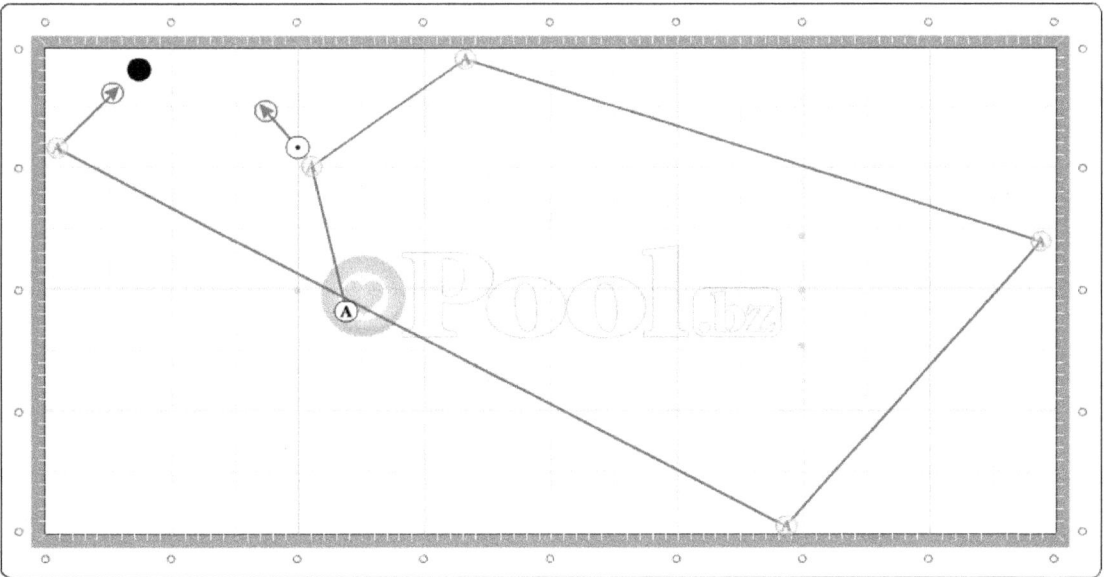

B:3b – Inrätta

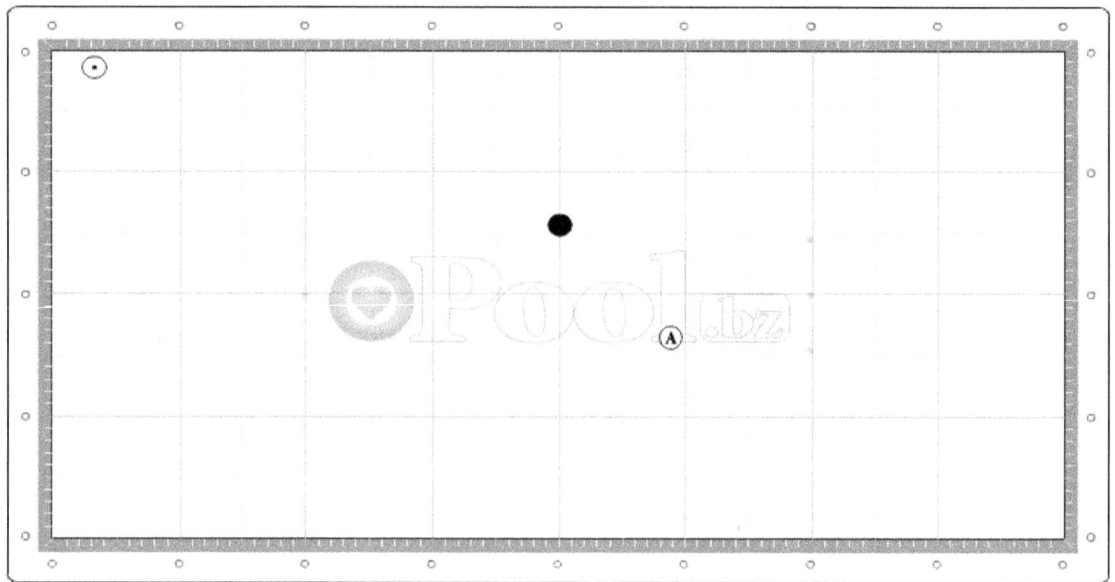

Anteckningar och idéer:

Skottmönster

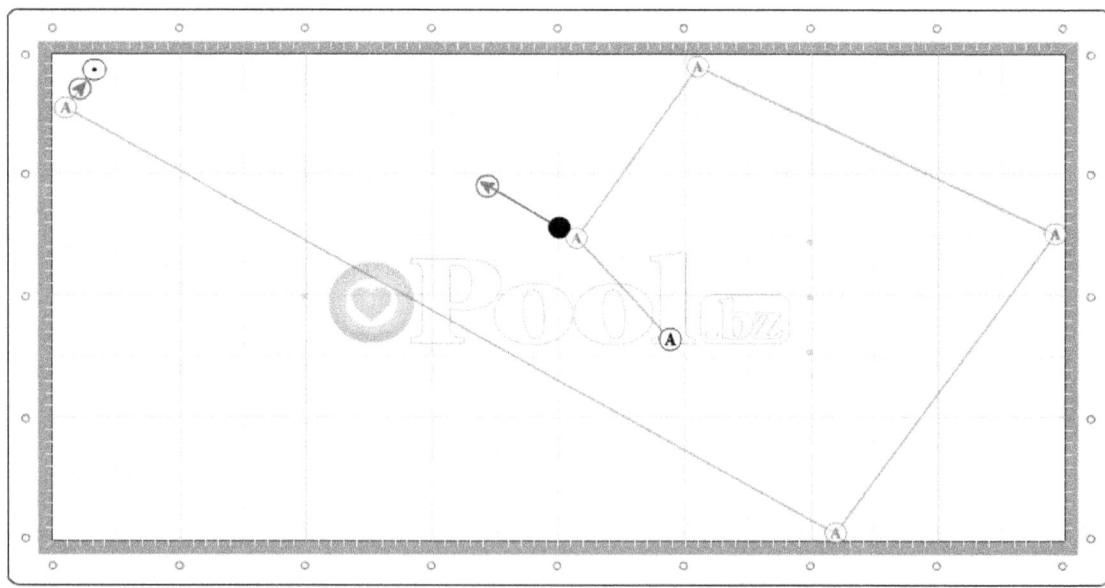

B:3c – Inrätta

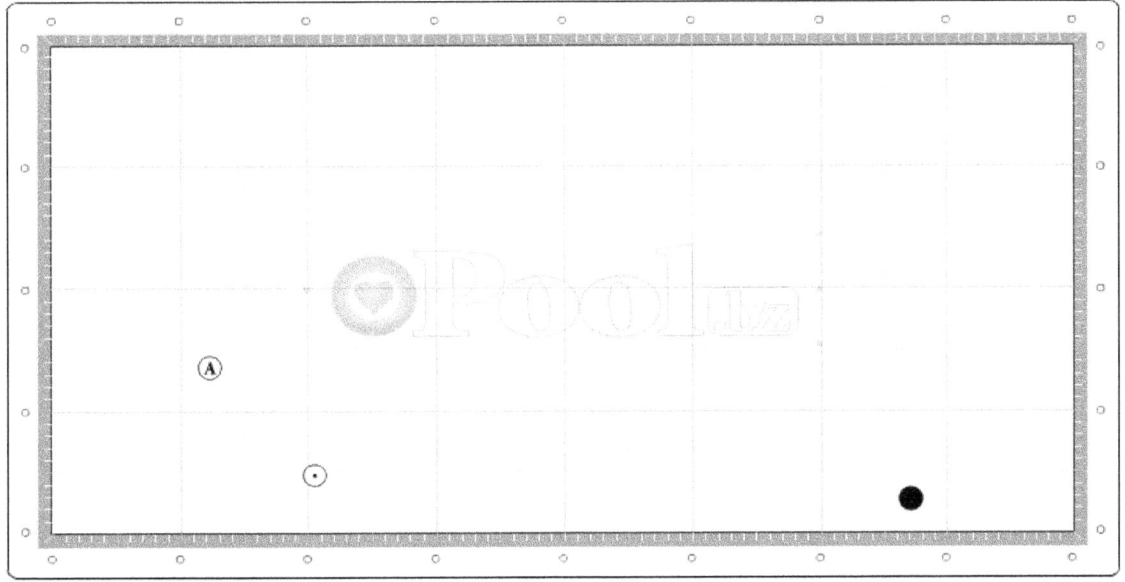

Anteckningar och idéer:

Skottmönster

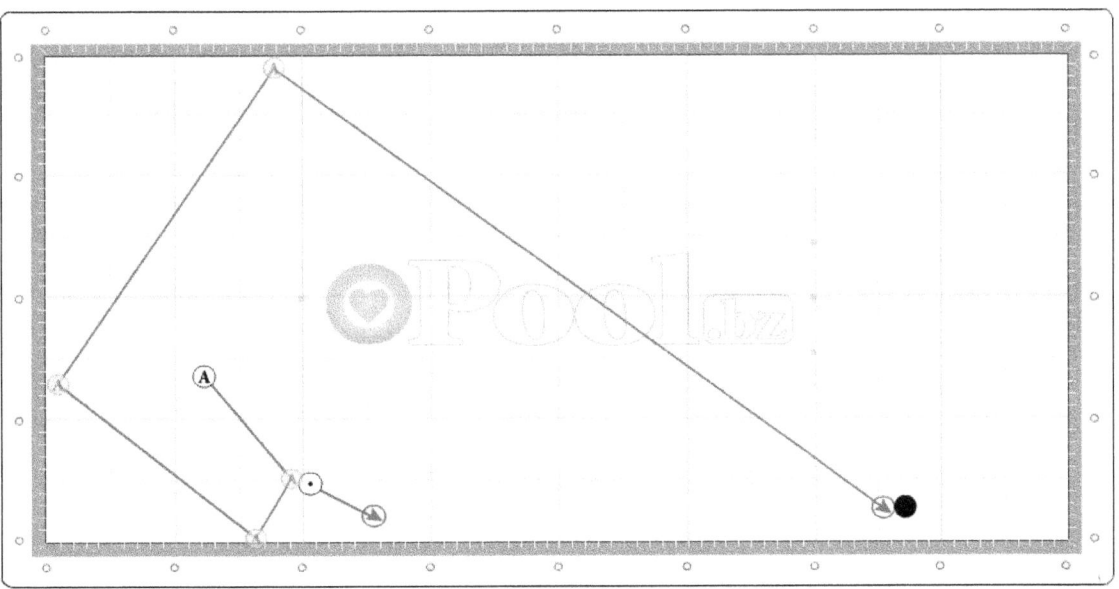

B:3d – Inrätta

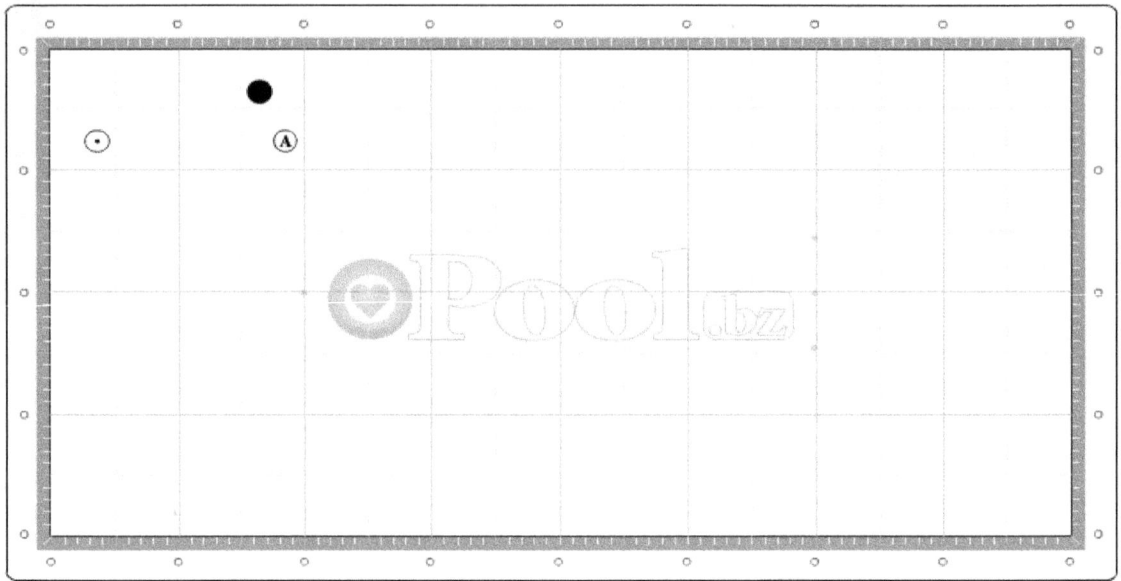

Anteckningar och idéer:

Skottmönster

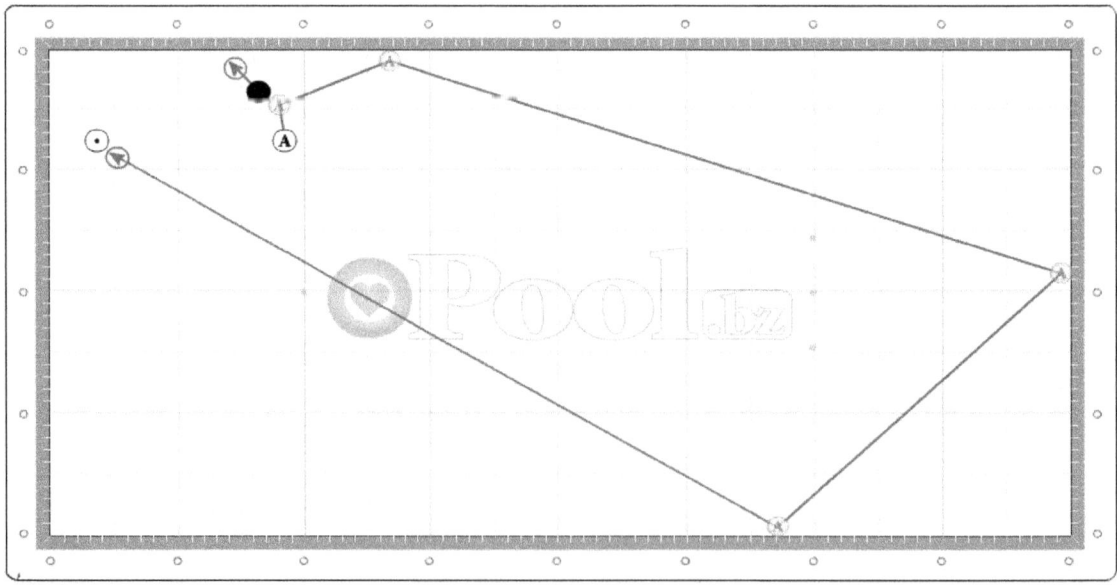

B: Grupp 4

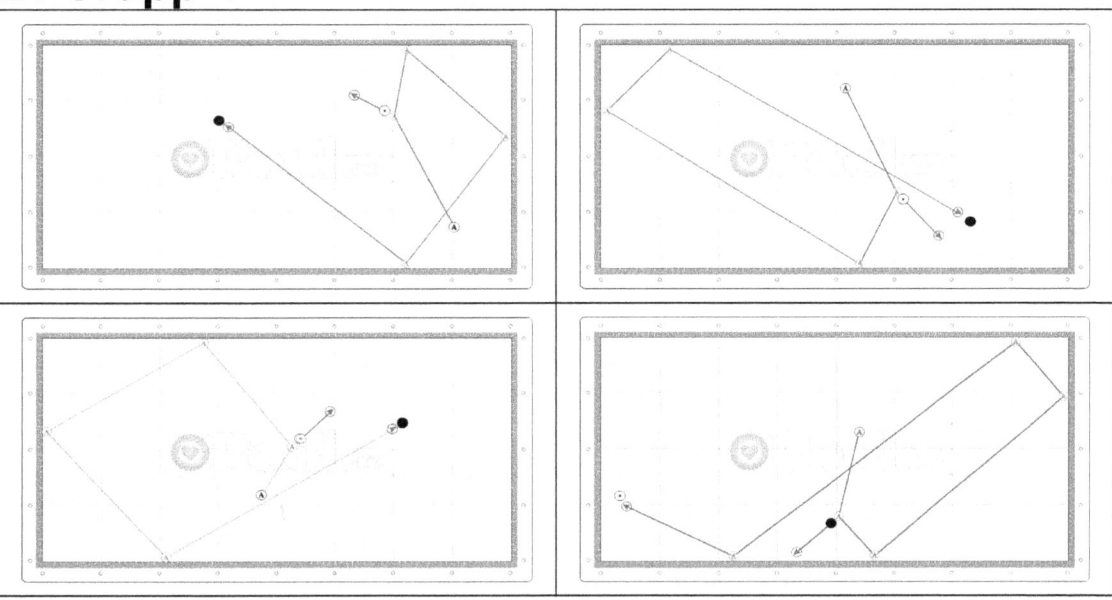

Analys:

B:4a. _____

B:4b. _____

B:4c. _____

B:4d. _____

B:4a – Inrätta

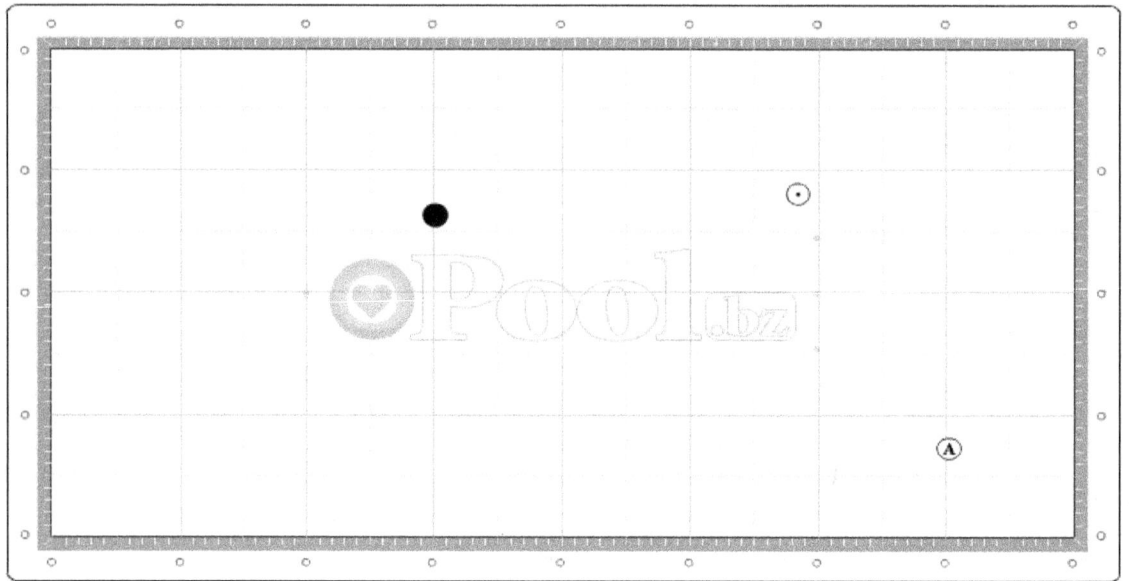

Anteckningar och idéer:

Skottmönster

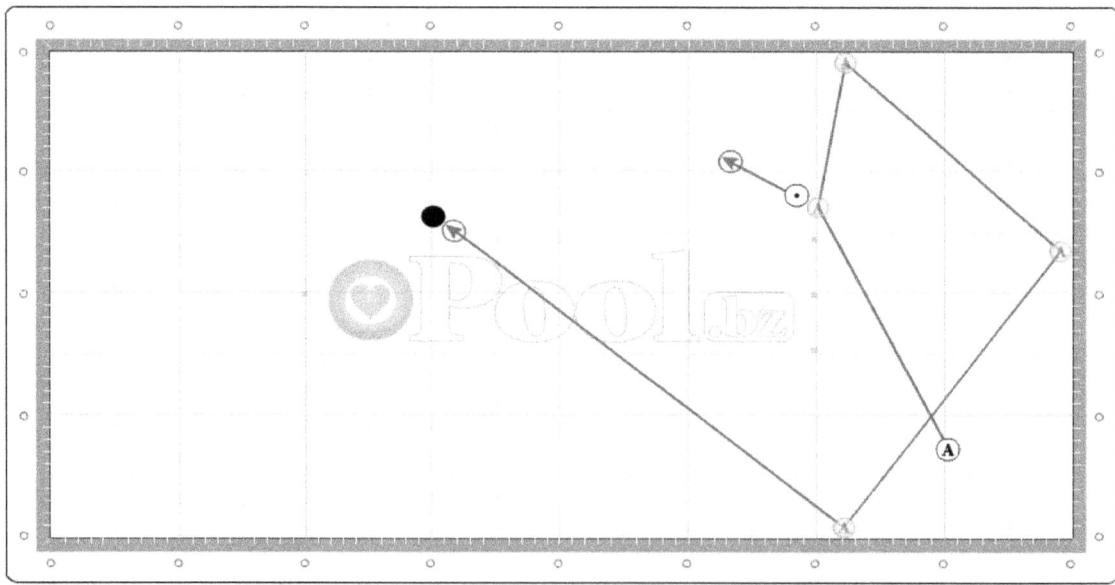

B:4b – Inrätta

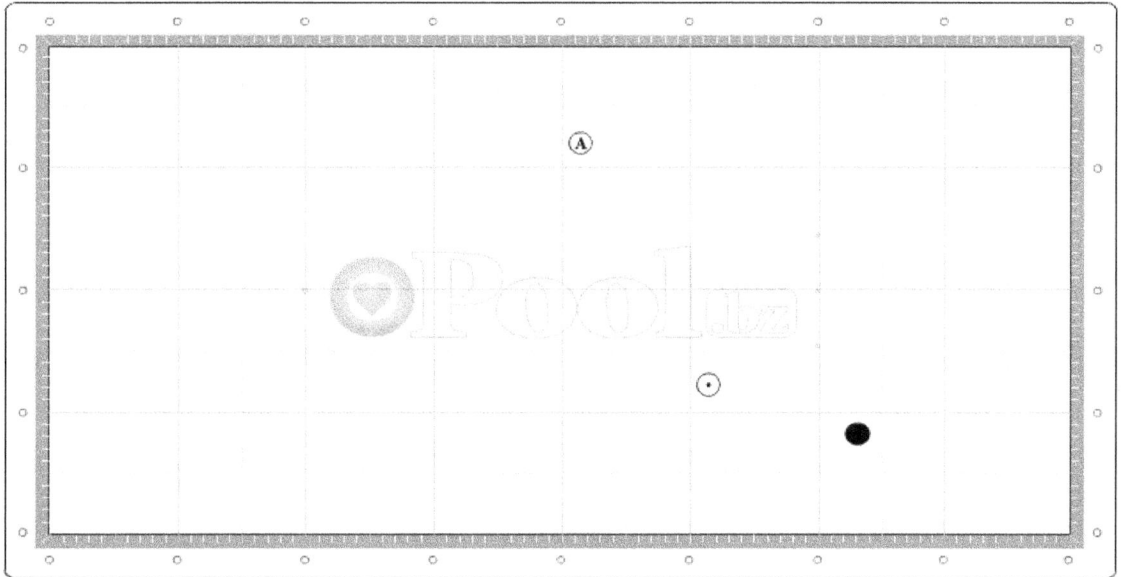

Anteckningar och idéer:

Skottmönster

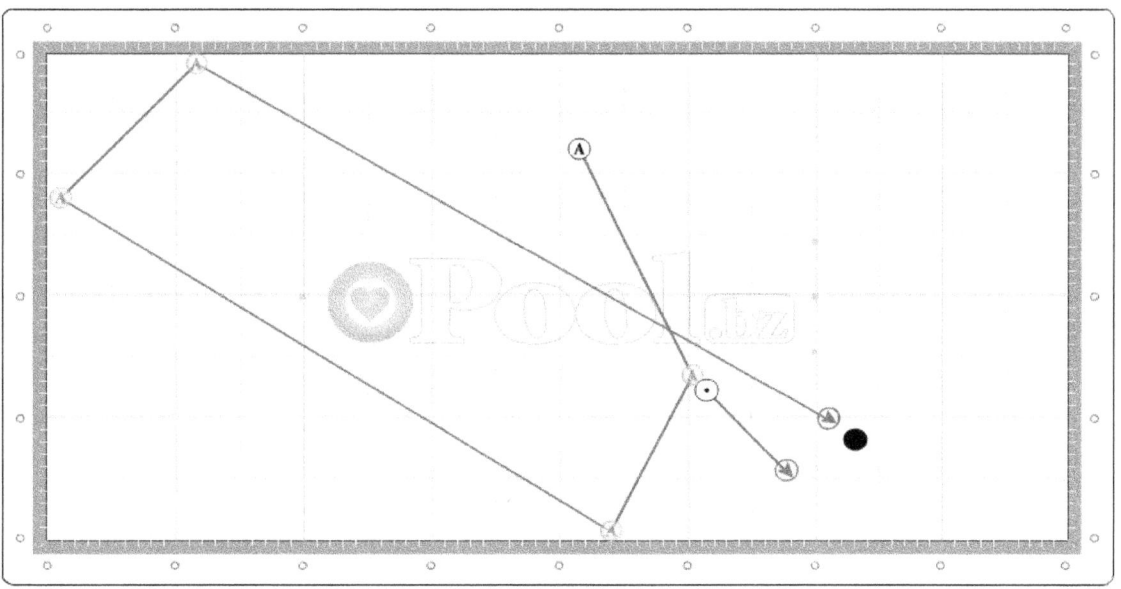

B:4c – Inrätta

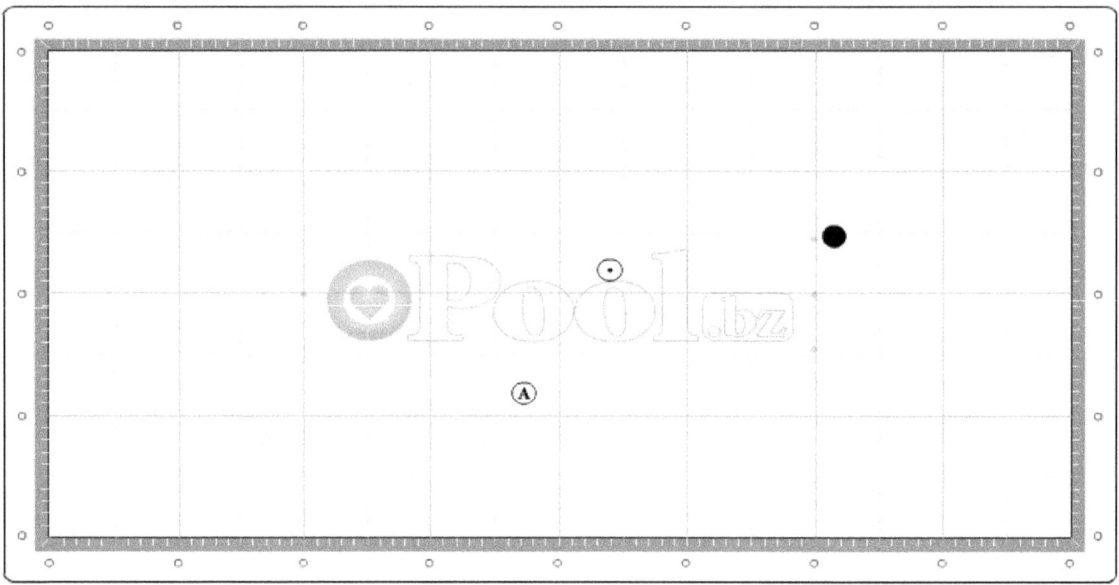

Anteckningar och idéer:

Skottmönster

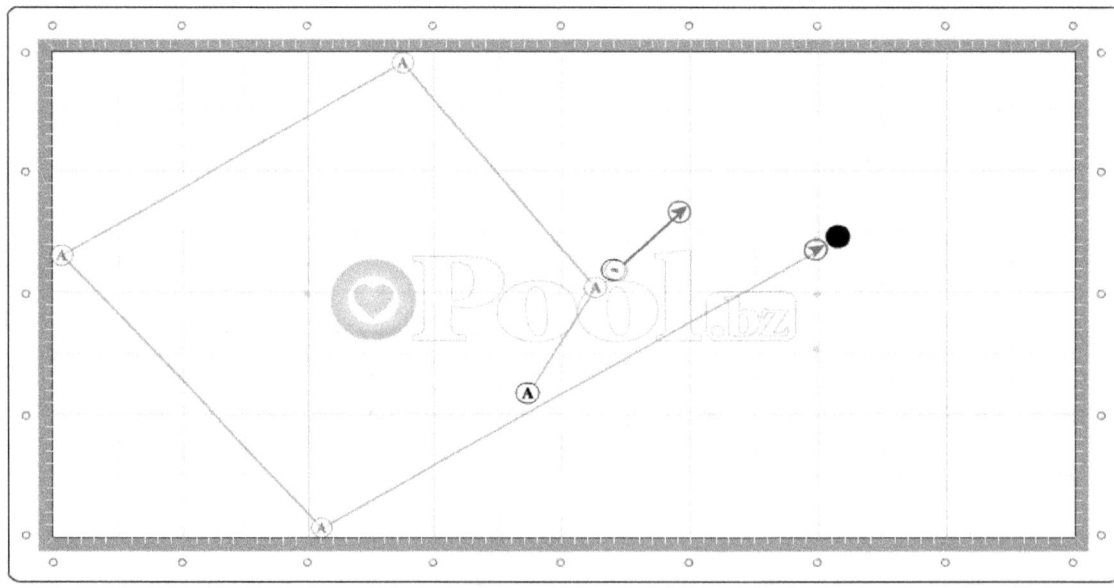

B:4d – Inrätta

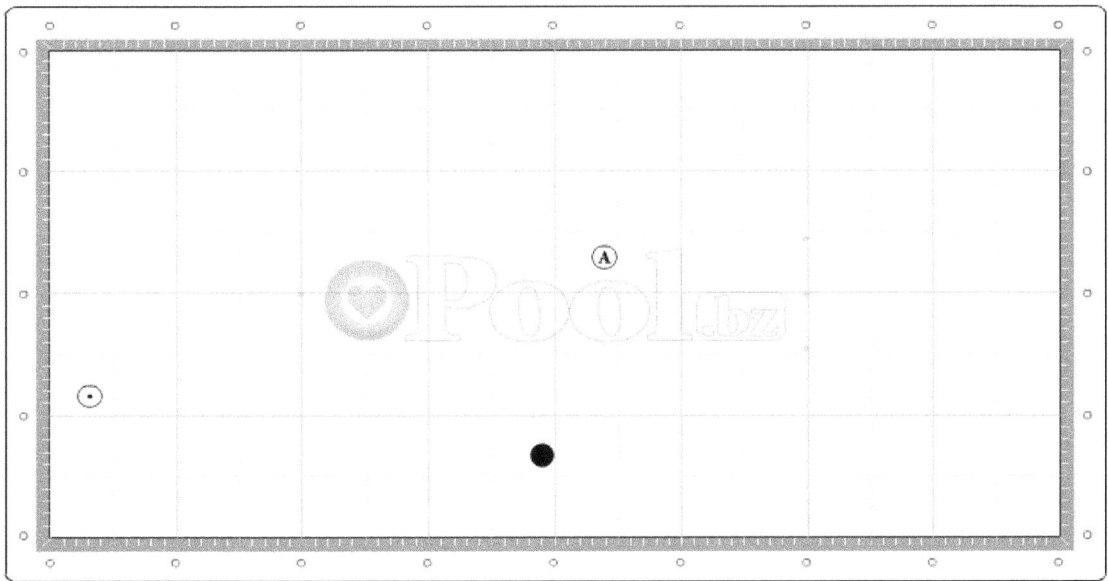

Anteckningar och idéer:

Skottmönster

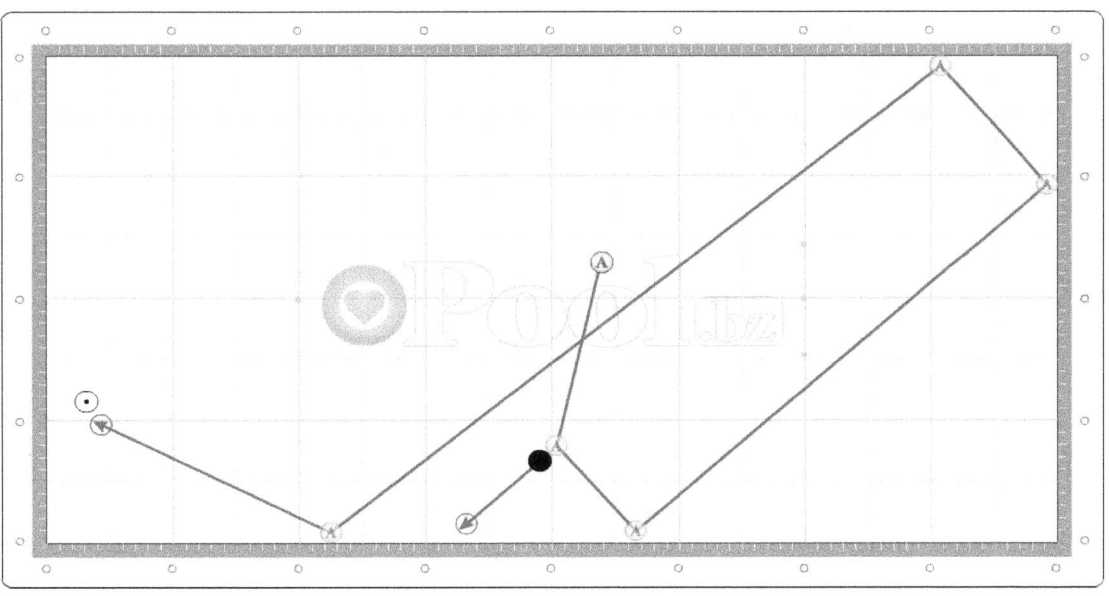

C: Förlängt ben

I dessa situationer kontaktar (CB) den första (OB) och börjar standarden runt världsmönstret. (CB) går in i hemmet hörnet. Sedan kommer det två vallar ur starthjulet och kontaktar den andra (OB).

Ⓐ (CB) (din biljardboll) - ⊙ (OB) (motståndare biljardboll) - ● (OB) (röd biljardboll)

C: Grupp 1

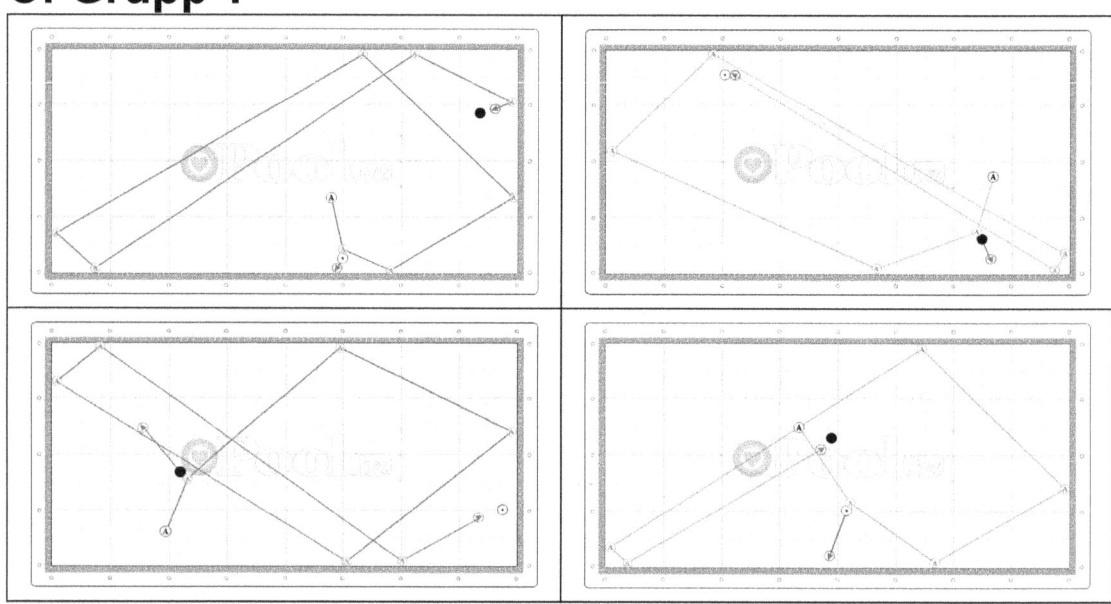

Analys:

C:1a. _____

C:1b. _____

C:1c. _____

C:1d. _____

C:1a – Inrätta

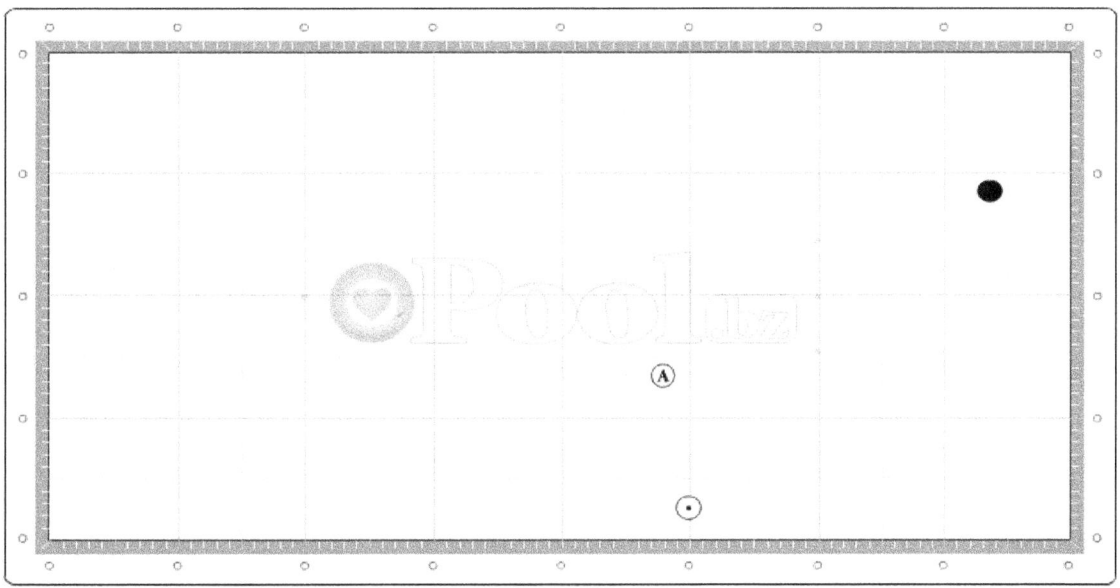

Anteckningar och idéer:

Skottmönster

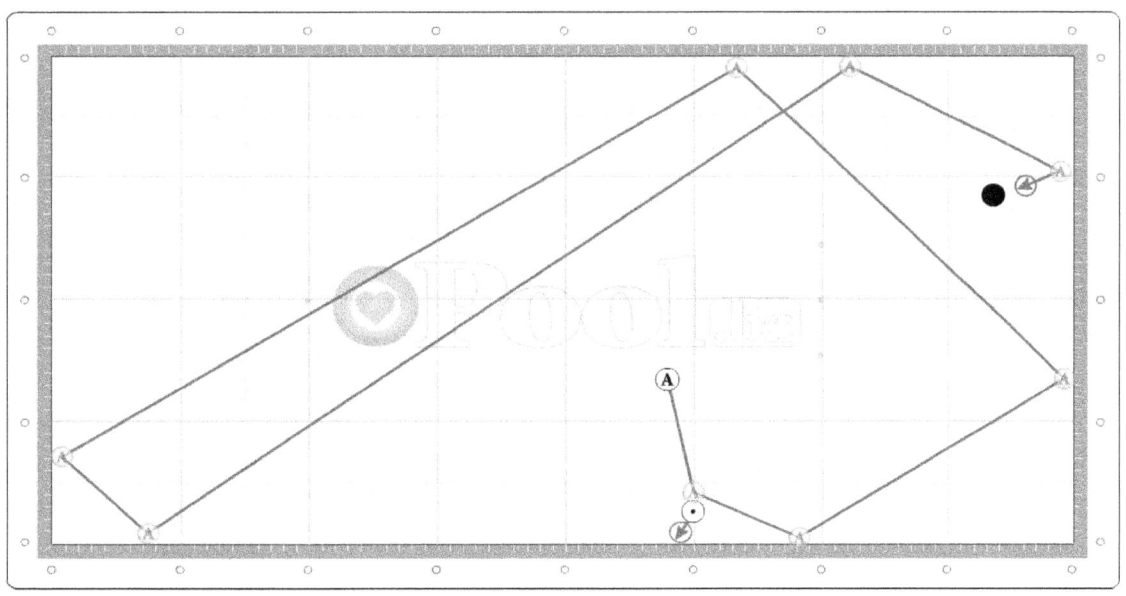

C:1b – Inrätta

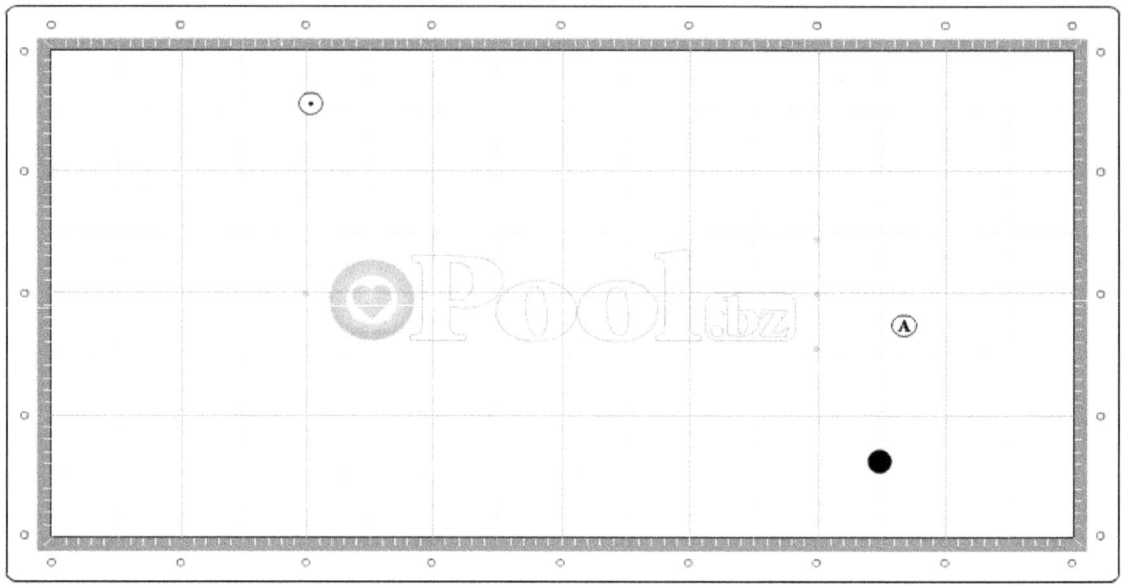

Anteckningar och idéer:

Skottmönster

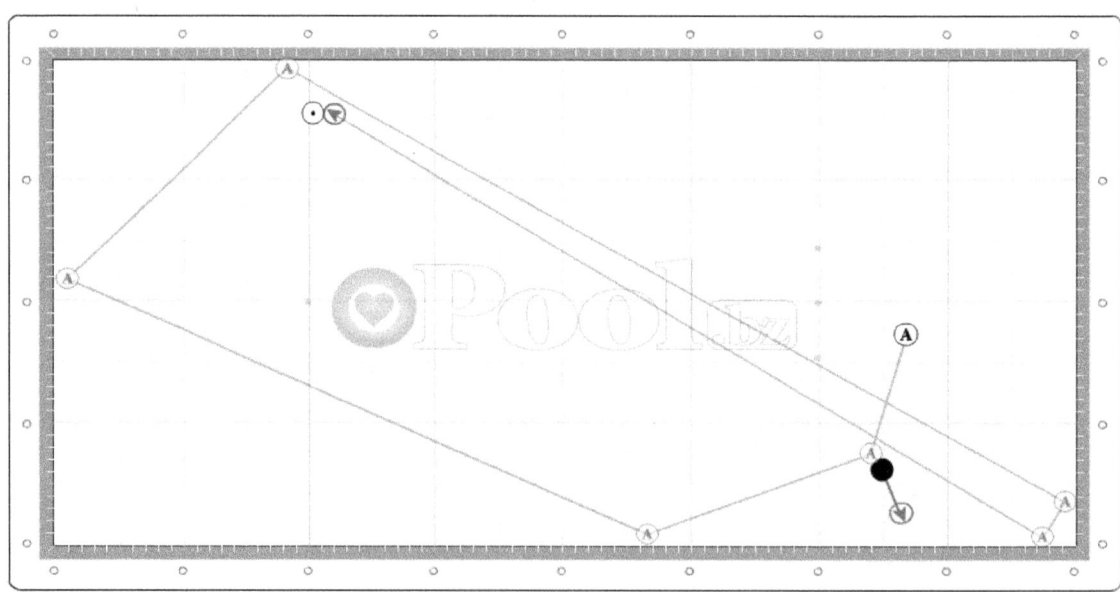

C:1c – Inrätta

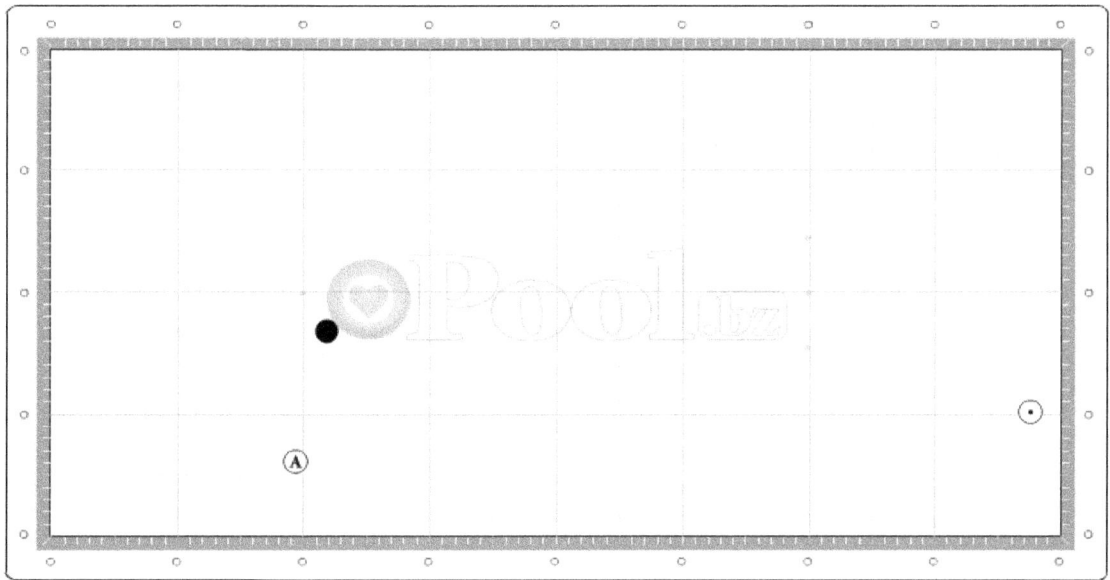

Anteckningar och idéer:

Skottmönster

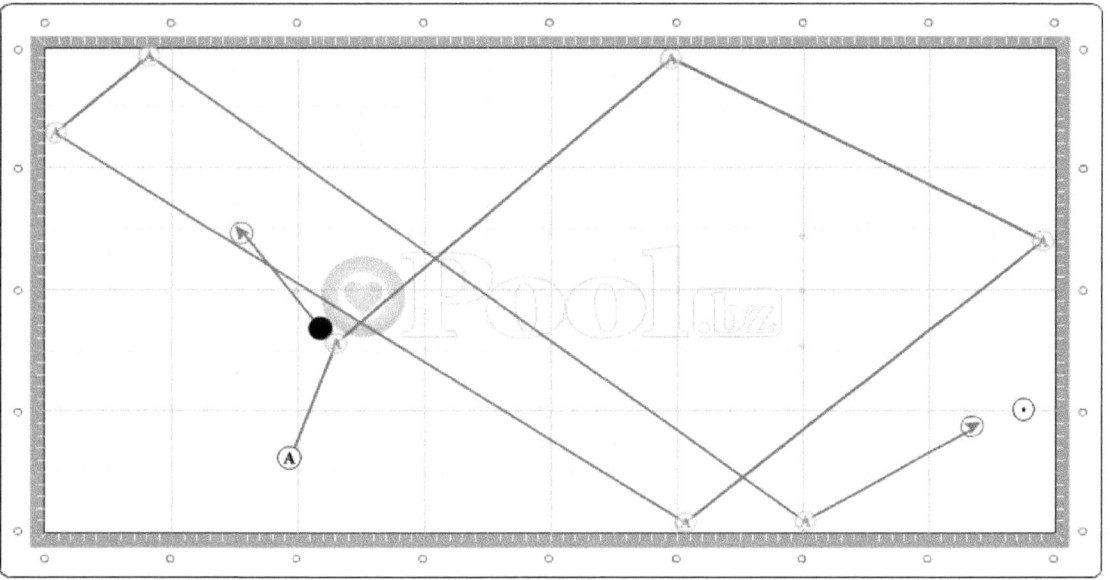

C:1d – Inrätta

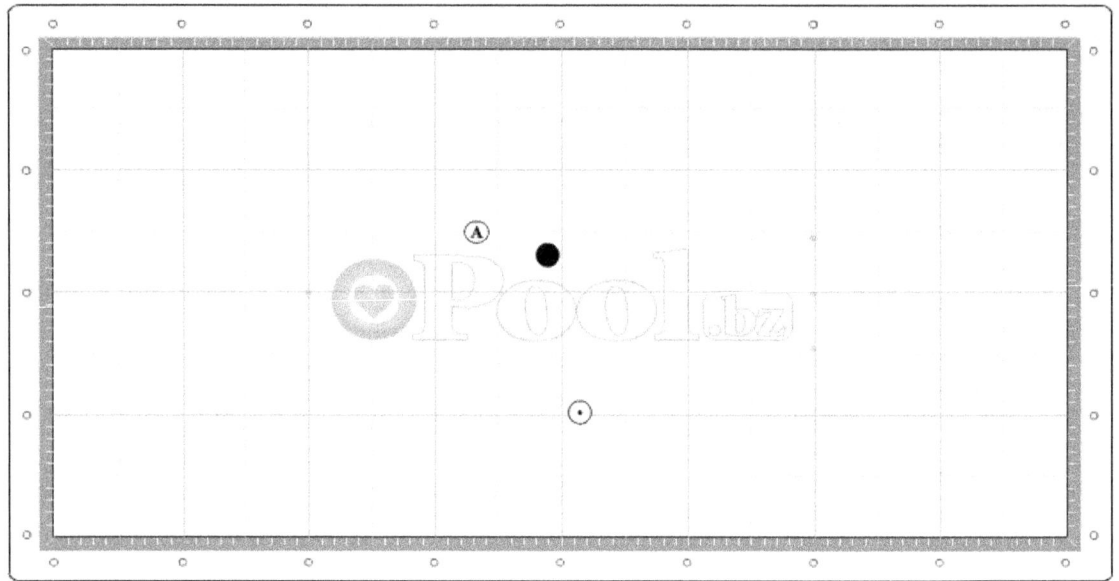

Anteckningar och idéer:

Skottmönster

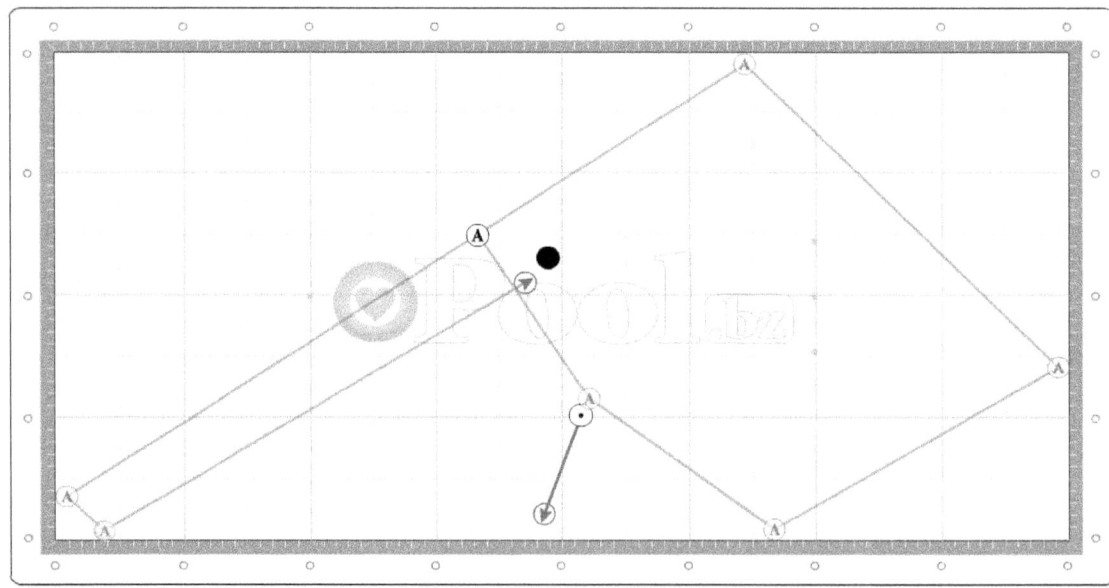

Trevallars carambole: Runt om i världen mönster

C: Grupp 2

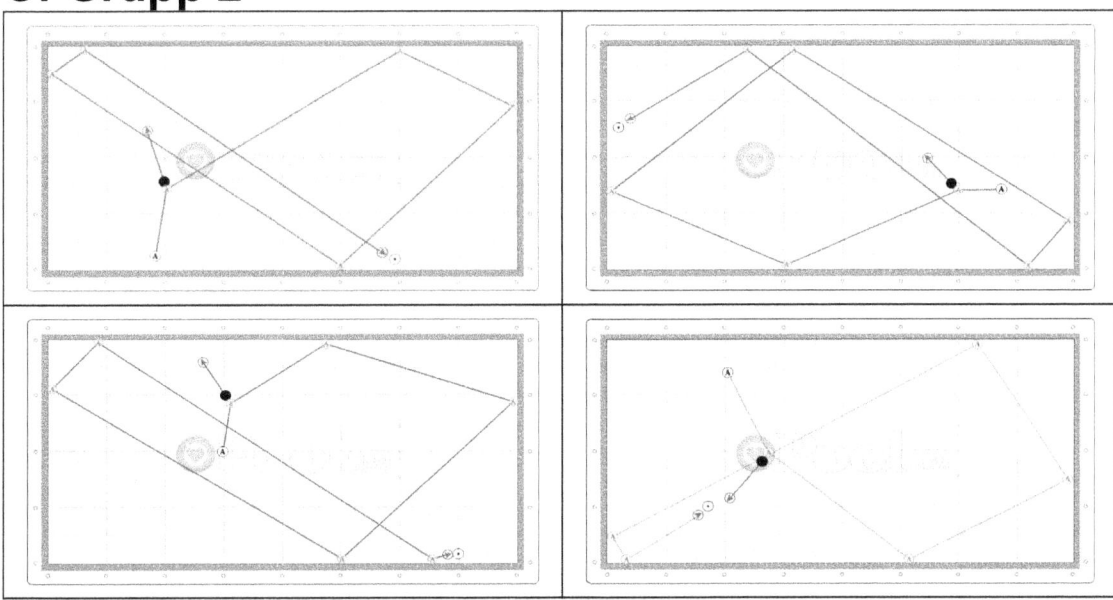

Analys:

C:2a. _____

C:2b. _____

C:2c. _____

C:2d. _____

C:2a – Inrätta

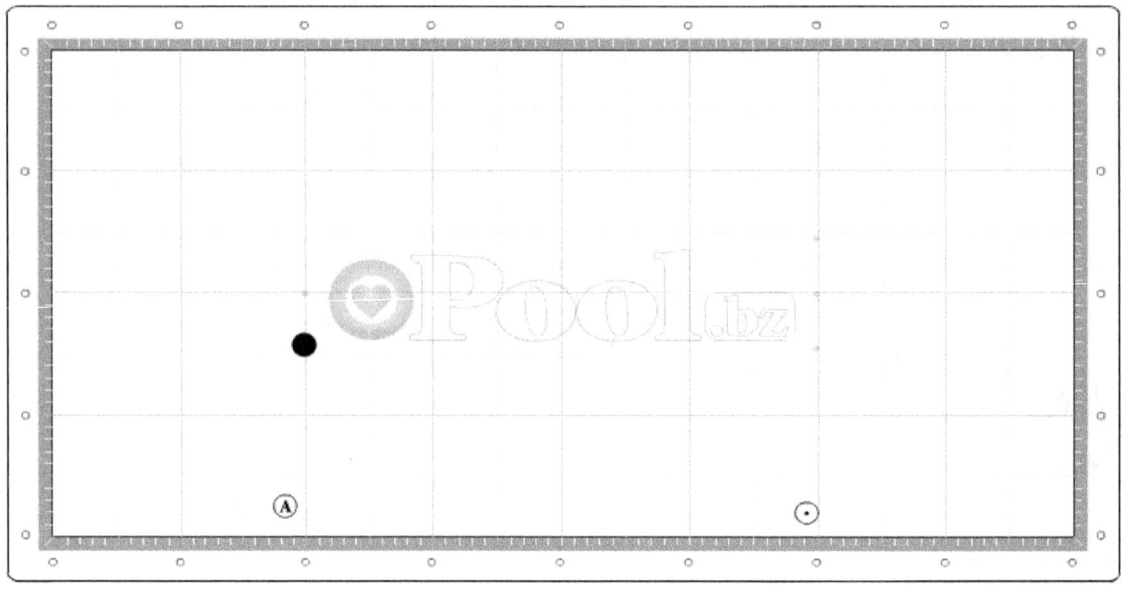

Anteckningar och idéer:

Skottmönster

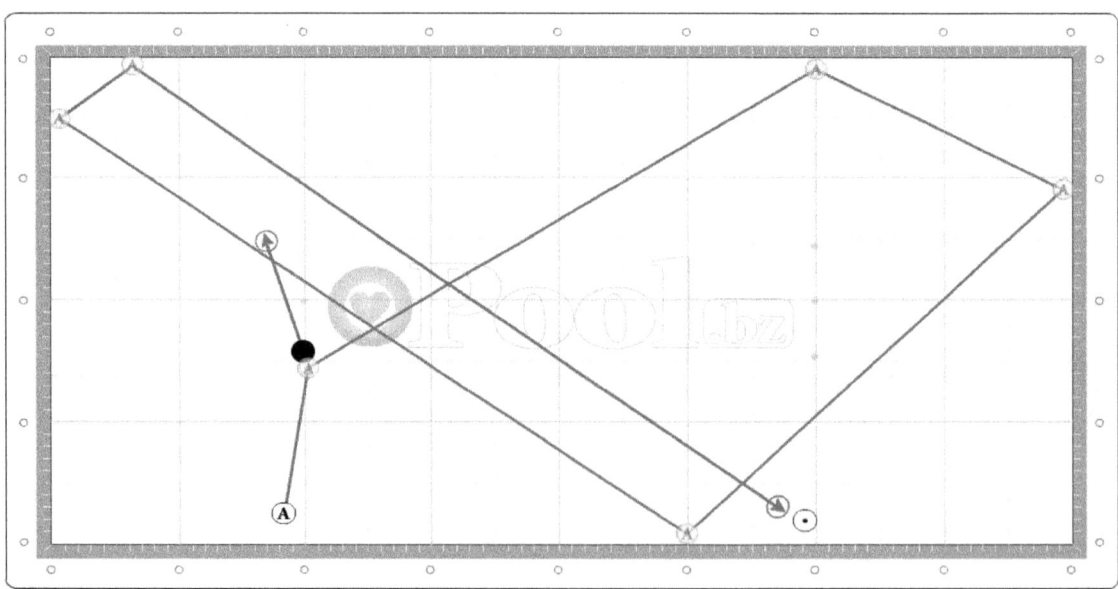

C:2b – Inrätta

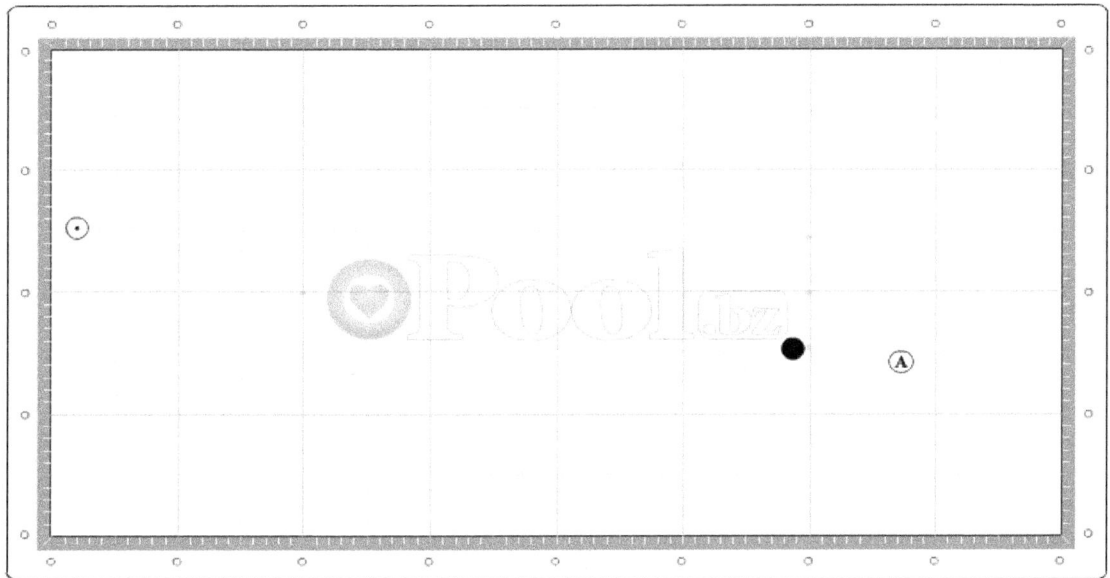

Anteckningar och idéer:

Skottmönster

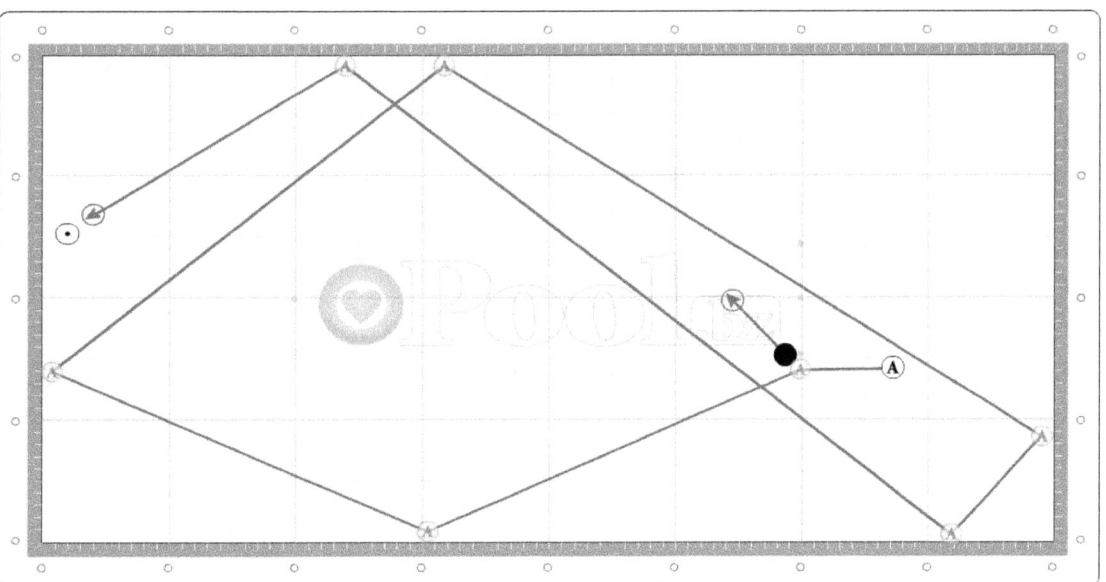

C:2c – Inrätta

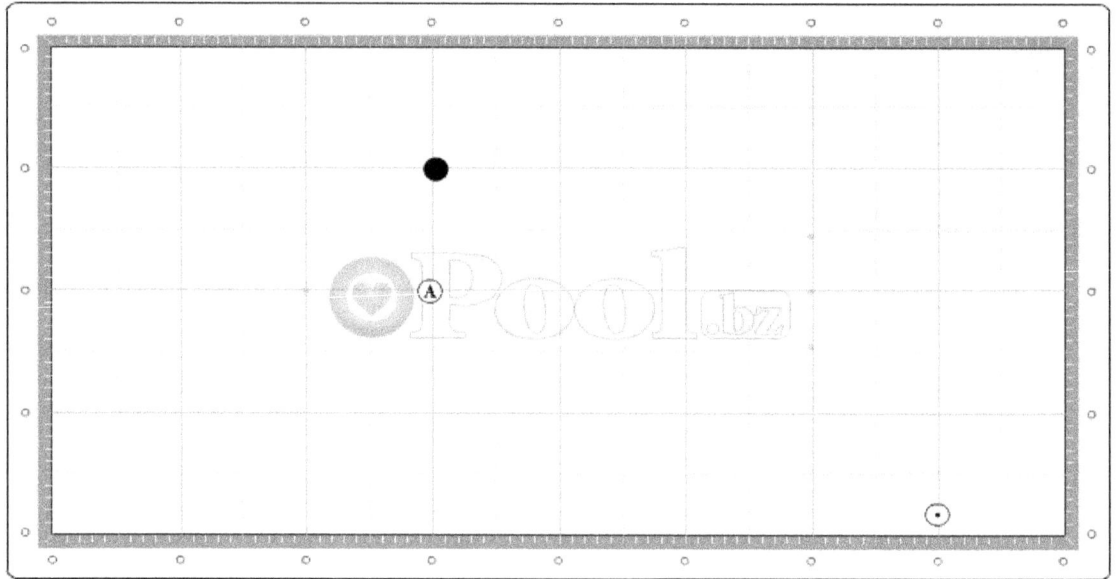

Anteckningar och idéer:

Skottmönster

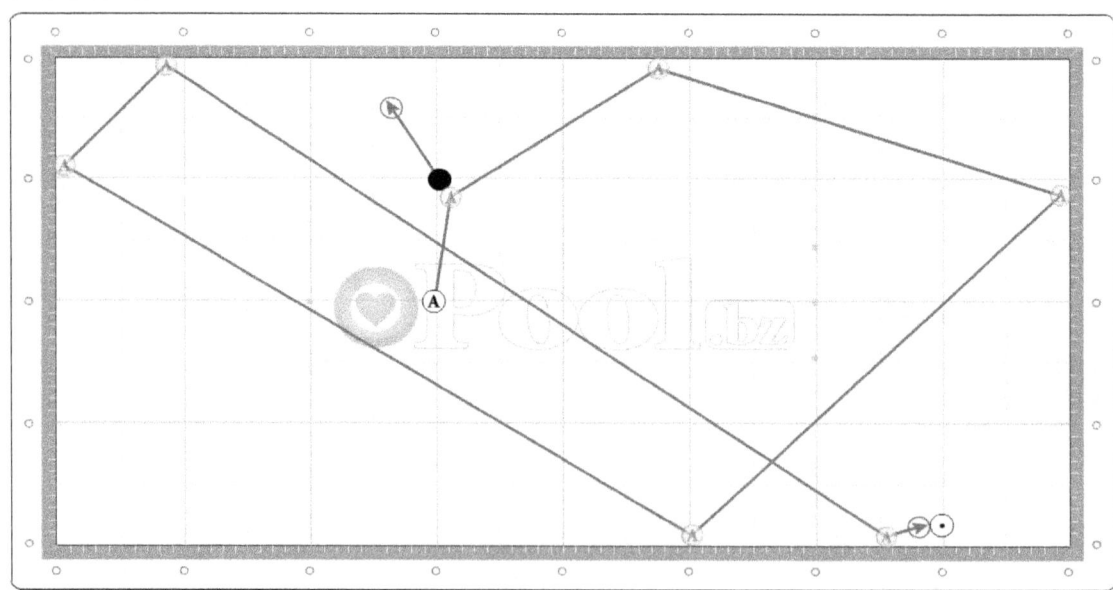

C:2d – Inrätta

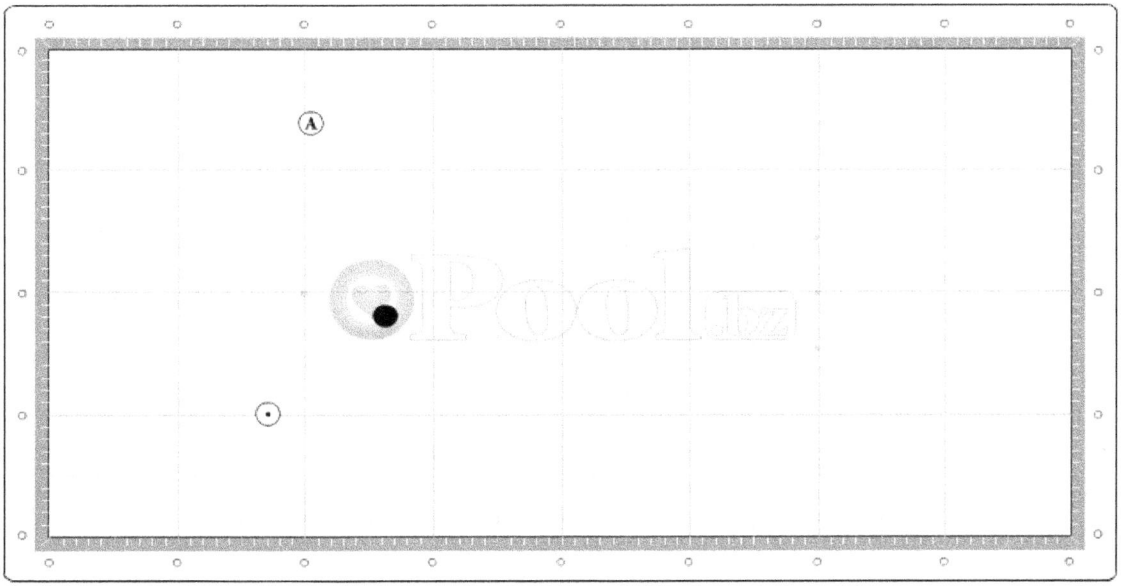

Anteckningar och idéer:

Skottmönster

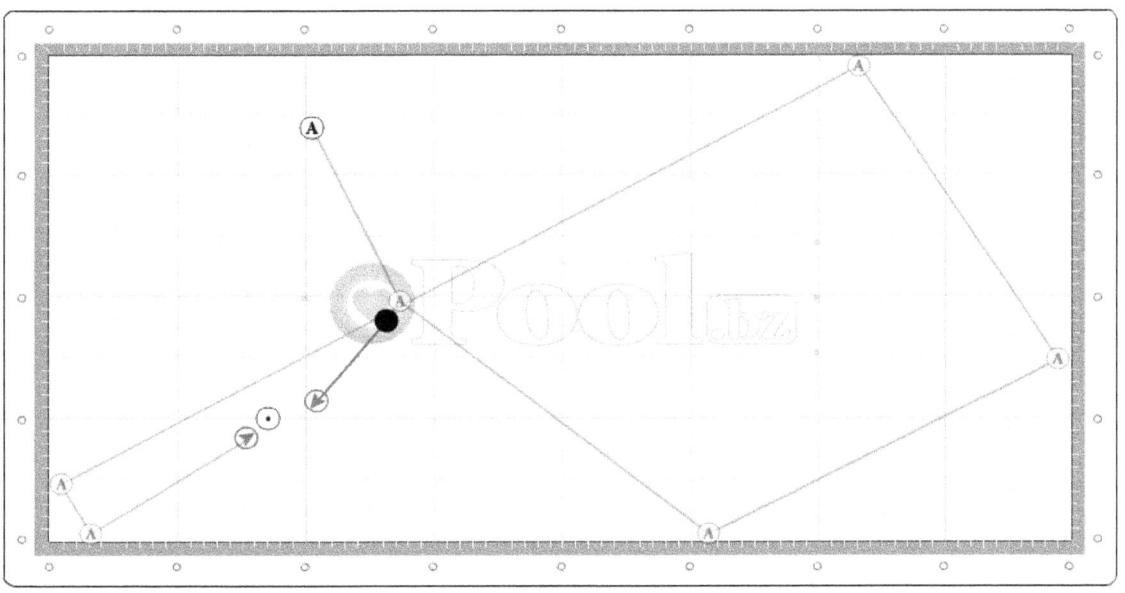

C: Grupp 3

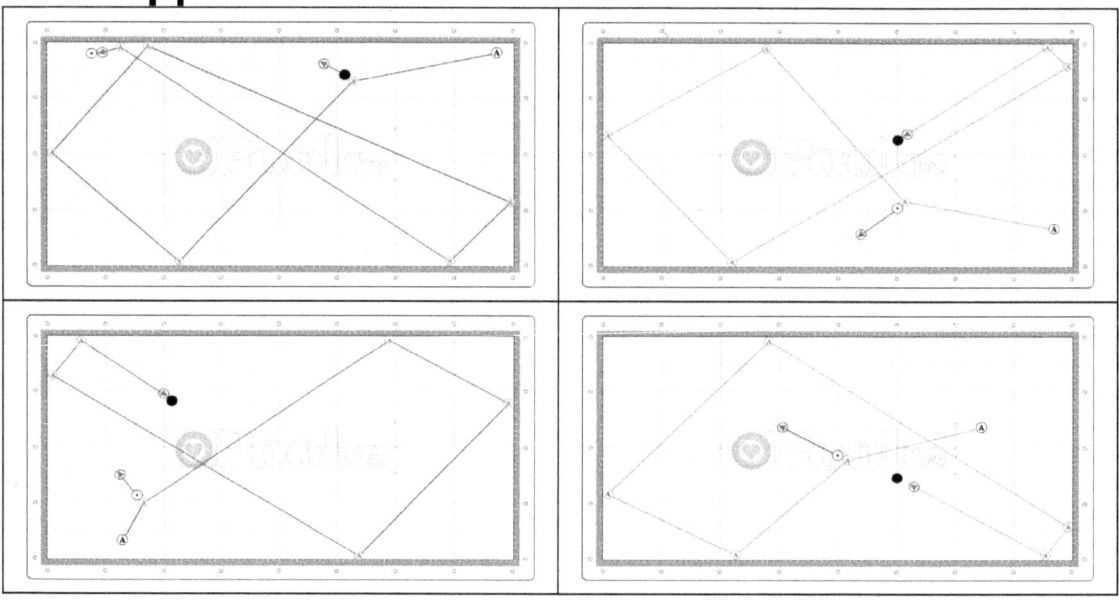

Analys:

C:3a. _____

C:3b. _____

C:3c. _____

C:3d. _____

C:3a – Inrätta

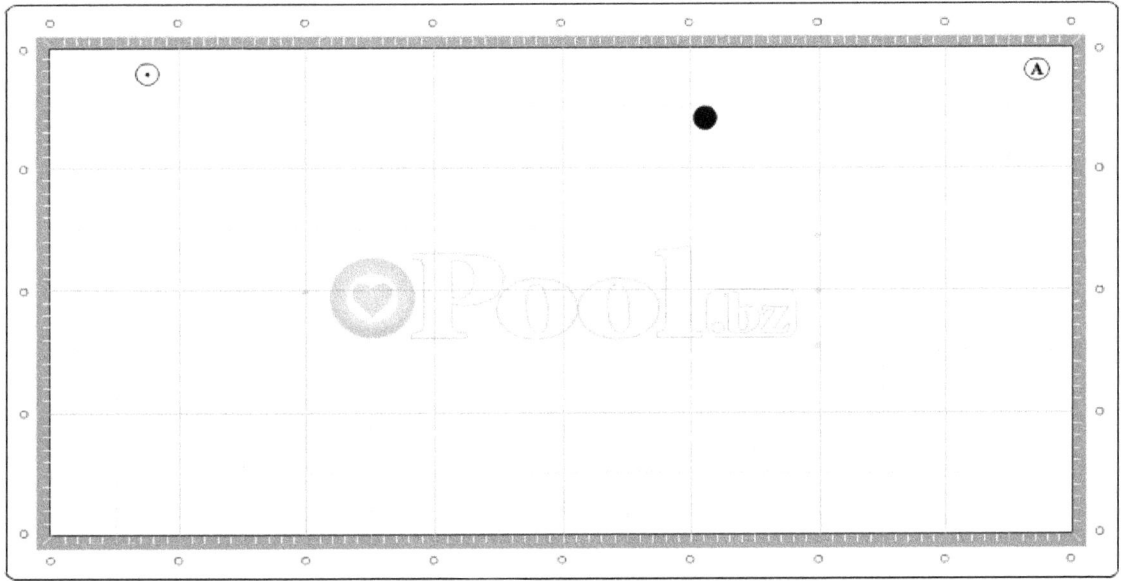

Anteckningar och idéer:

Skottmönster

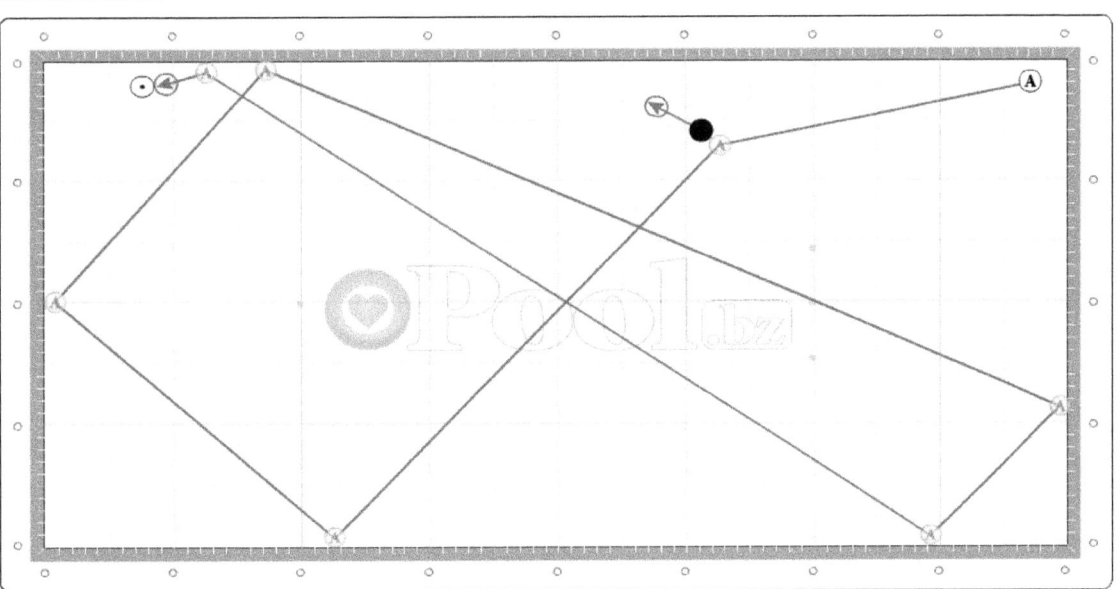

C:3b – Inrätta

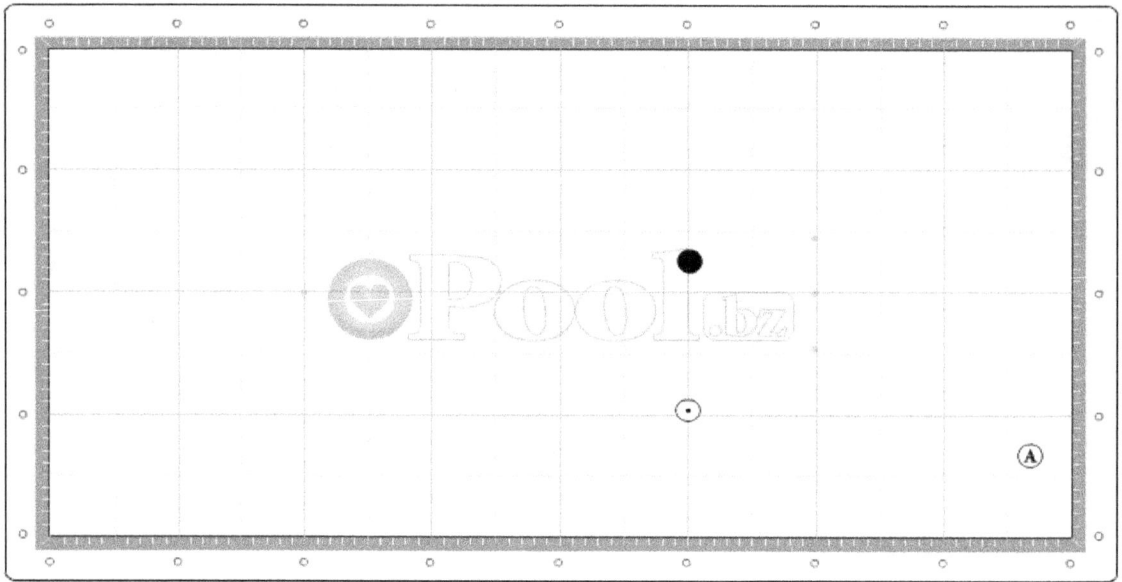

Anteckningar och idéer:

Skottmönster

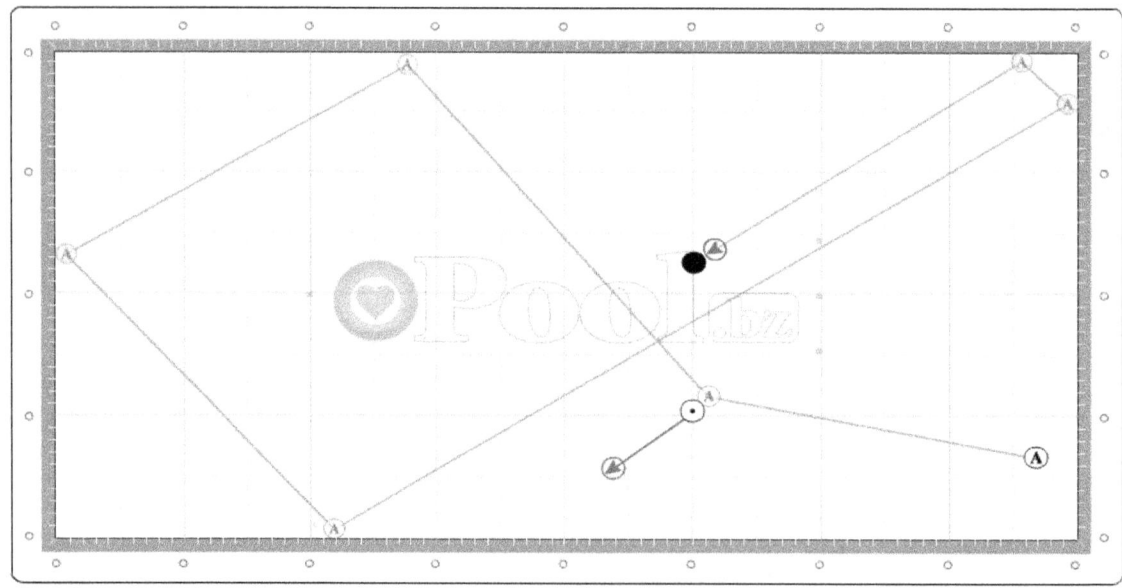

C:3c – Inrätta

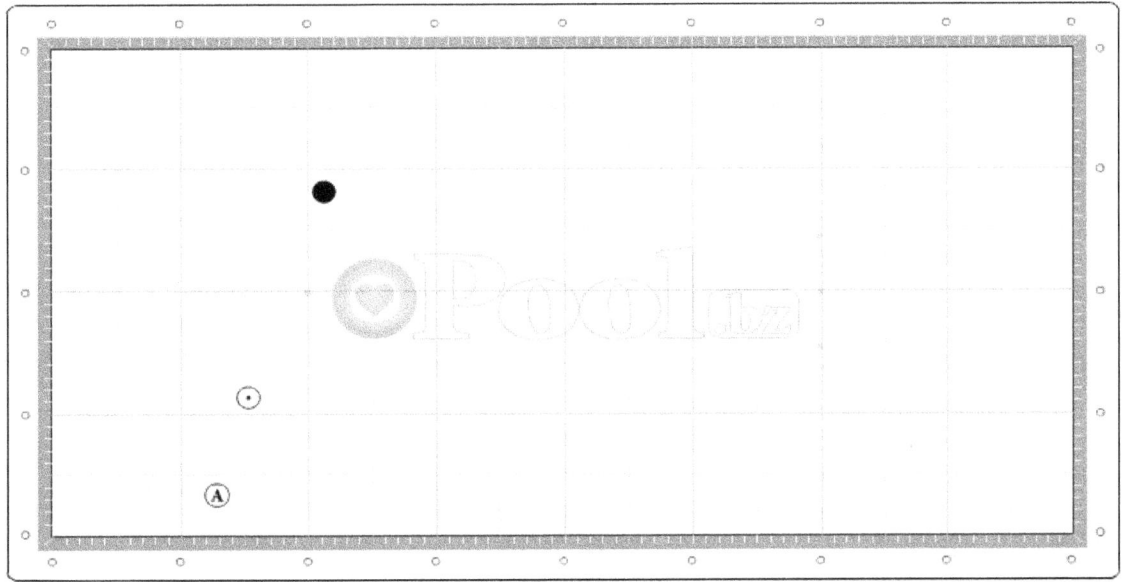

Anteckningar och idéer:

Skottmönster

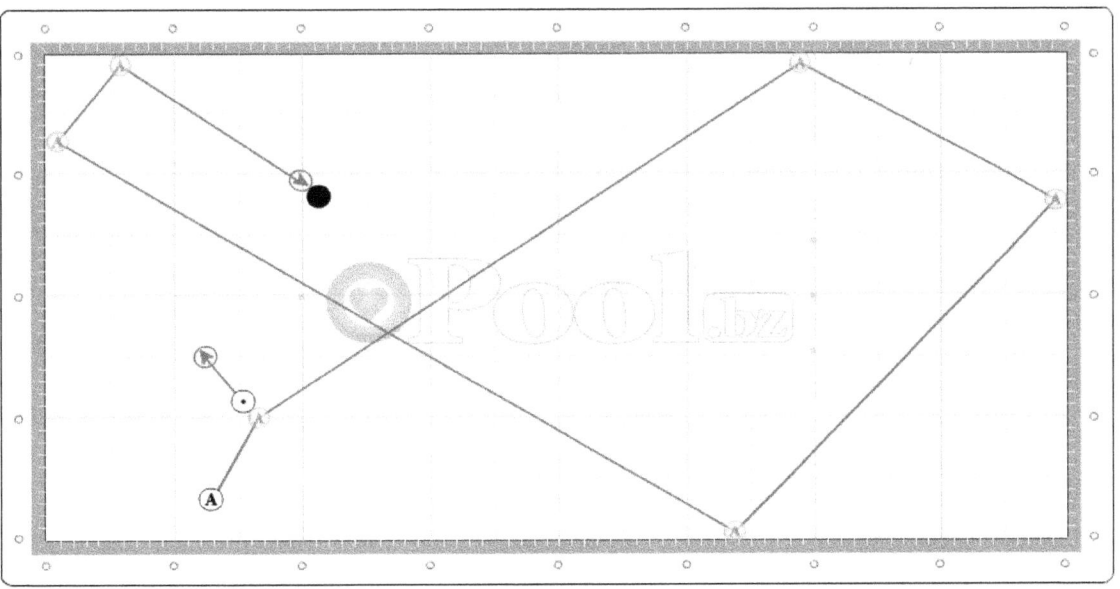

C:3d – Inrätta

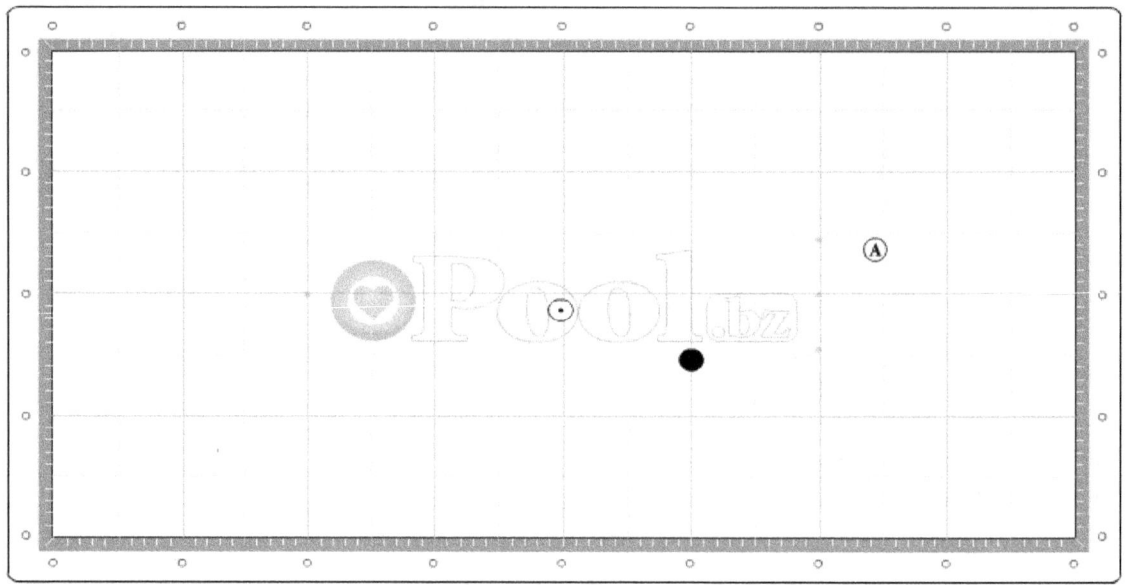

Anteckningar och idéer:

Skottmönster

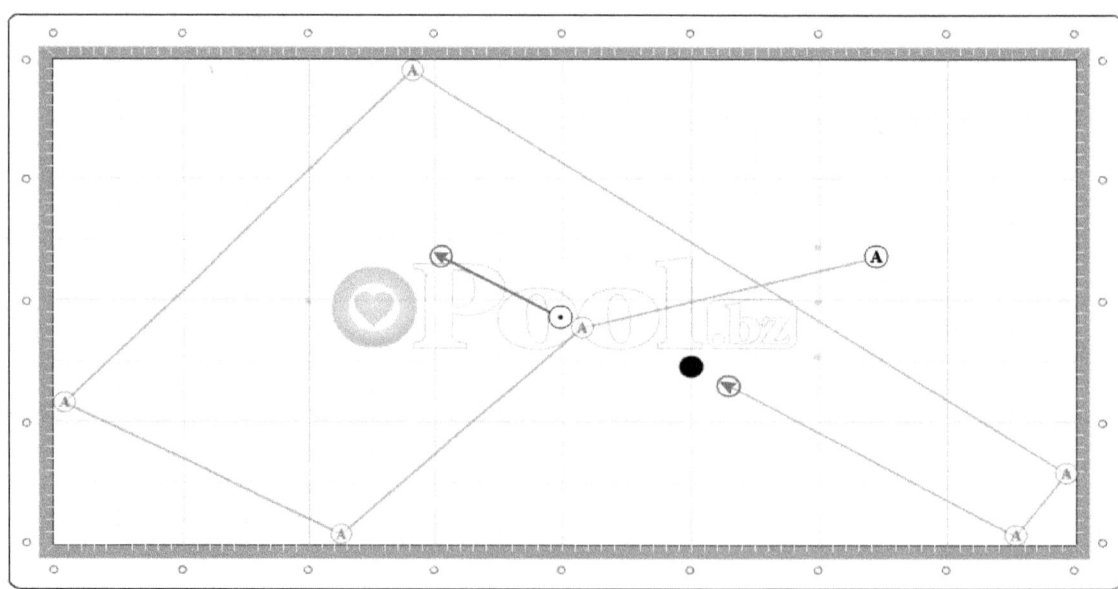

D: Stor boll i hemmet hörnet

Den (CB) kommer av den första (OB) och följer grunden runt världen mönstret. Eftersom den andra (OB) ligger i hörnet är målet (OB) "större".

Ⓐ (CB) (din biljardboll) - ⊙ (OB) (motståndare biljardboll) - ● (OB) (röd biljardboll)

D: Grupp 1

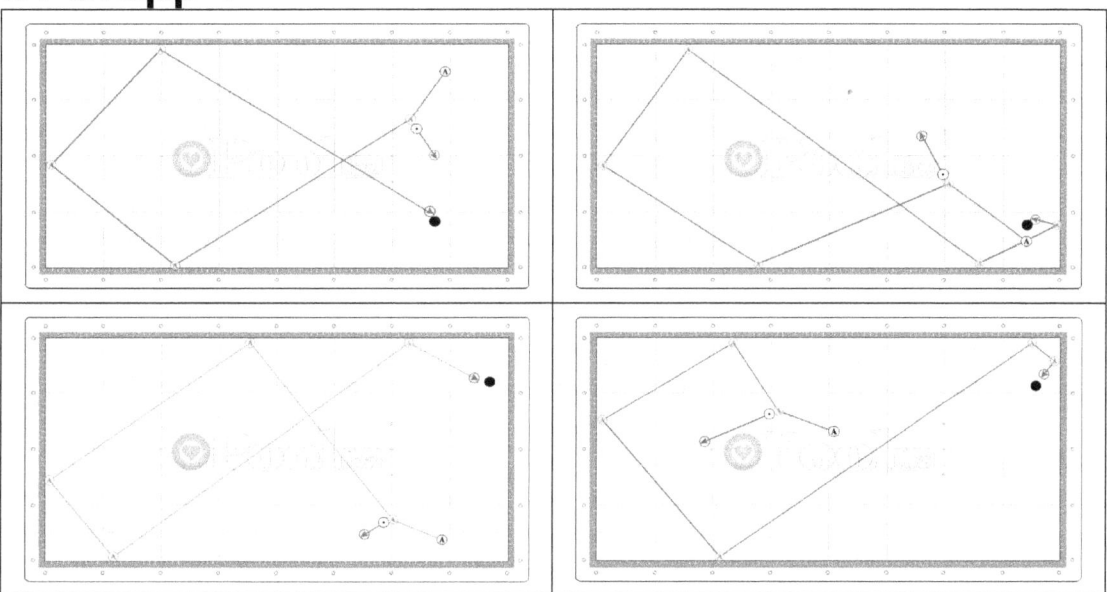

Analys:

D:1a. _____

D:1b. _____

D:1c. _____

D:1d. _____

D:1a – Inrätta

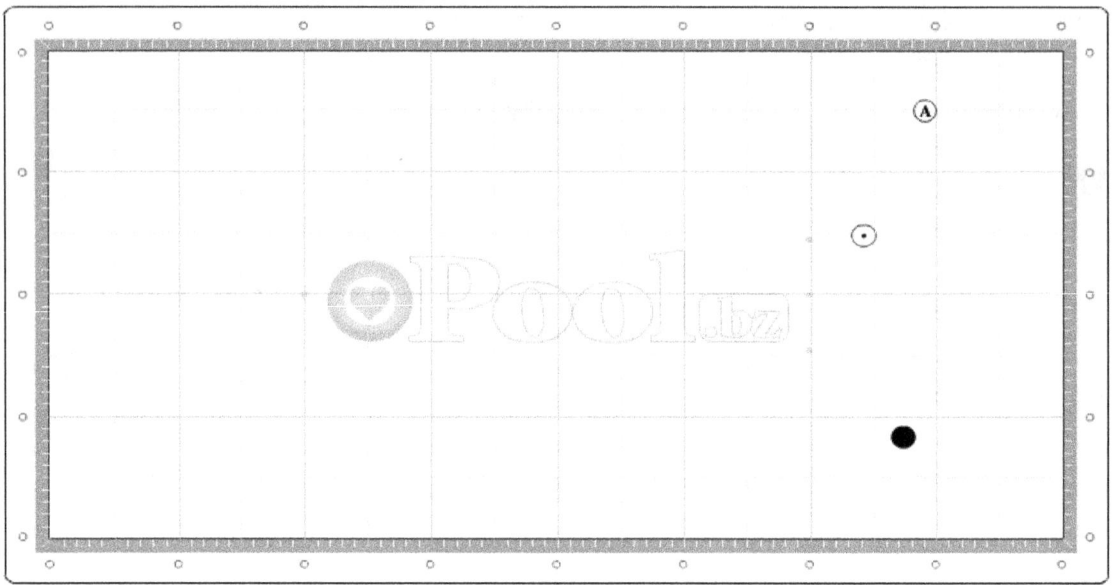

Anteckningar och idéer:

Skottmönster

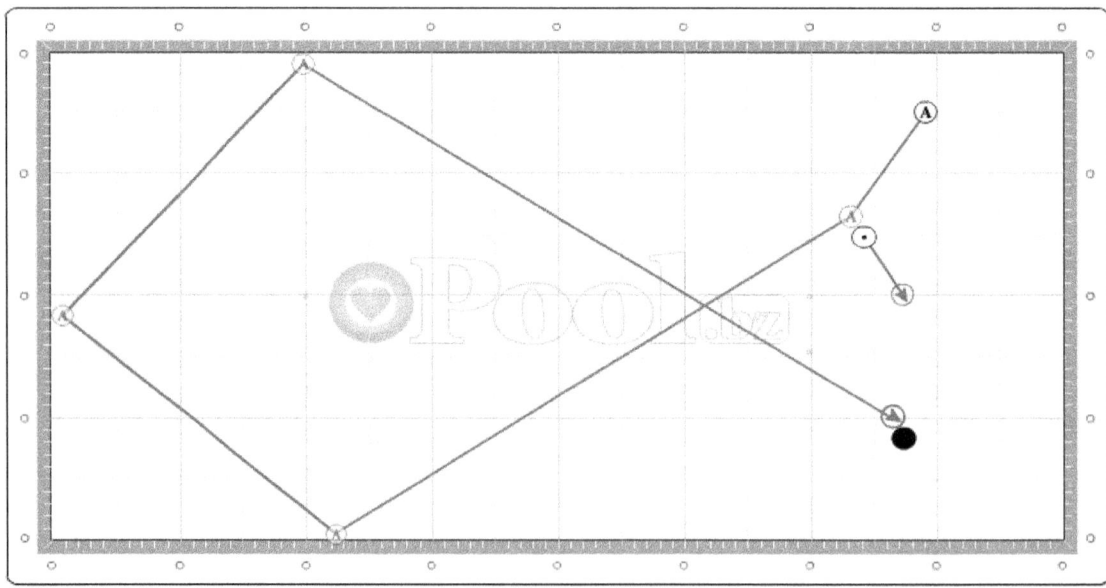

D:1b – Inrätta

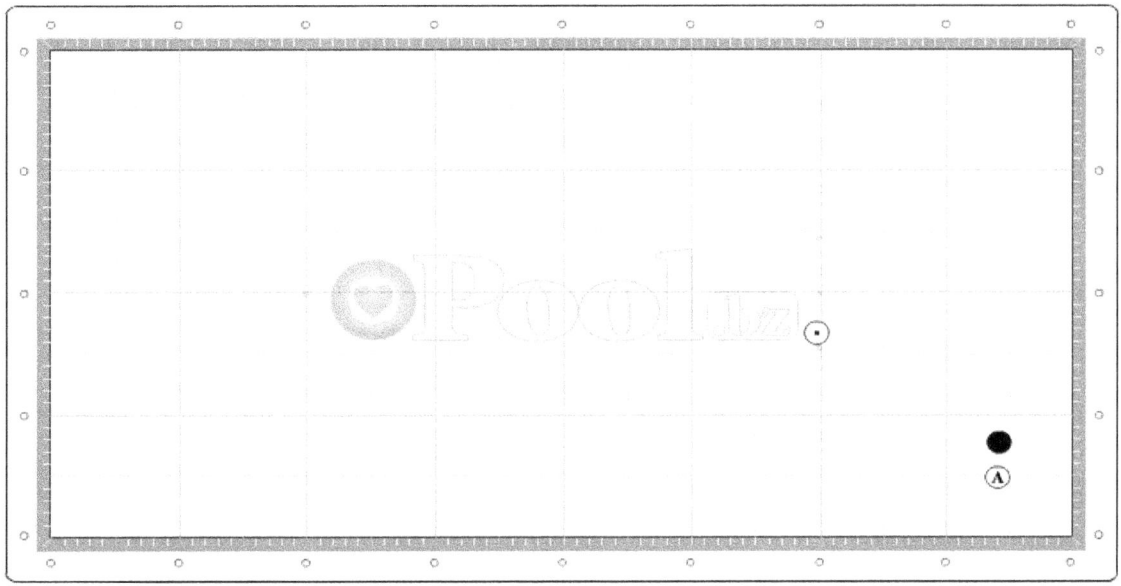

Anteckningar och idéer:

Skottmönster

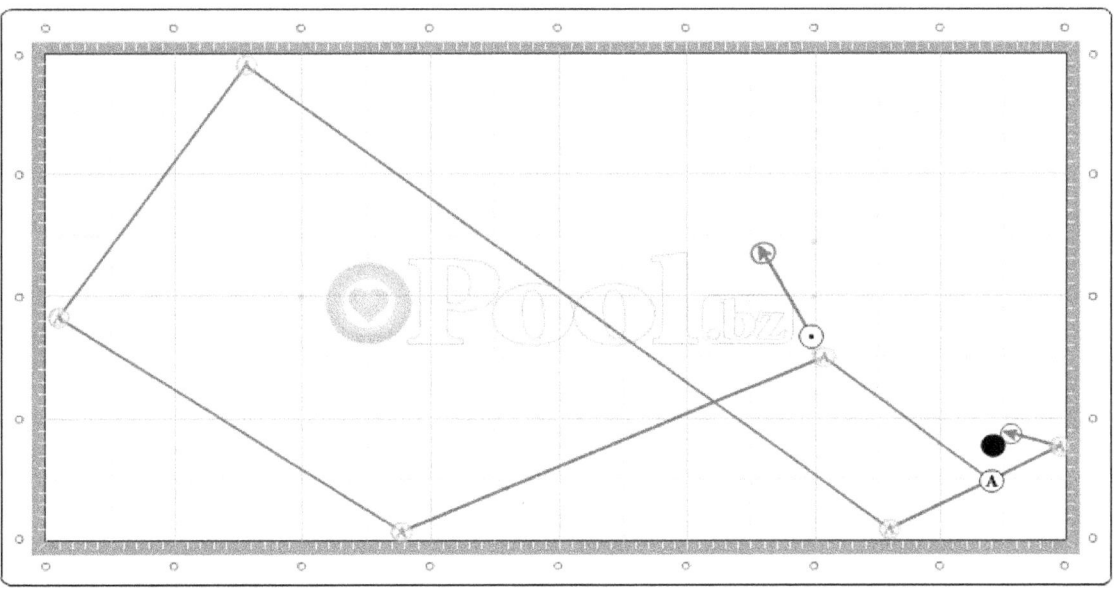

D:1c – Inrätta

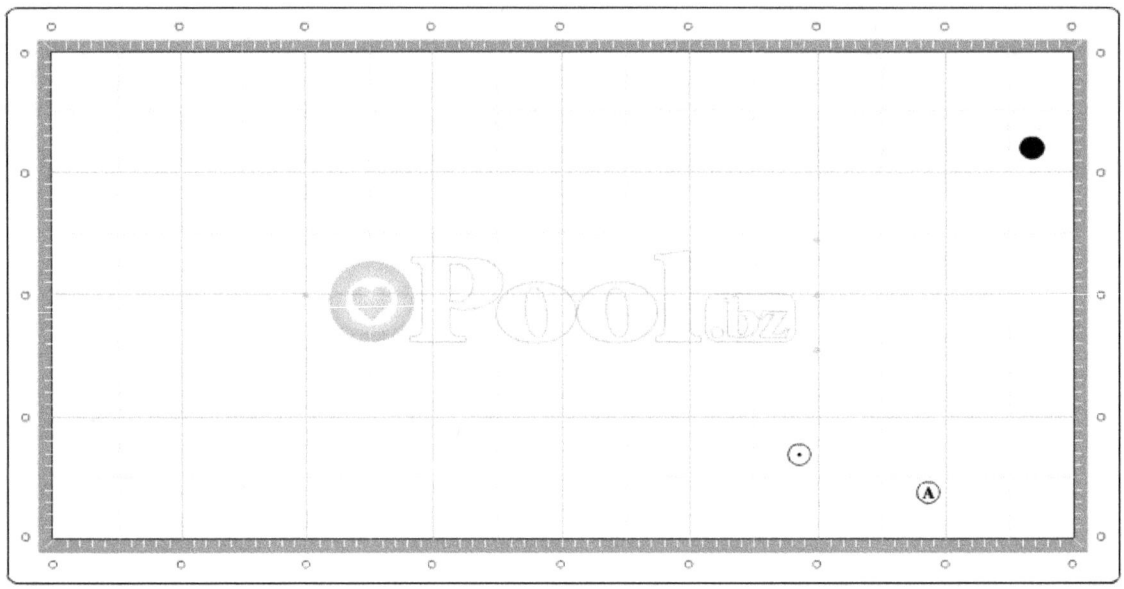

Anteckningar och idéer:

Skottmönster

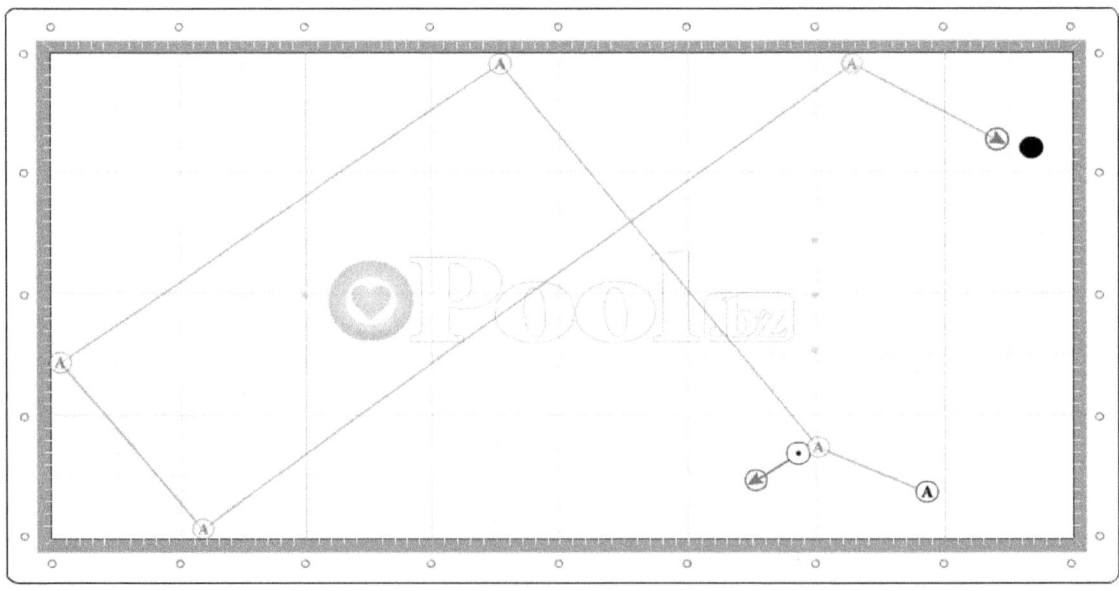

D:1d – Inrätta

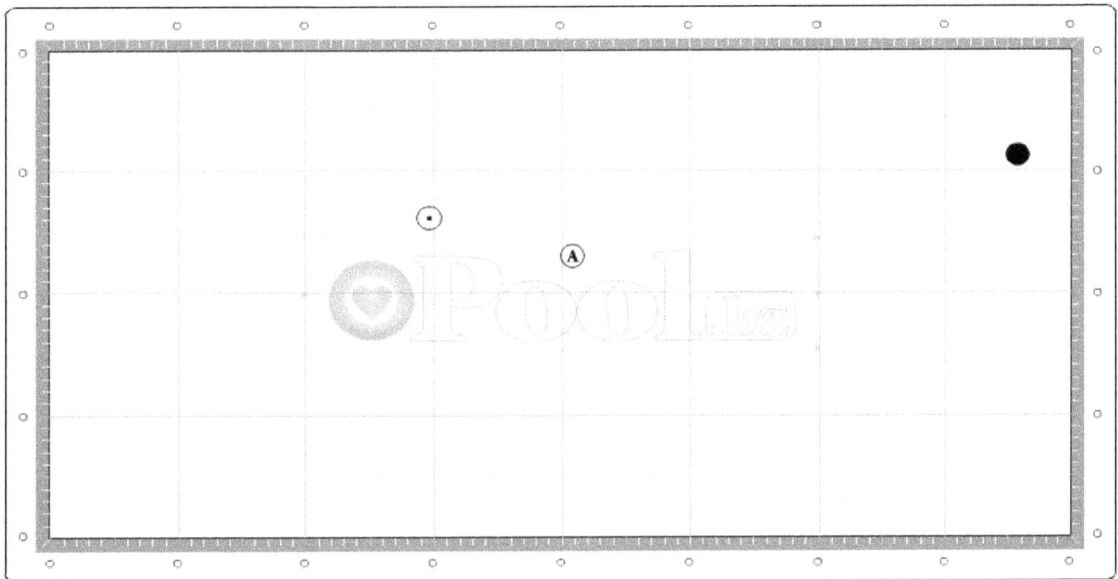

Anteckningar och idéer:

Skottmönster

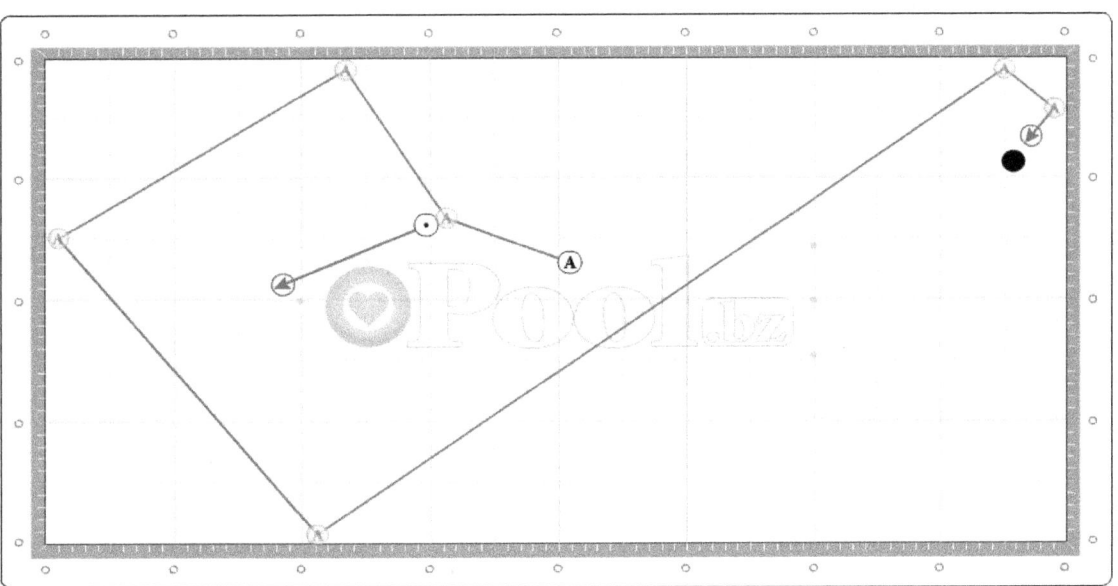

D: Grupp 2

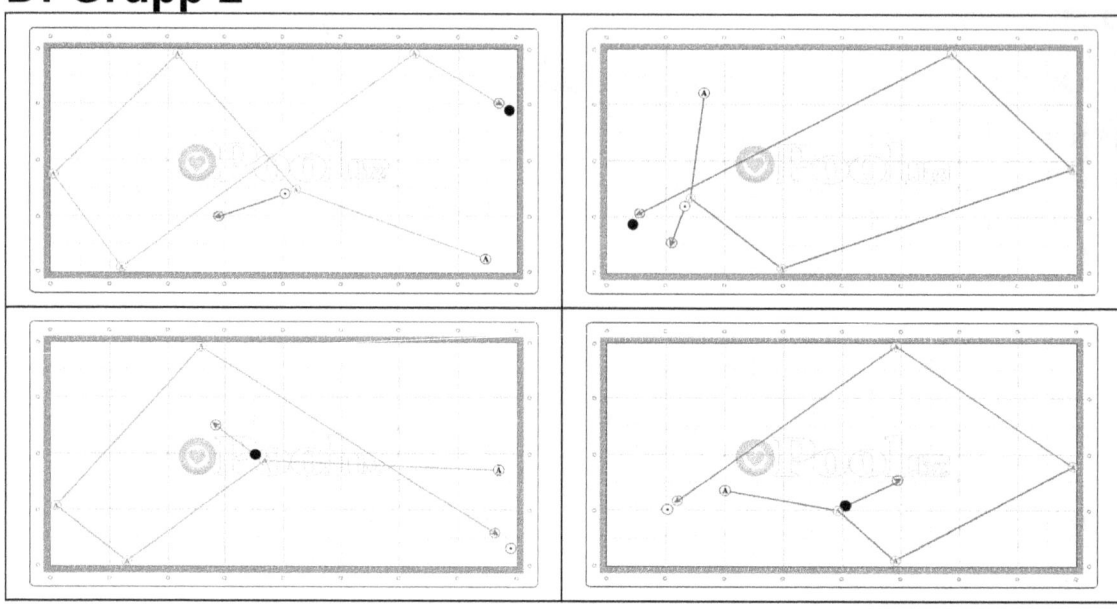

Analys:

D:2a. _____

D:2b. _____

D:2c. _____

D:2d. _____

D:2a – Inrätta

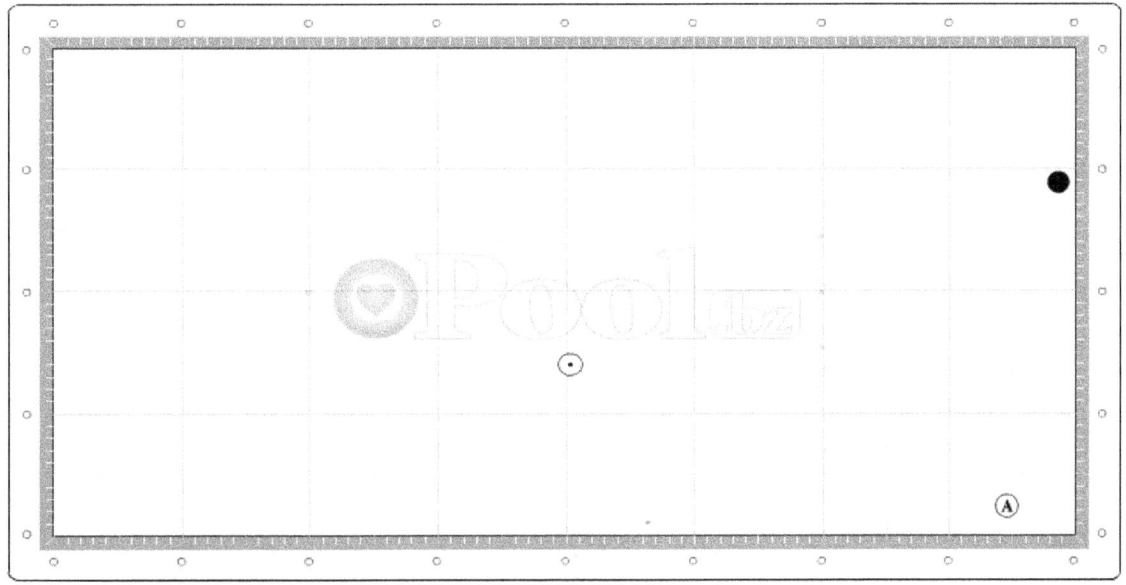

Anteckningar och idéer:

Skottmönster

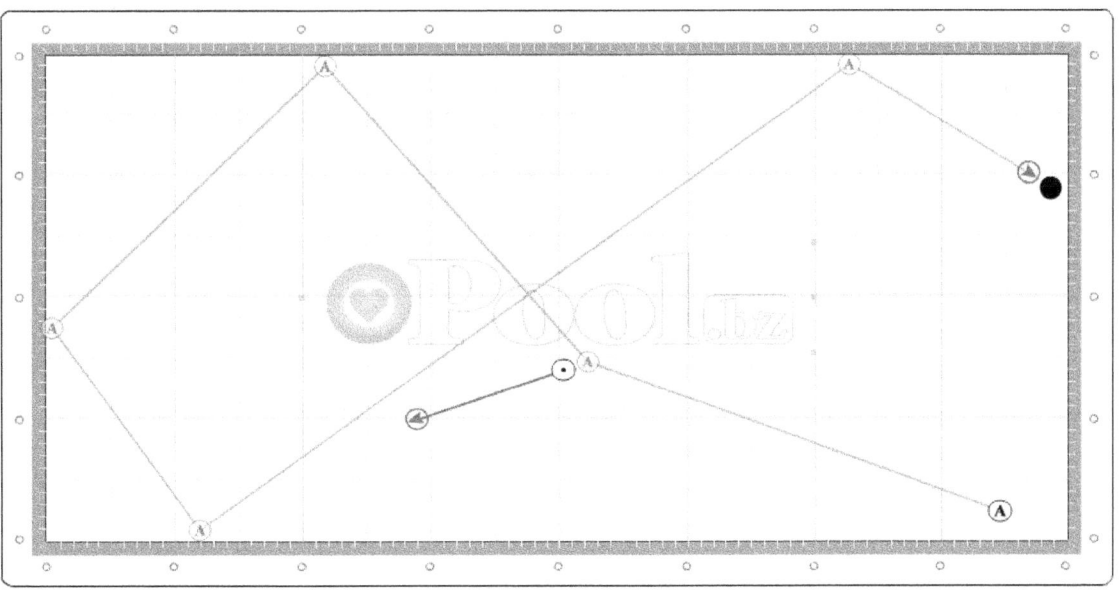

D:2b – Inrätta

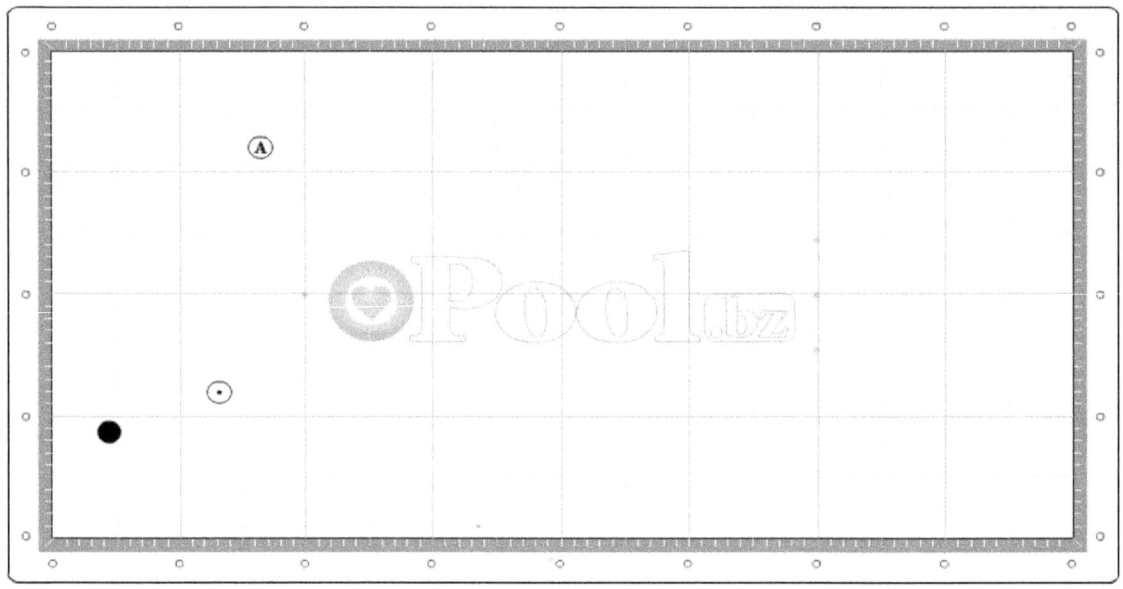

Anteckningar och idéer:

Skottmönster

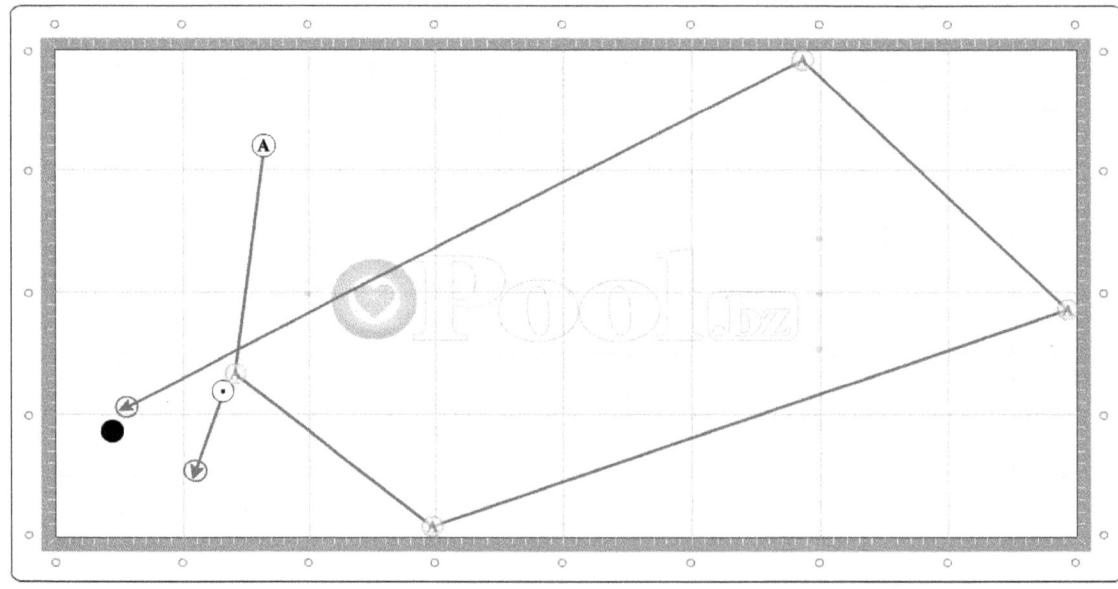

D:2c – Inrätta

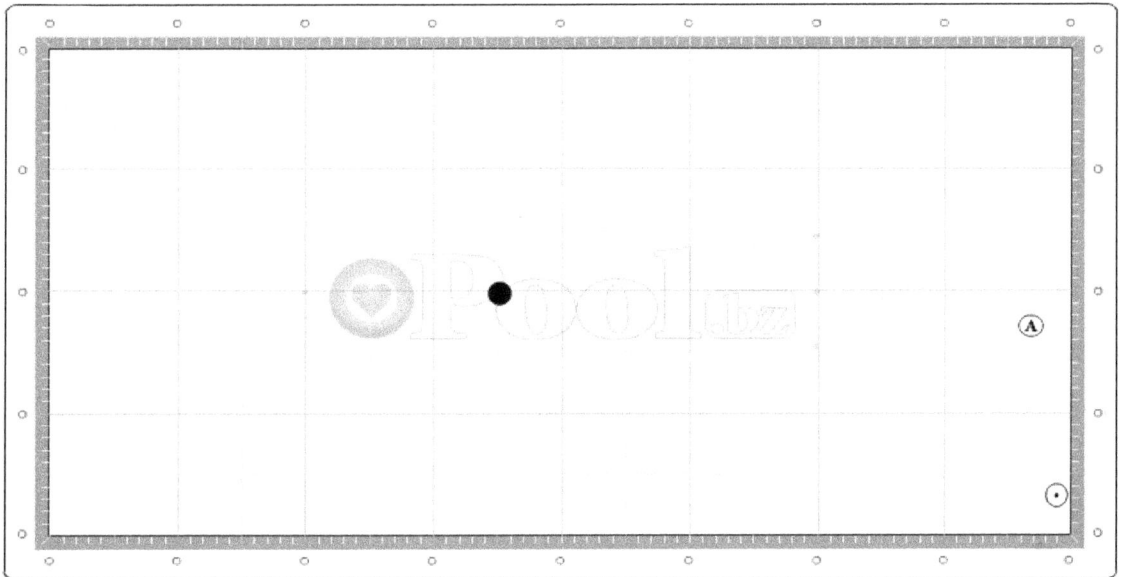

Anteckningar och idéer:

Skottmönster

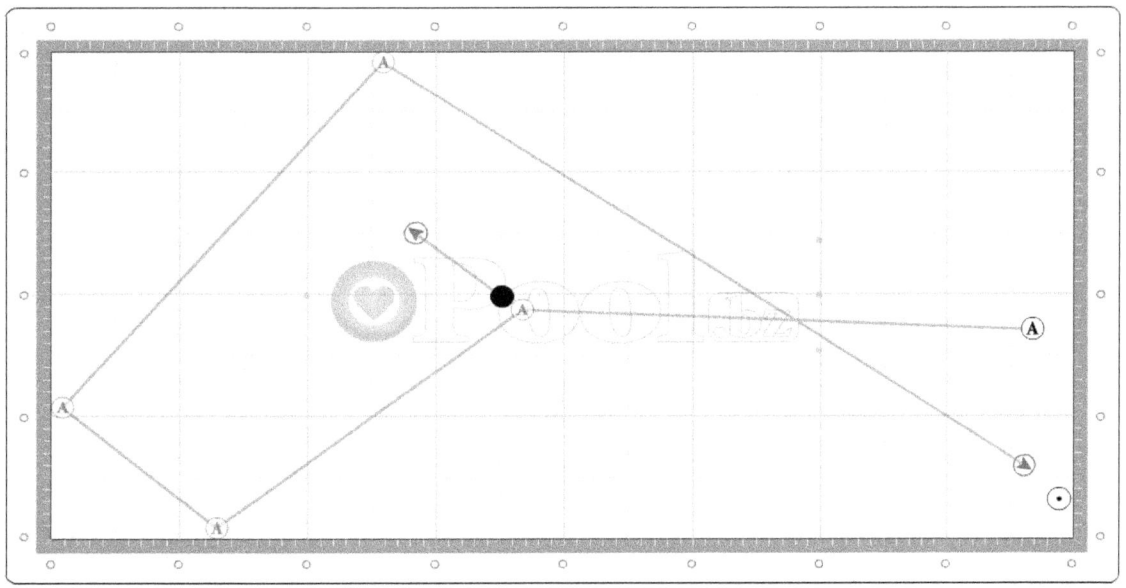

D:2d – Inrätta

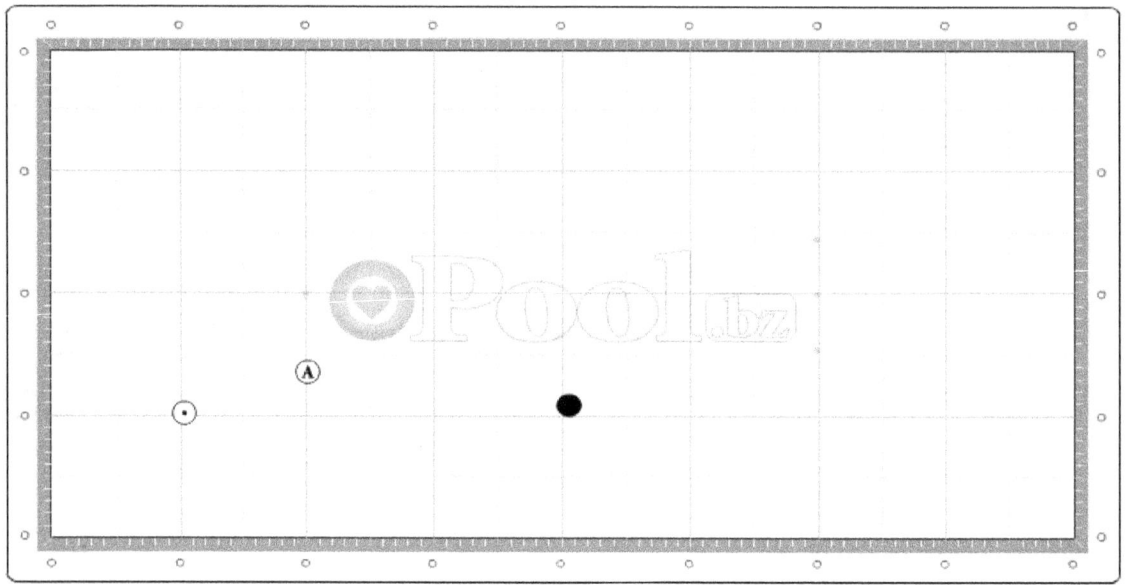

Anteckningar och idéer:

Skottmönster

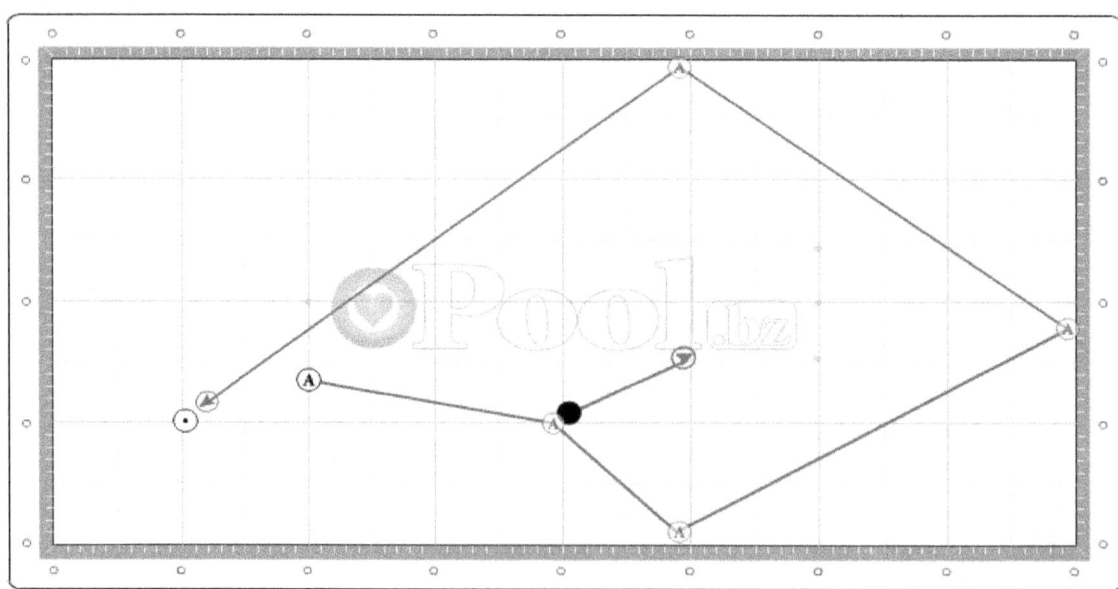

D: Grupp 3

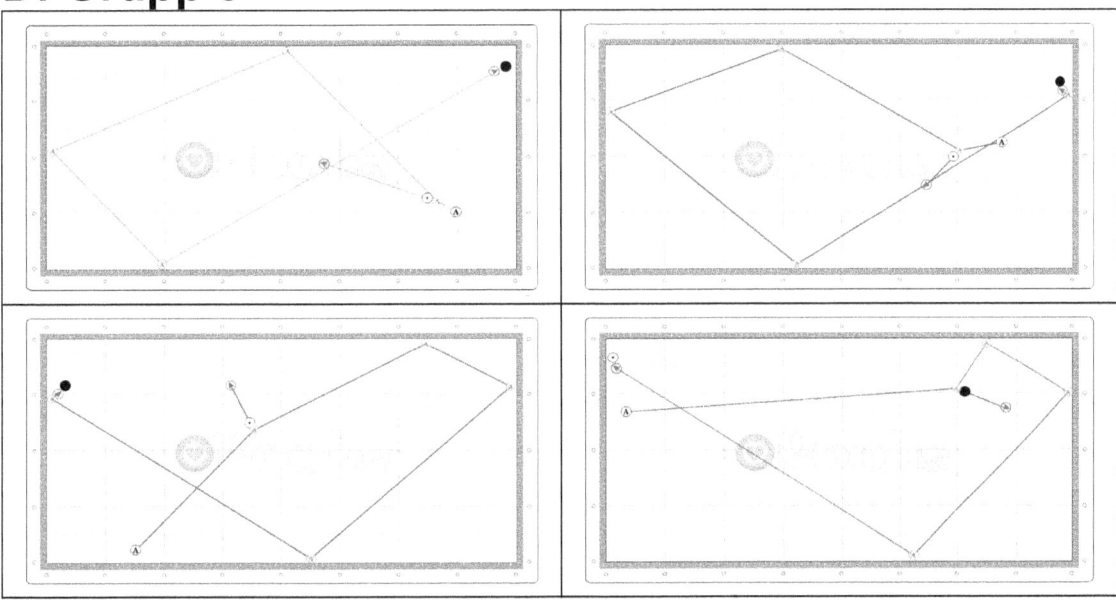

Analys:

D:3a. _____

D:3b. _____

D:3c. _____

D:3d. _____

D:3a – Inrätta

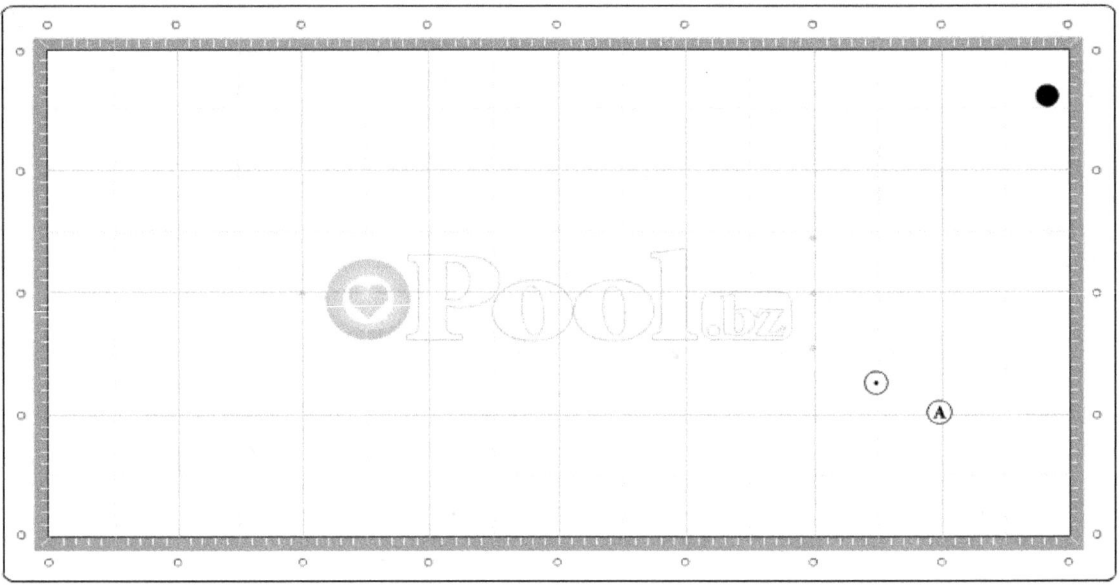

Anteckningar och idéer:

Skottmönster

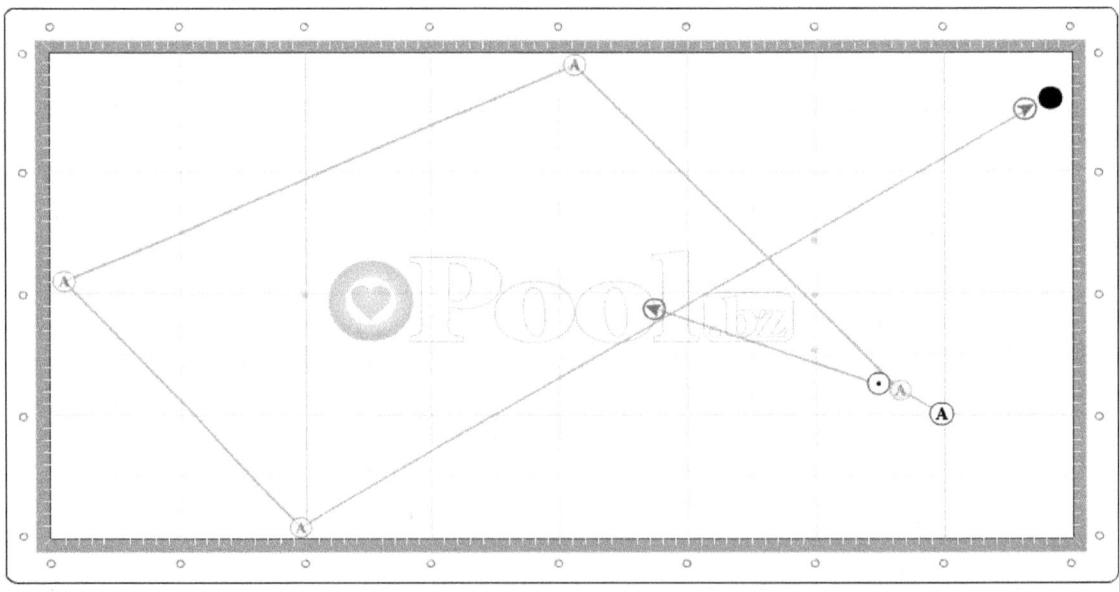

D:3b – Inrätta

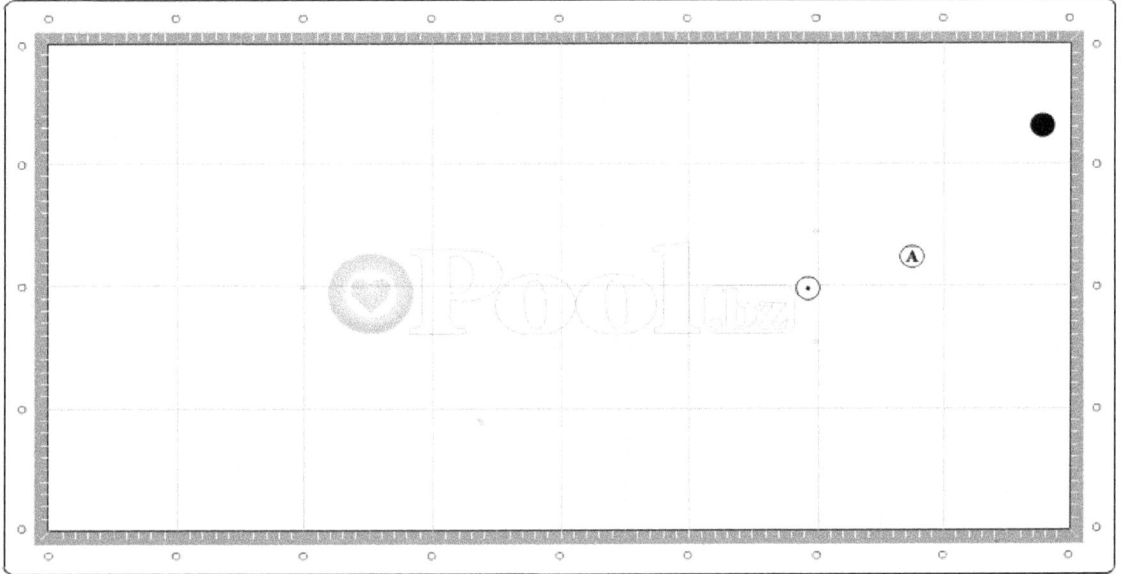

Anteckningar och idéer:

Skottmönster

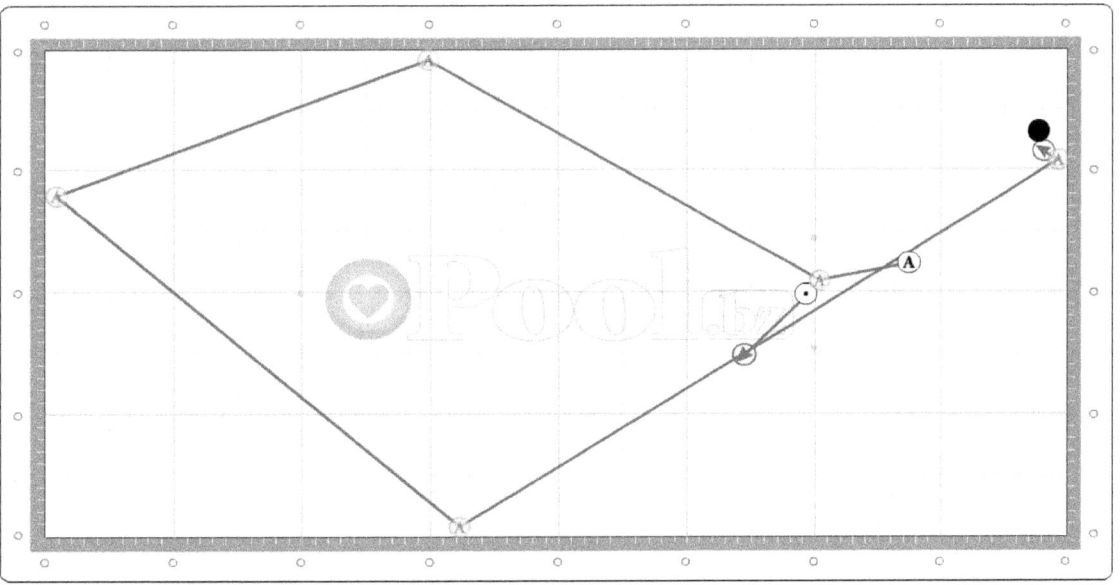

D:3c – Inrätta

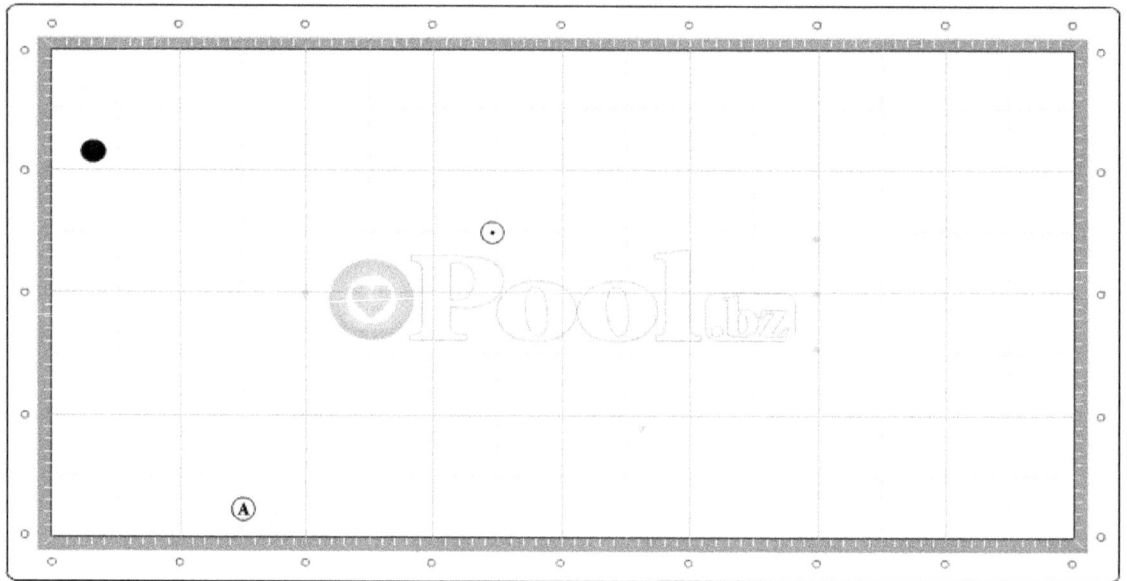

Anteckningar och idéer:

Skottmönster

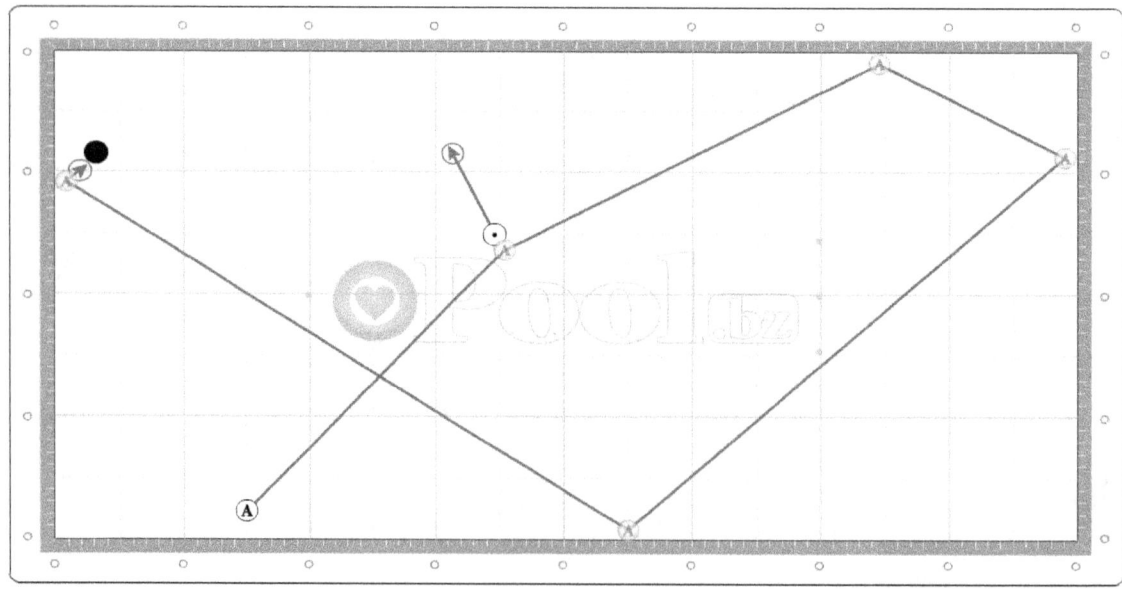

D:3d – Inrätta

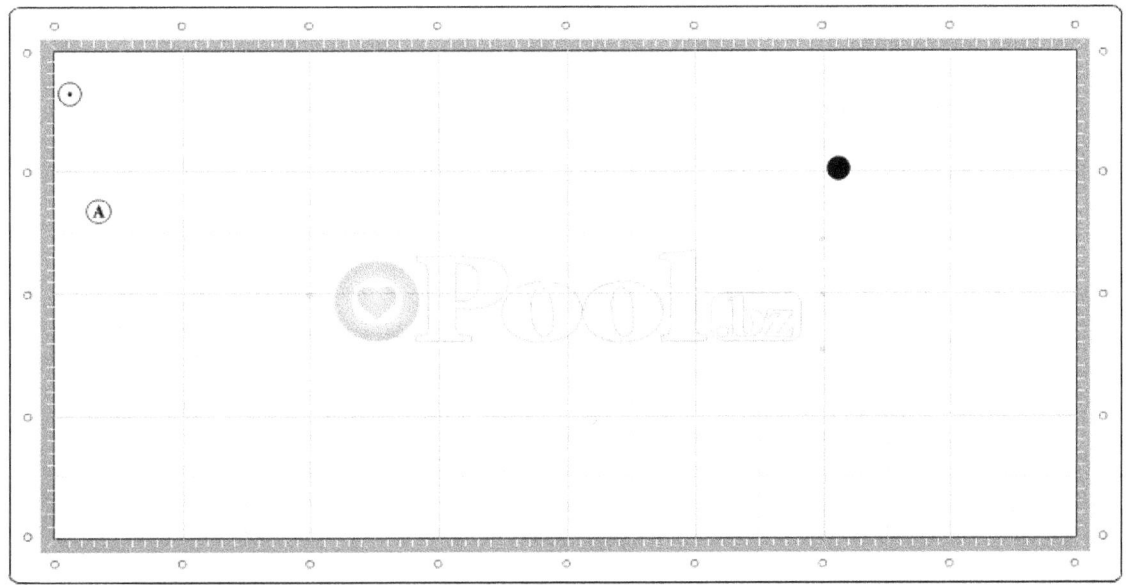

Anteckningar och idéer:

Skottmönster

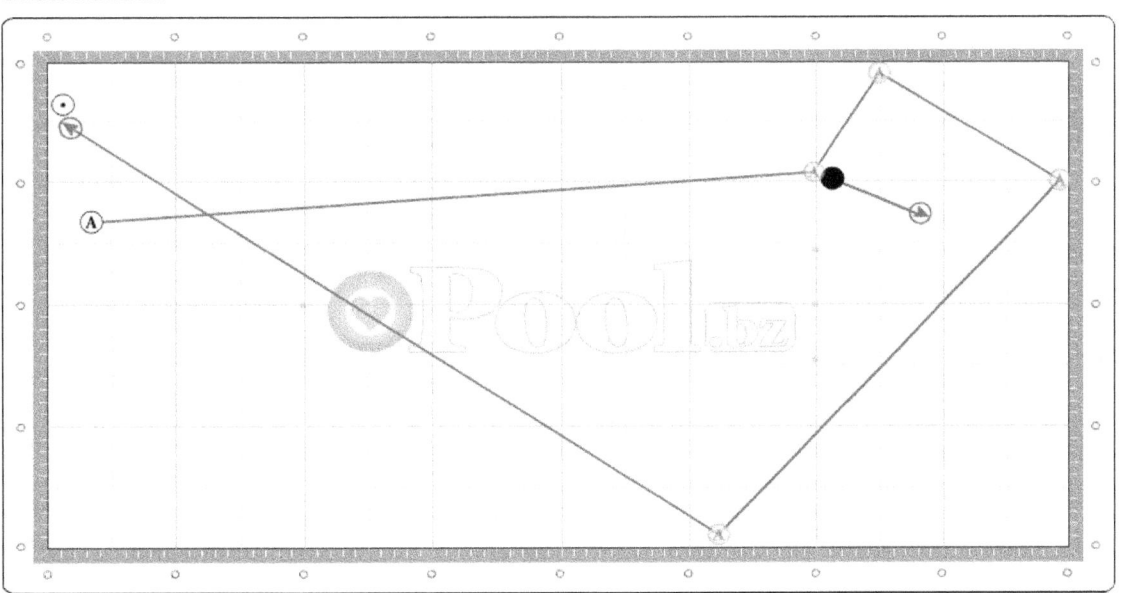

D: Grupp 4

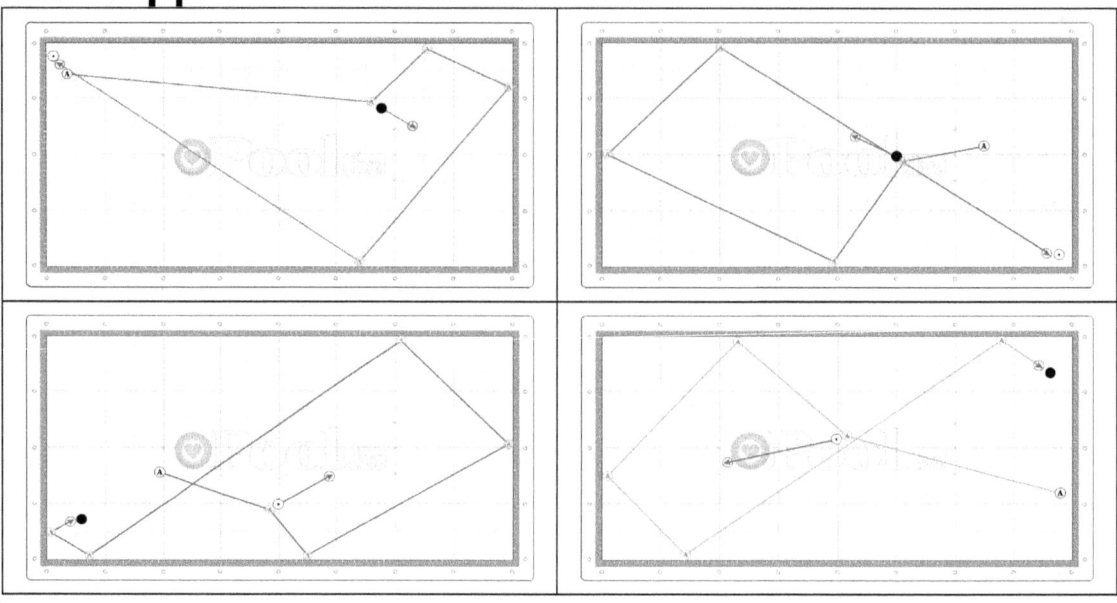

Analys:

D:4a. _____

D:4b. _____

D:4c. _____

D:4d. _____

D:4a – Inrätta

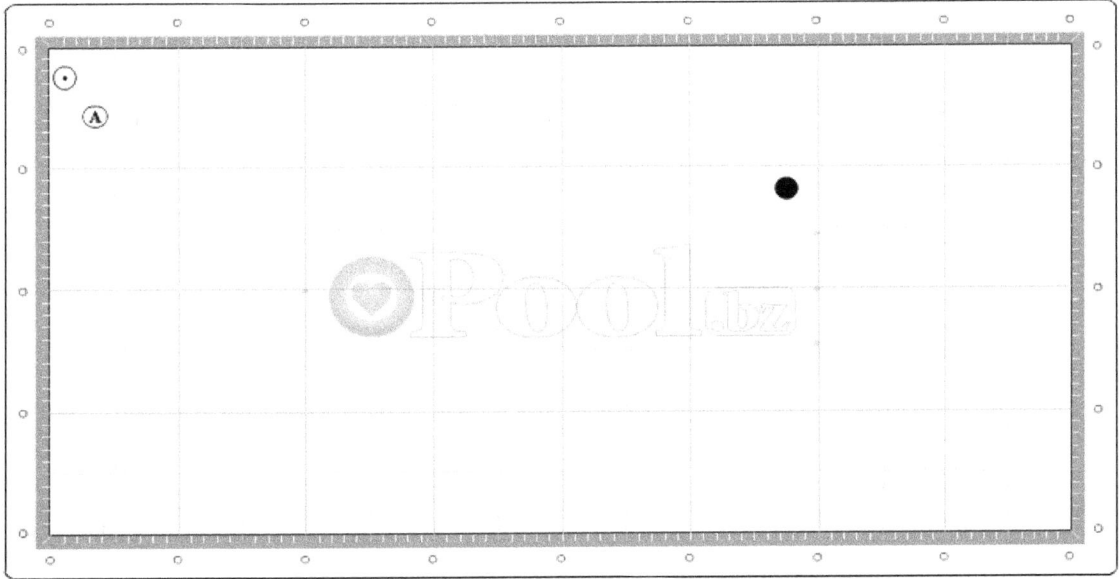

Anteckningar och idéer:

Skottmönster

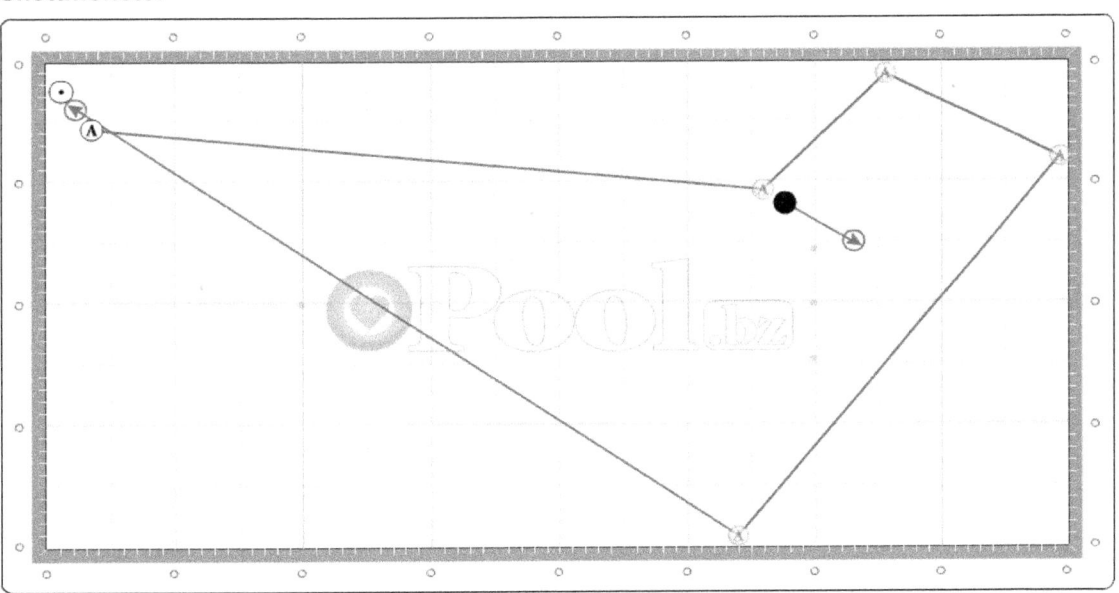

D:4b – Inrätta

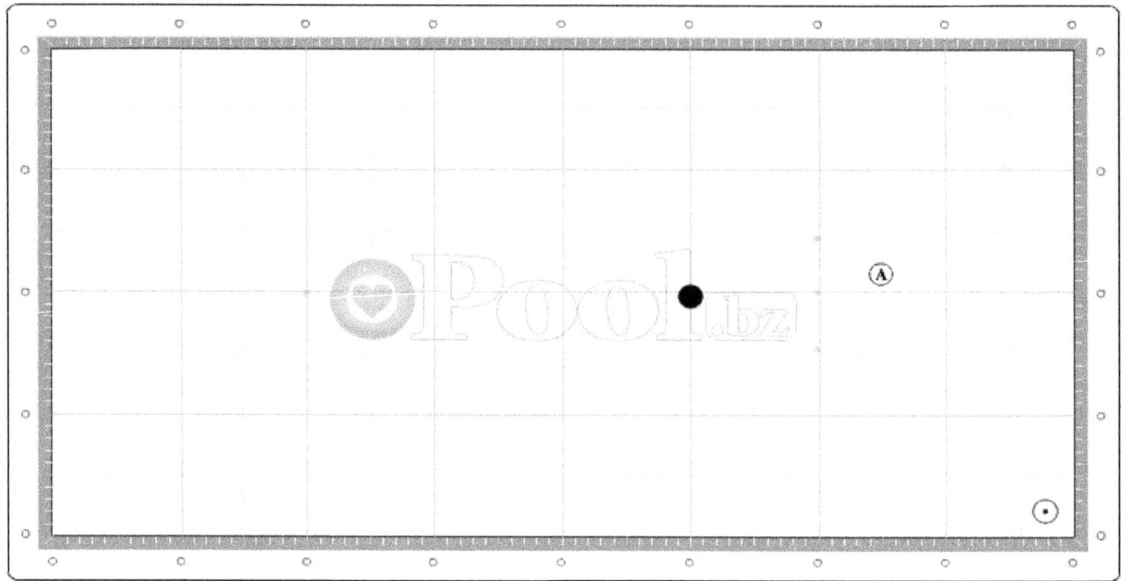

Anteckningar och idéer:

Skottmönster

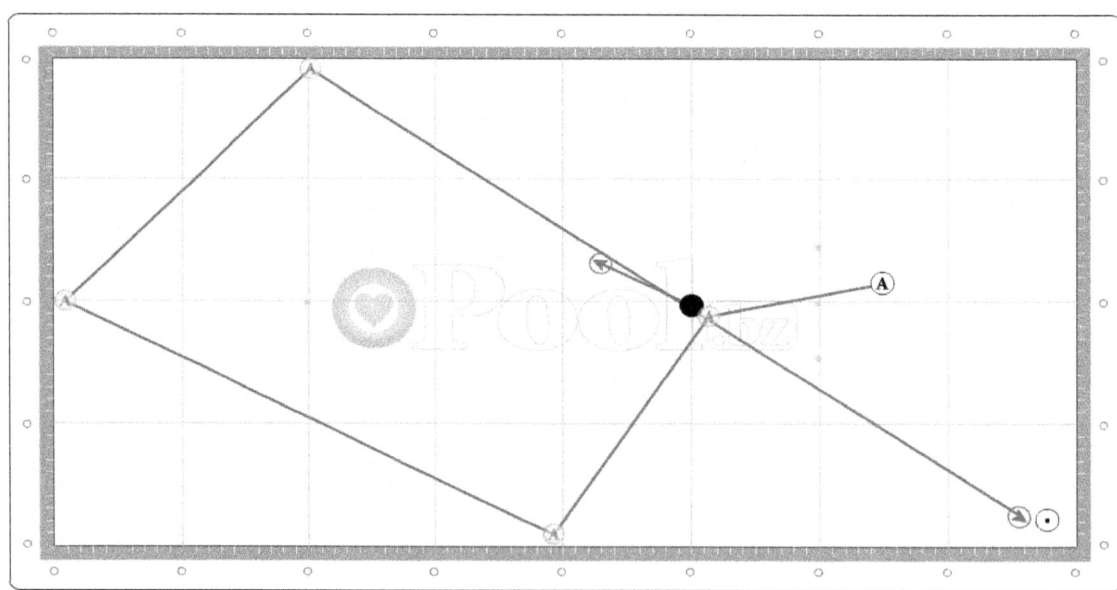

D:4c – Inrätta

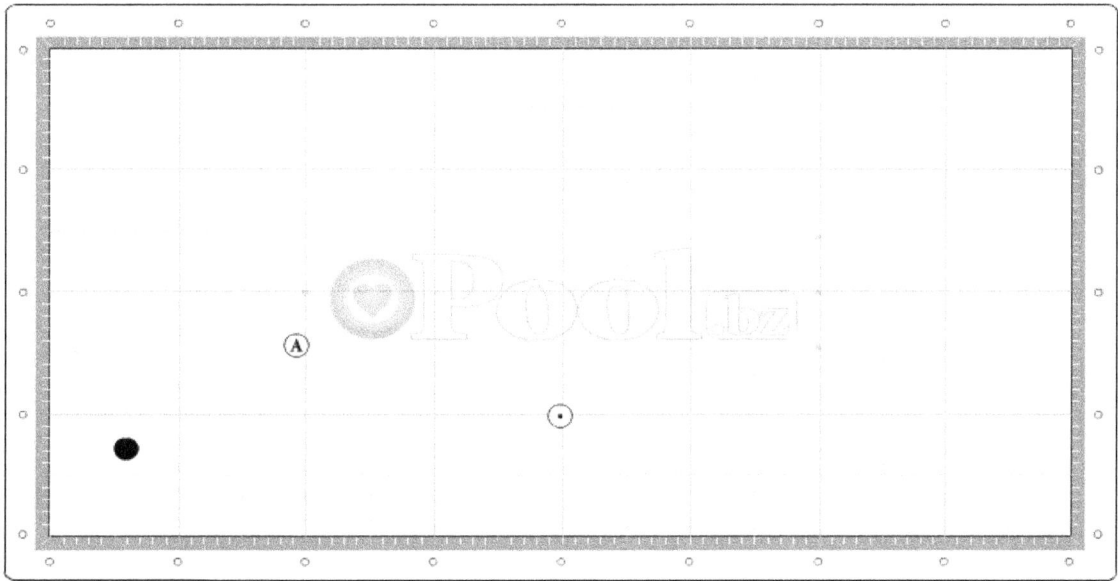

Anteckningar och idéer:

Skottmönster

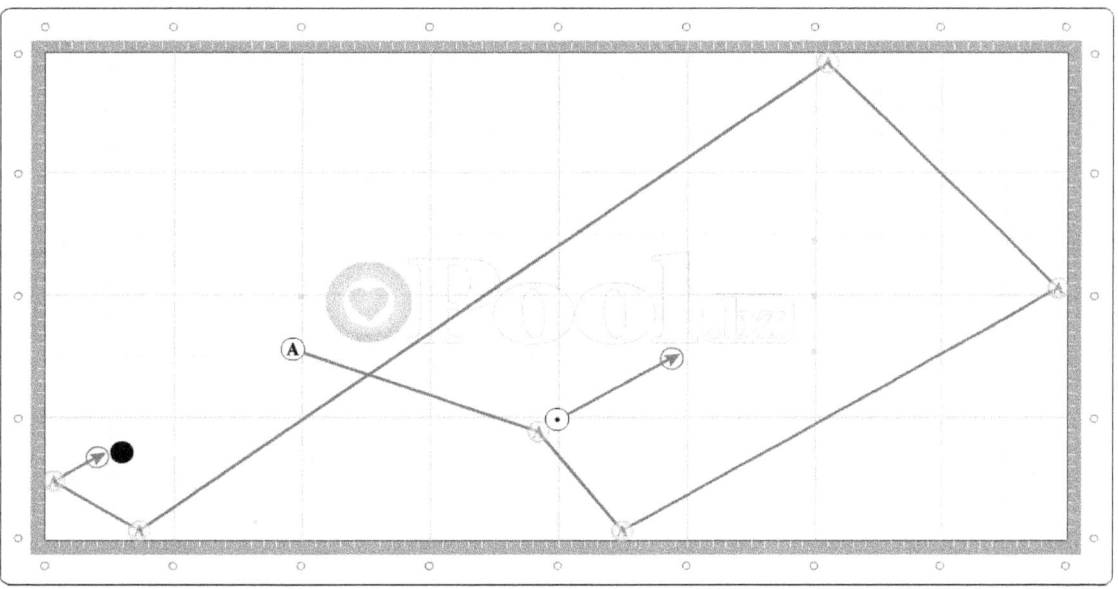

D:4d – Inrätta

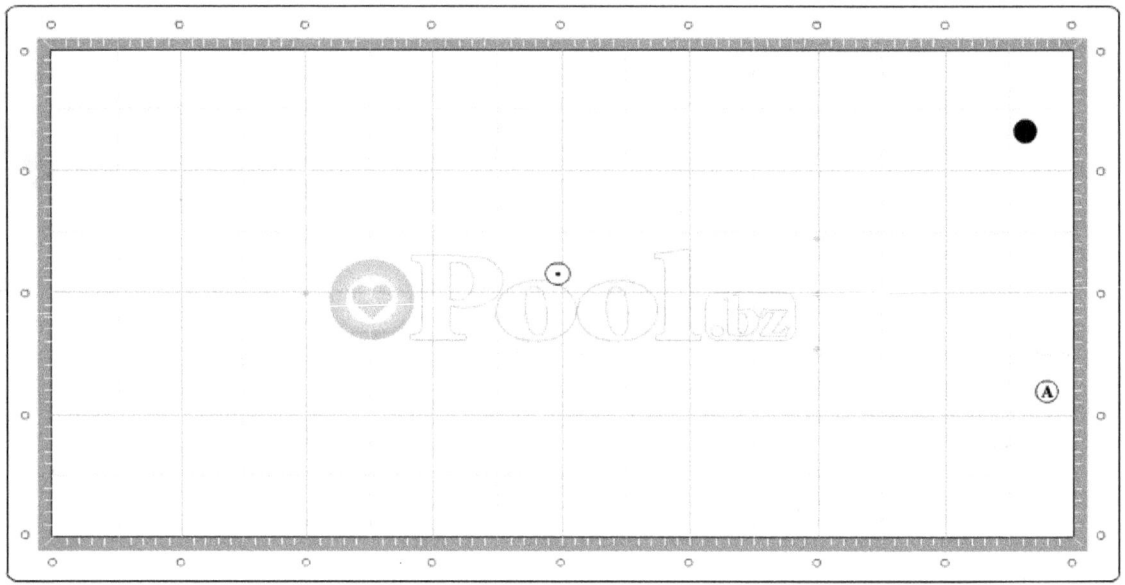

Anteckningar och idéer:

Skottmönster

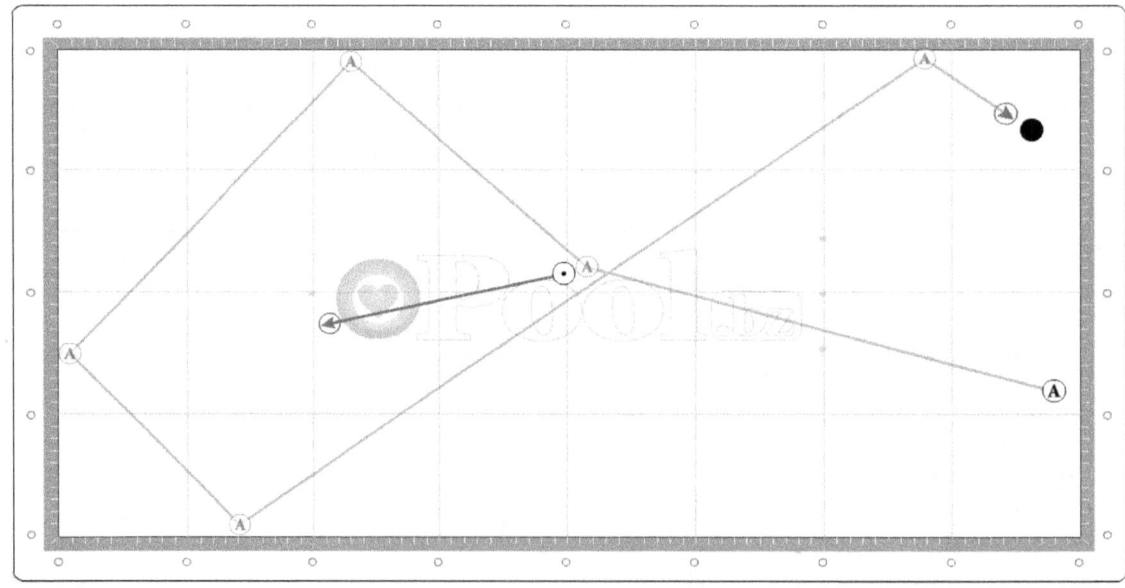

D: Grupp 5

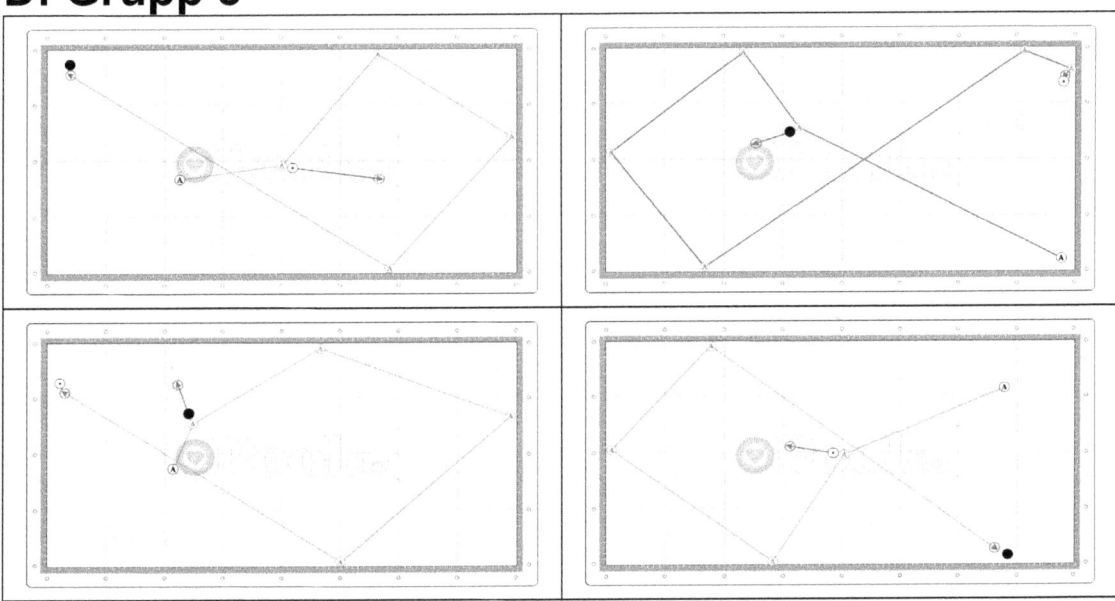

Analys:

D:5a. _____

D:5b. _____

D:5c. _____

D:5d. _____

D:5a – Inrätta

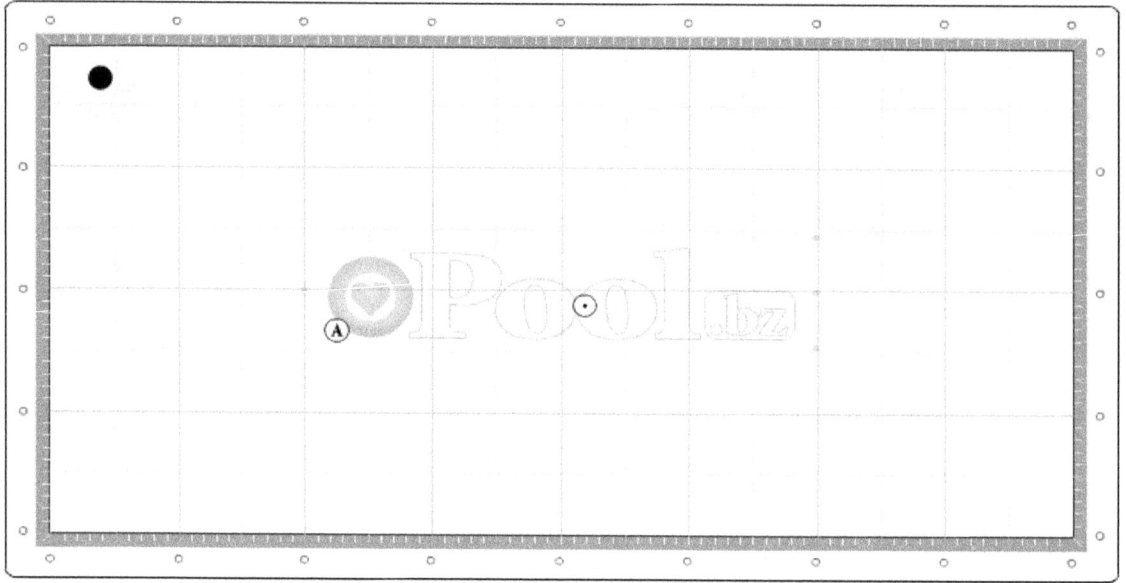

Anteckningar och idéer:

Skottmönster

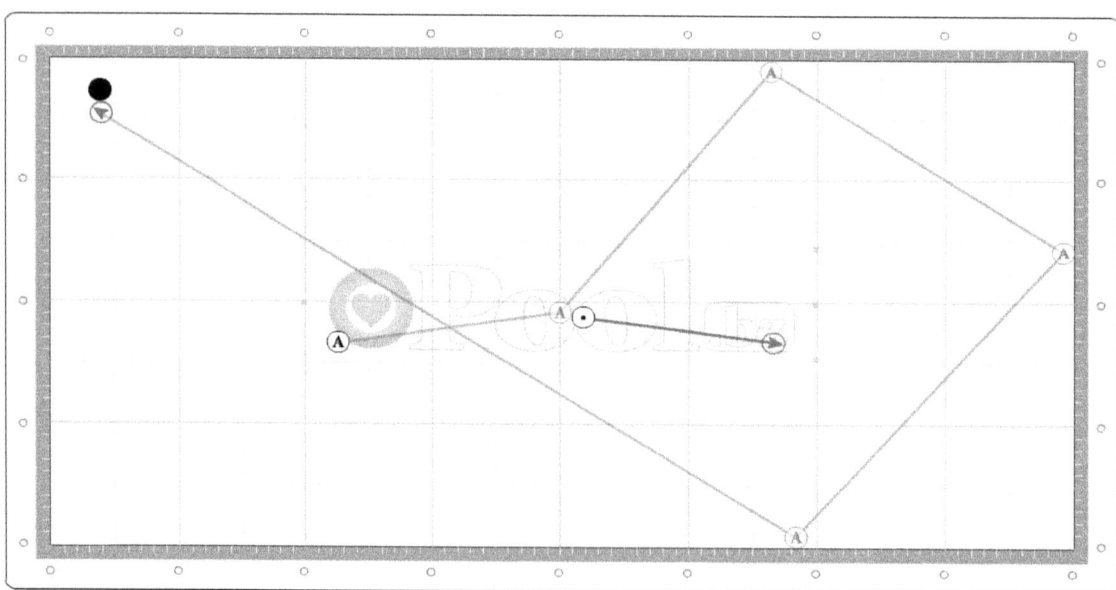

D:5b – Inrätta

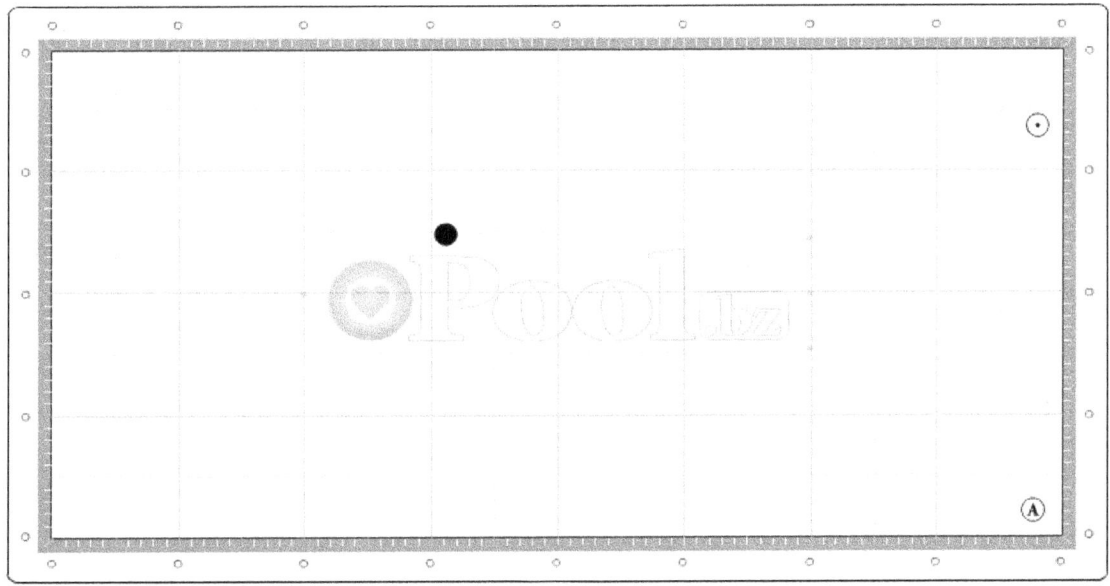

Anteckningar och idéer:

Skottmönster

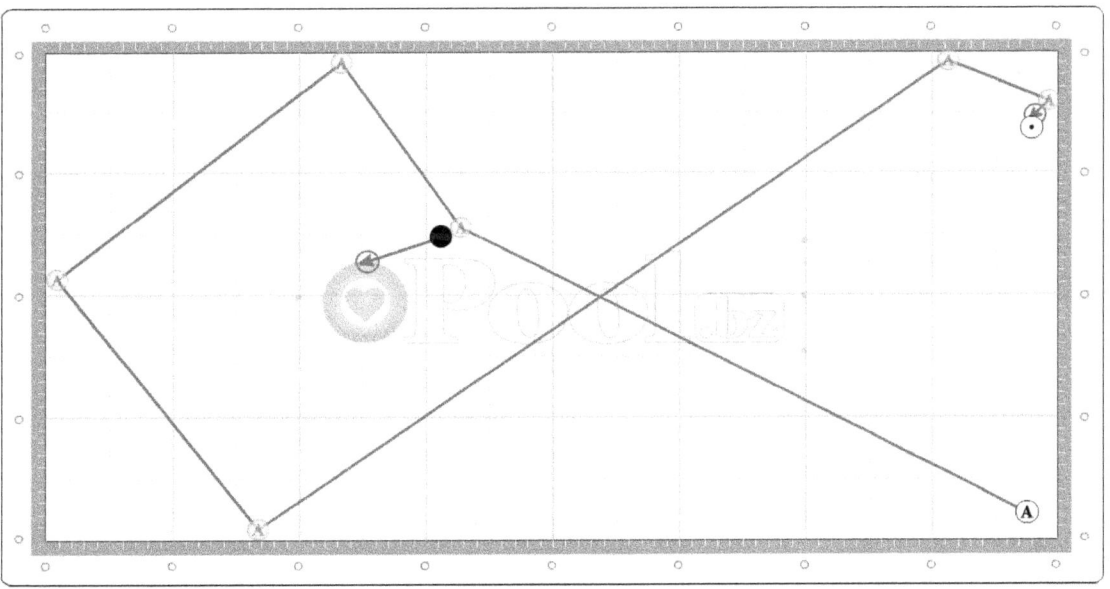

D:5c – Inrätta

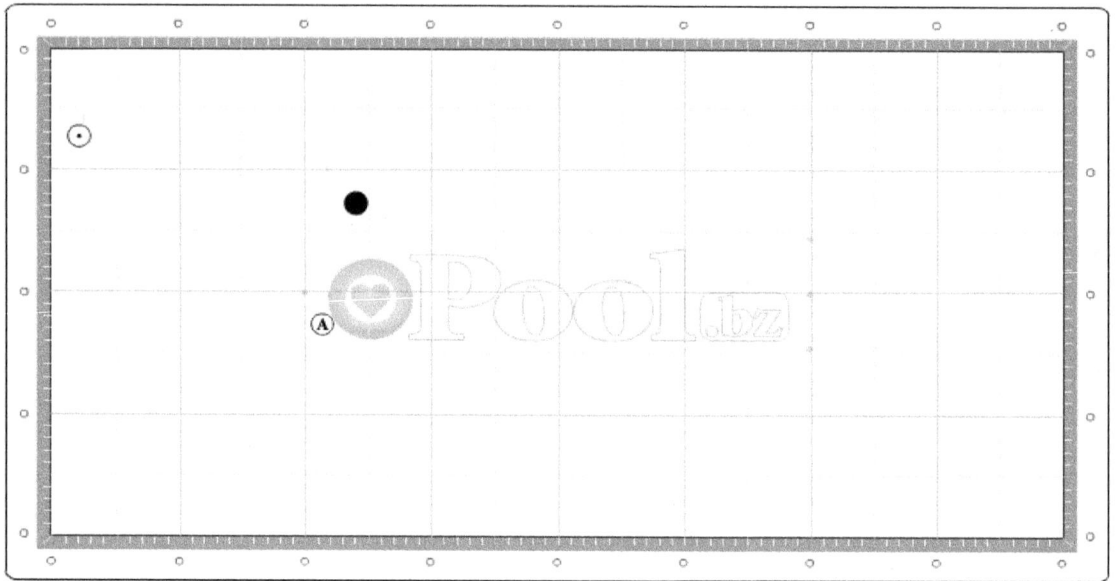

Anteckningar och idéer:

Skottmönster

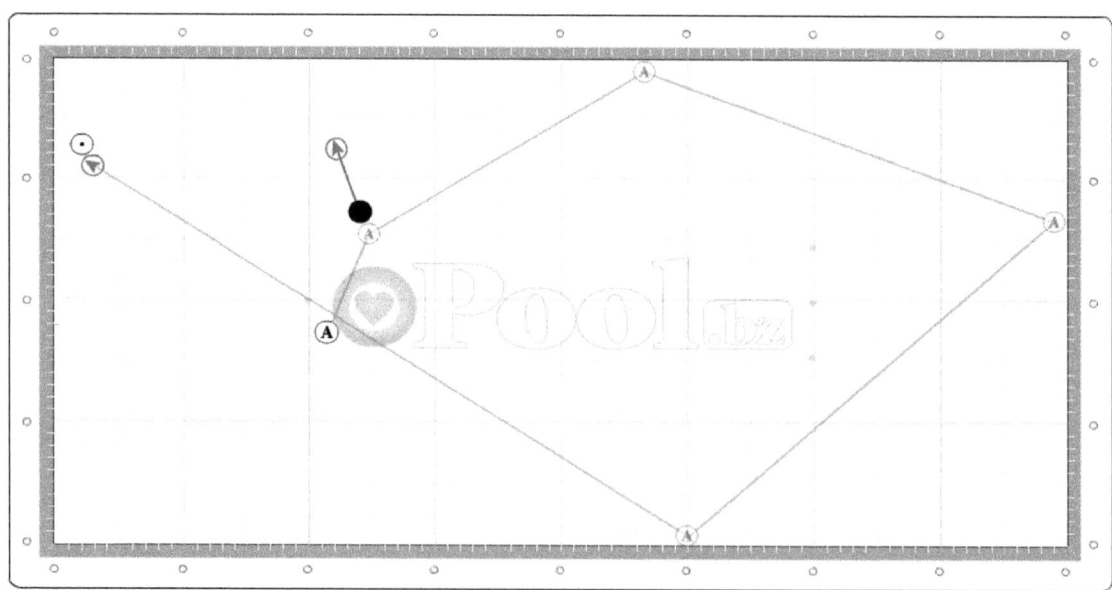

D:5d – Inrätta

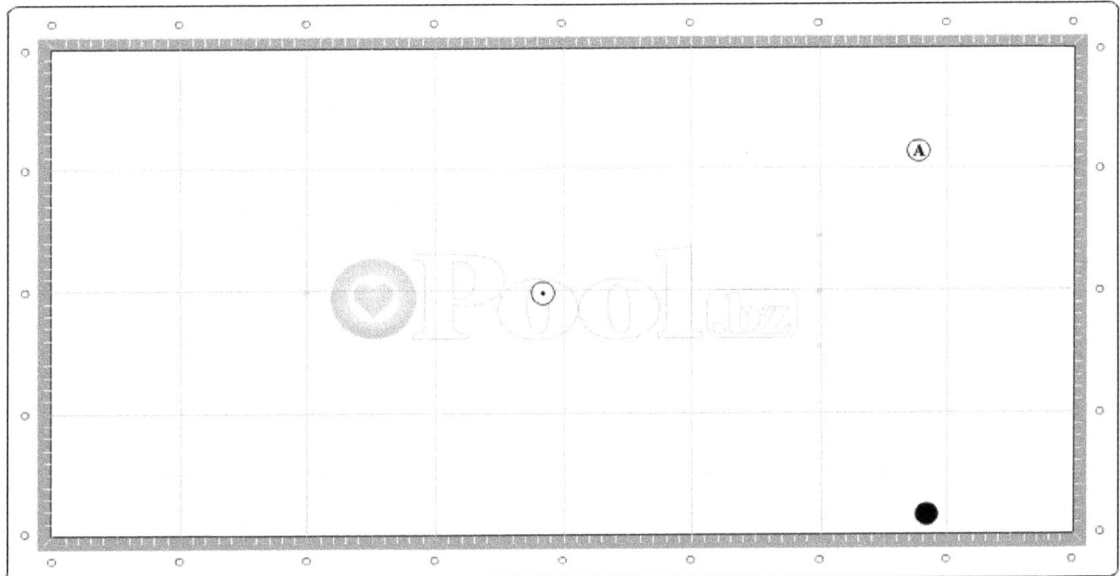

Anteckningar och idéer:

Skottmönster

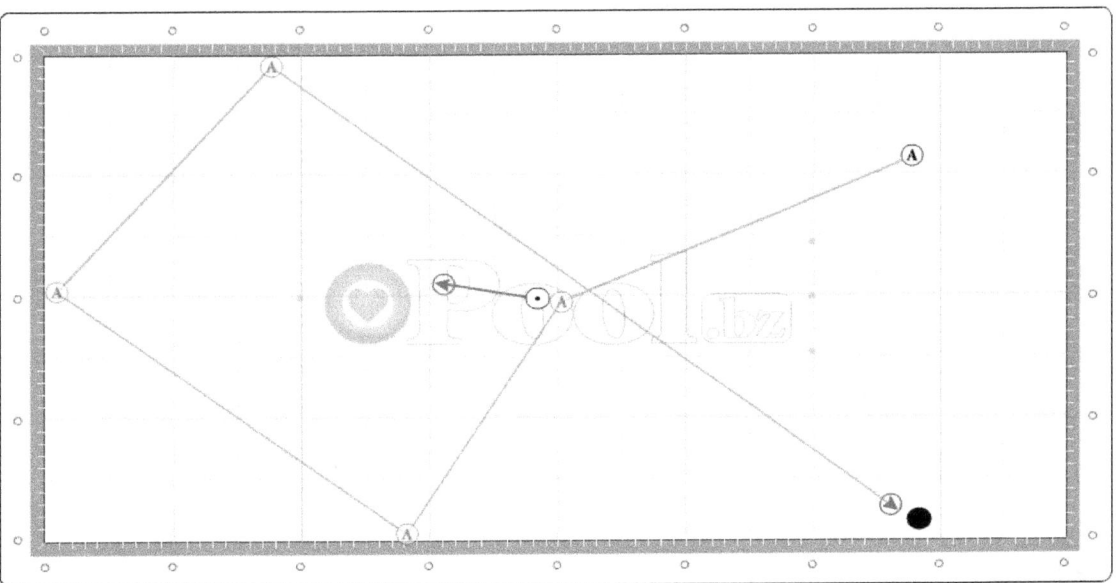

D: Grupp 6

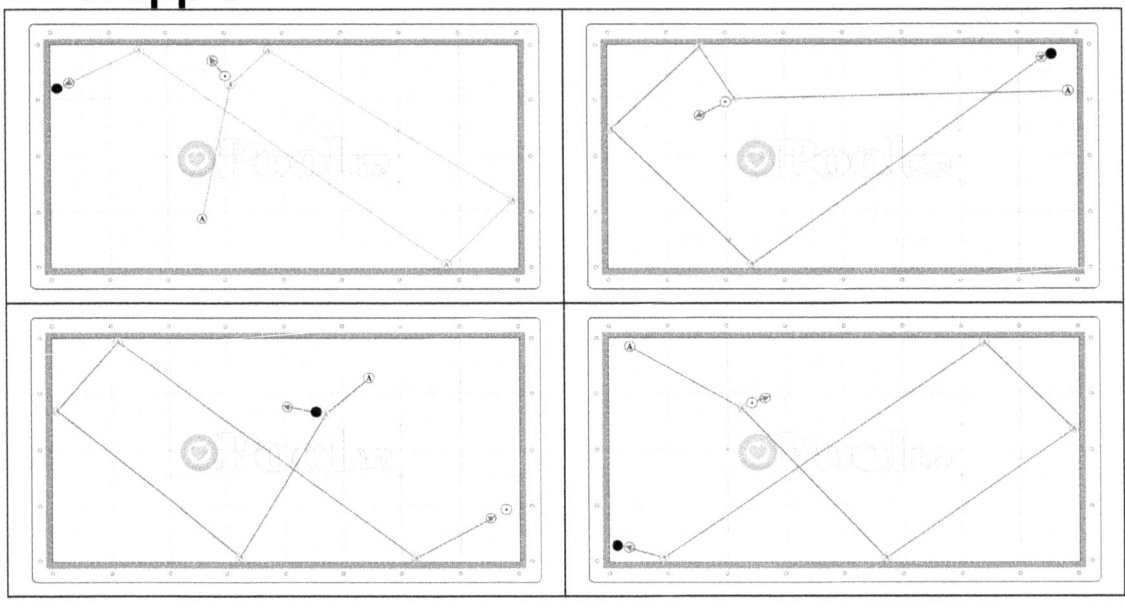

Analys:

D:6a. _____

D:6b. _____

D:6c. _____

D:6d. _____

D:6a – Inrätta

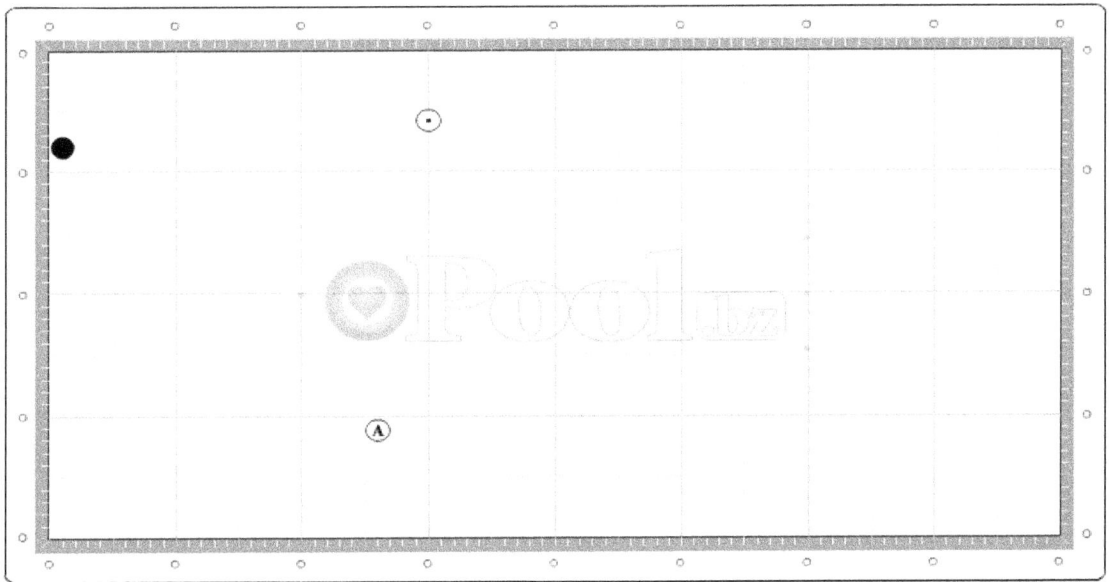

Anteckningar och idéer:

Skottmönster

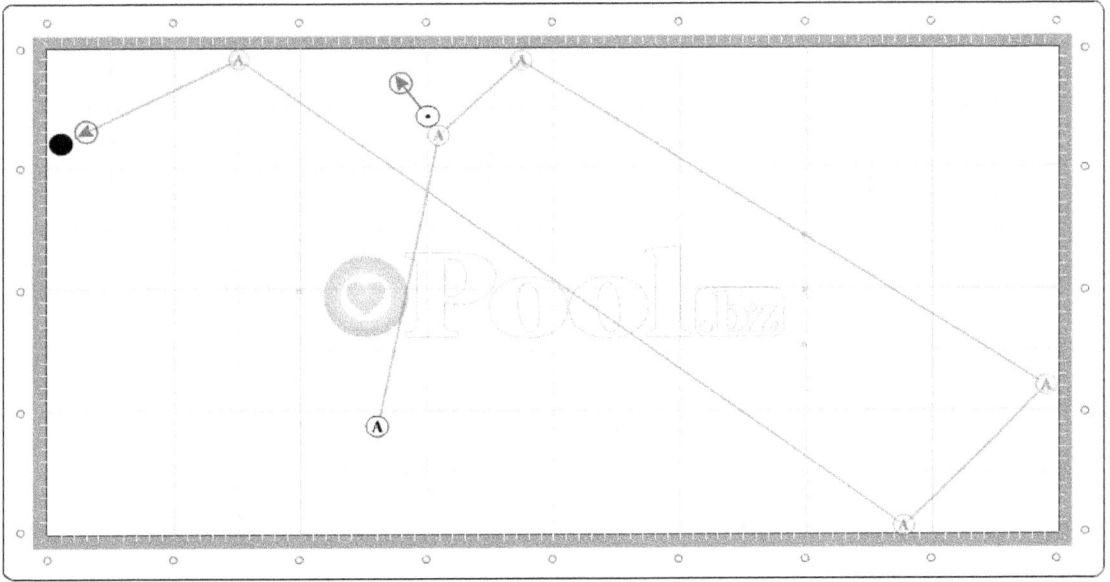

D:6b – Inrätta

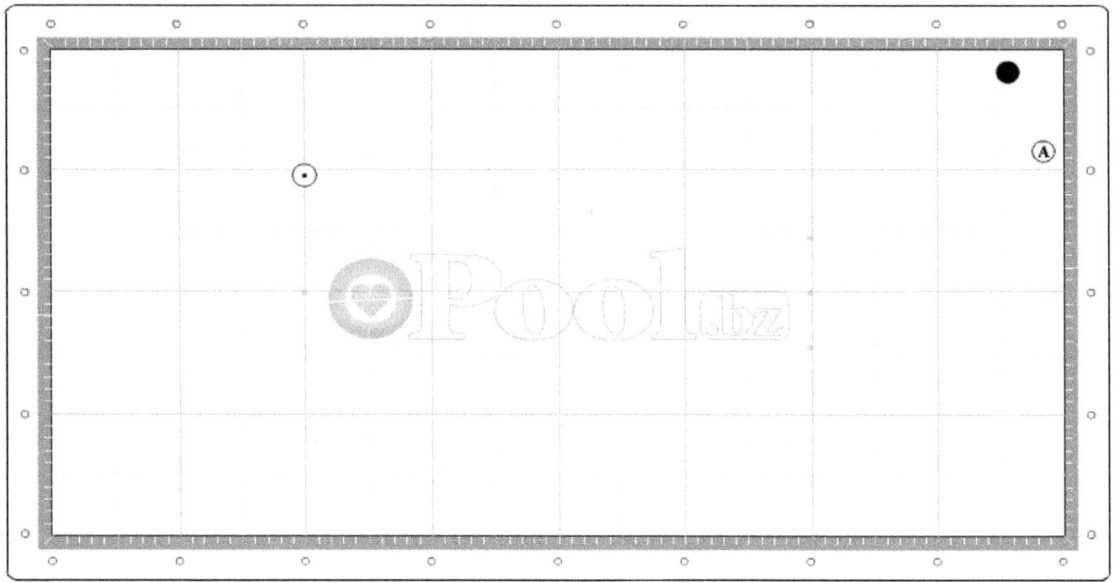

Anteckningar och idéer:

Skottmönster

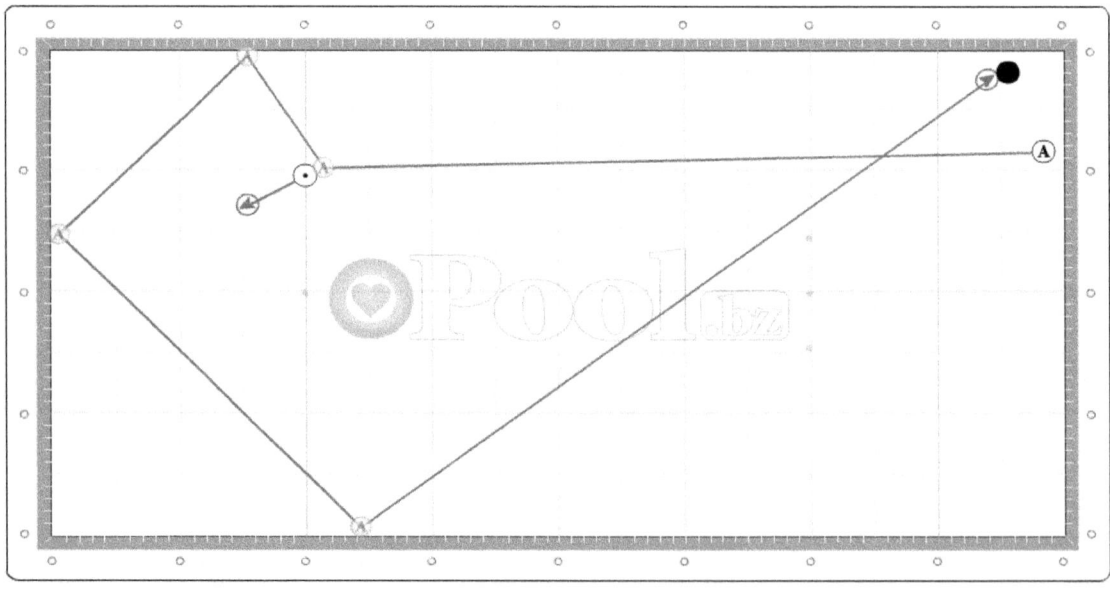

D:6c – Inrätta

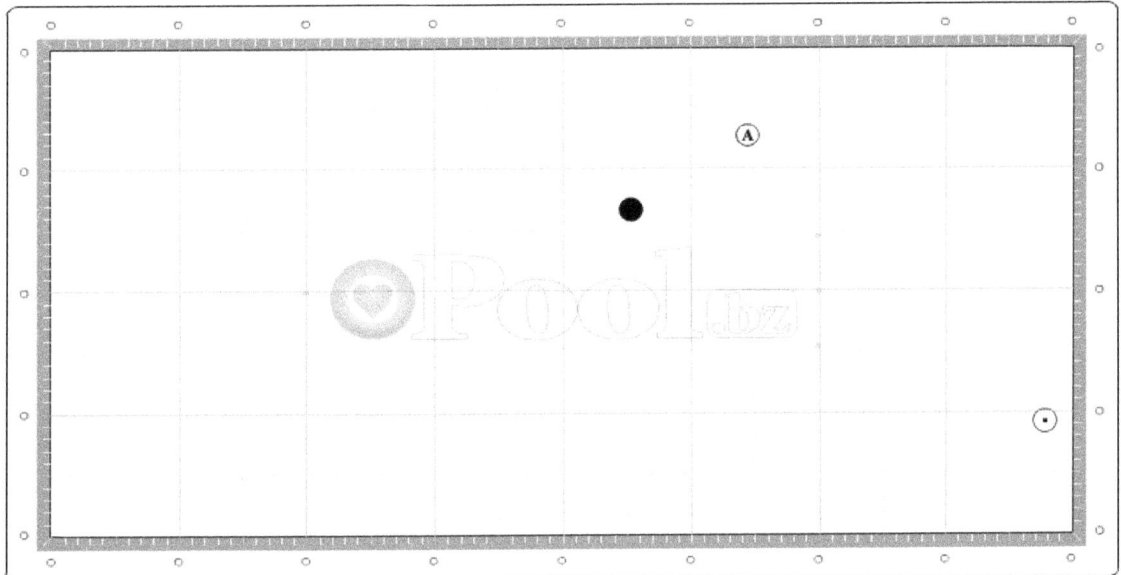

Anteckningar och idéer:

Skottmönster

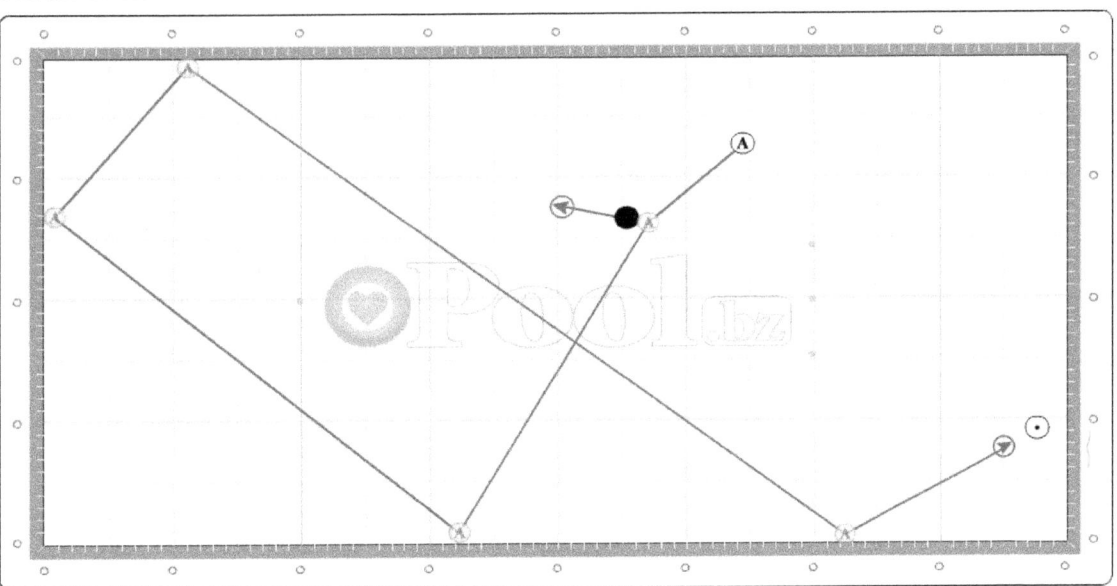

D:6d – Inrätta

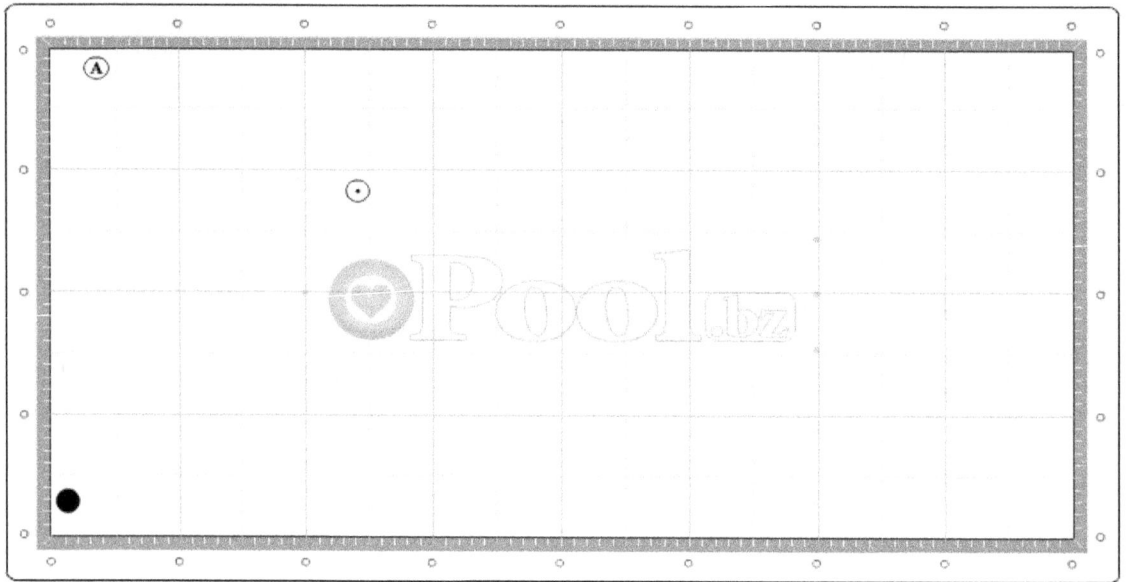

Anteckningar och idéer:

Skottmönster

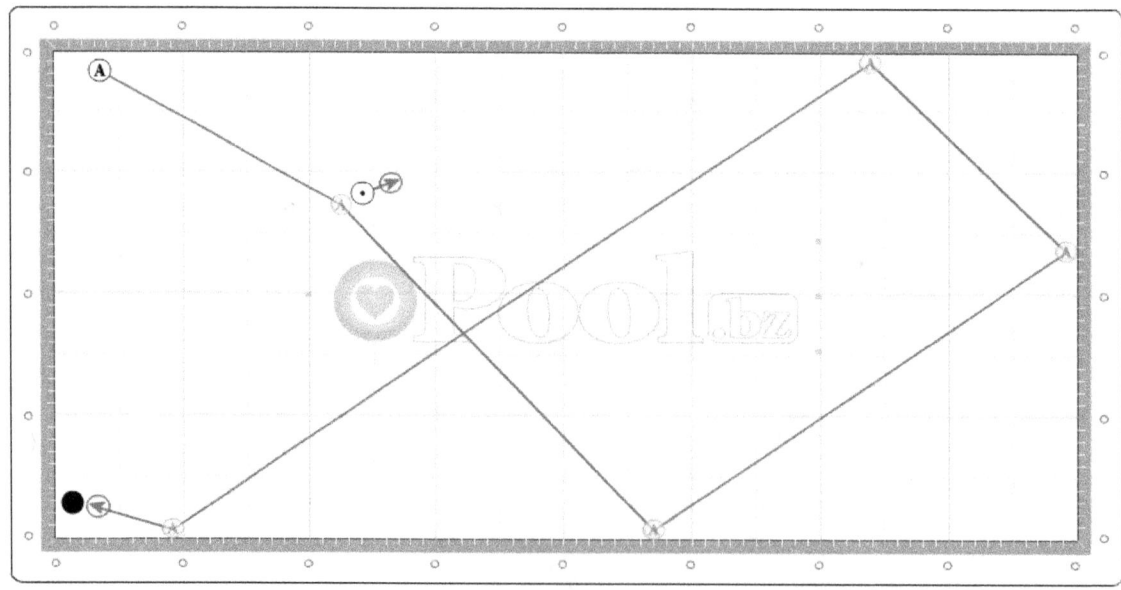

D: Grupp 7

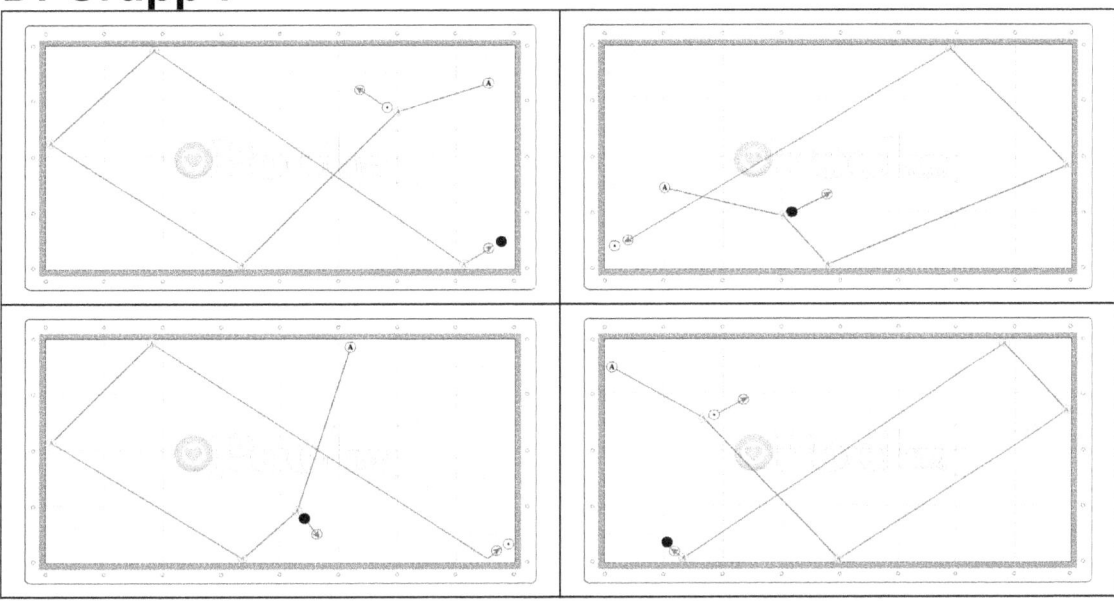

Analys:

D:7a. _____

D:7b. _____

D:7c. _____

D:7d. _____

D:7a – Inrätta

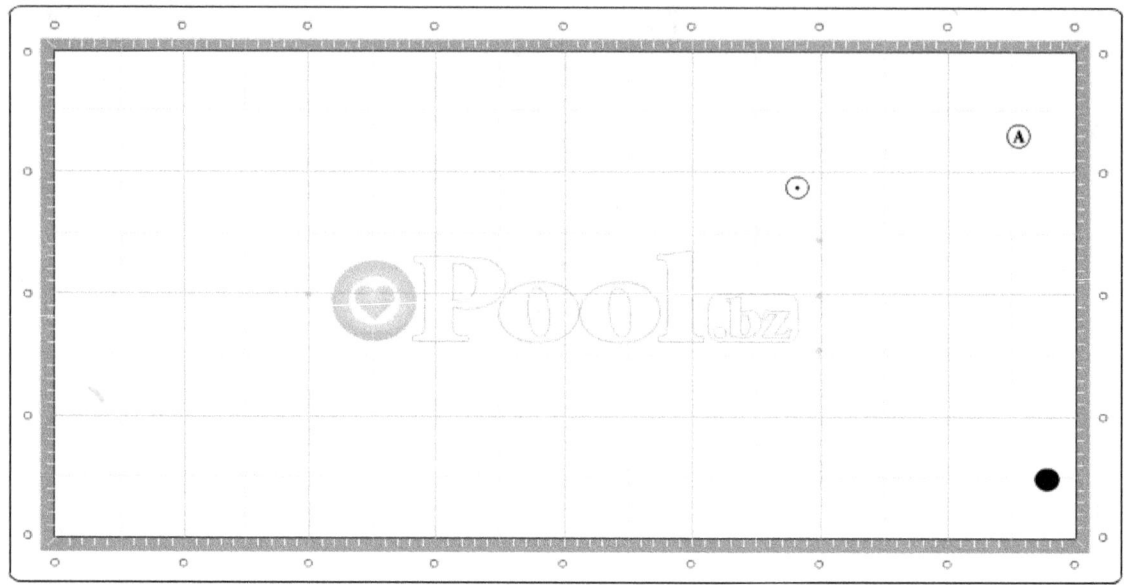

Anteckningar och idéer:

Skottmönster

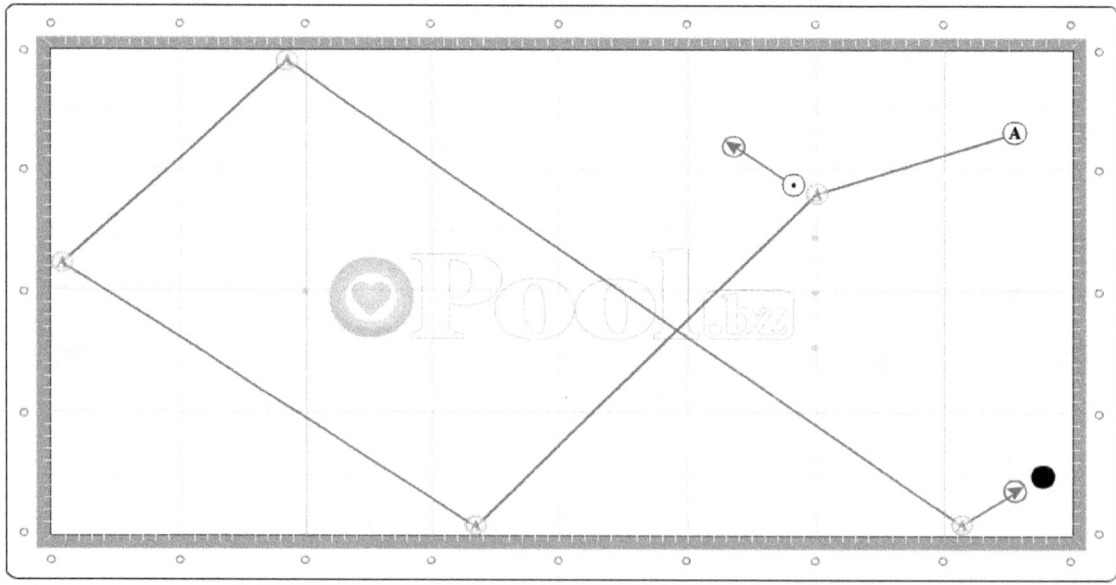

D:7b – Inrätta

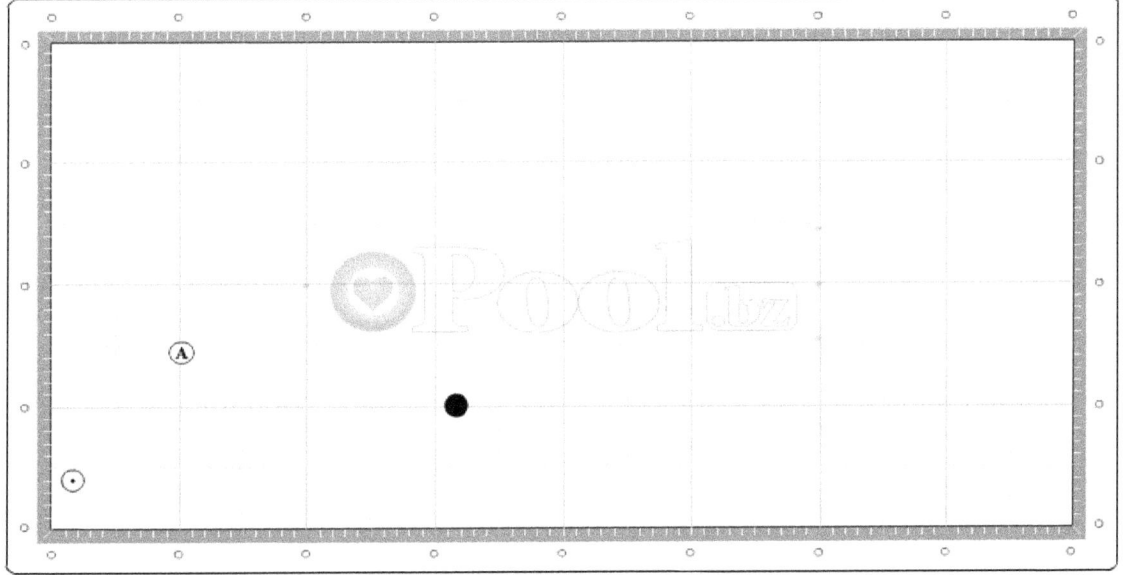

Anteckningar och idéer:

Skottmönster

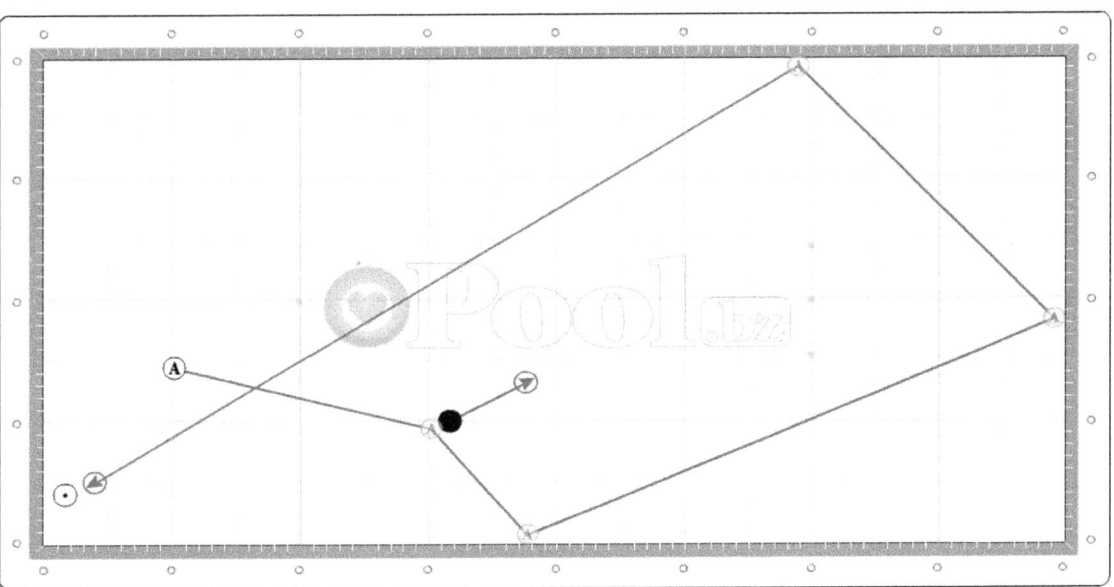

D:7c – Inrätta

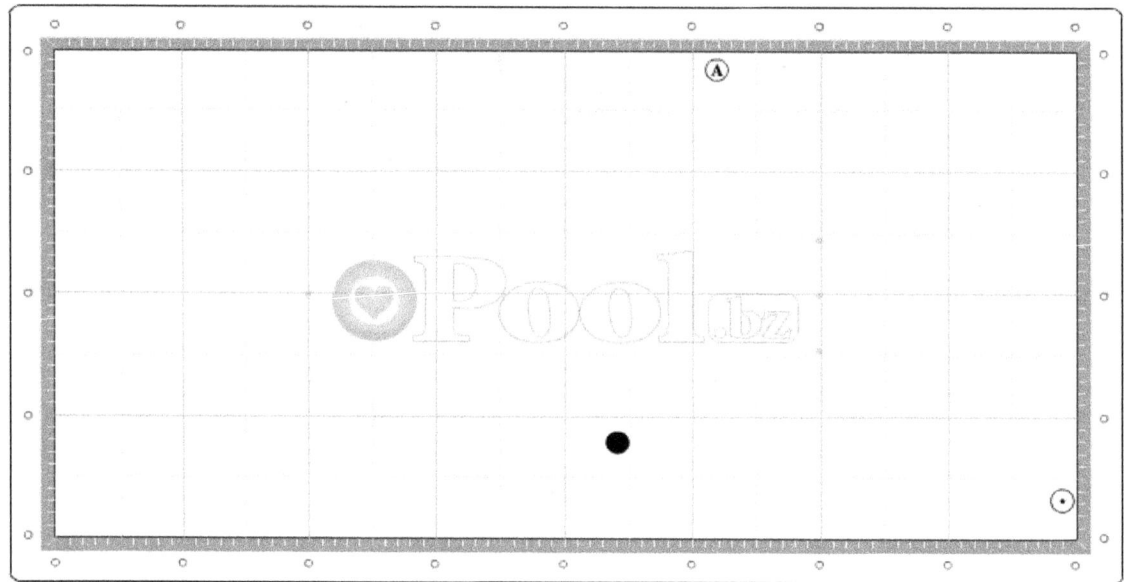

Anteckningar och idéer:

Skottmönster

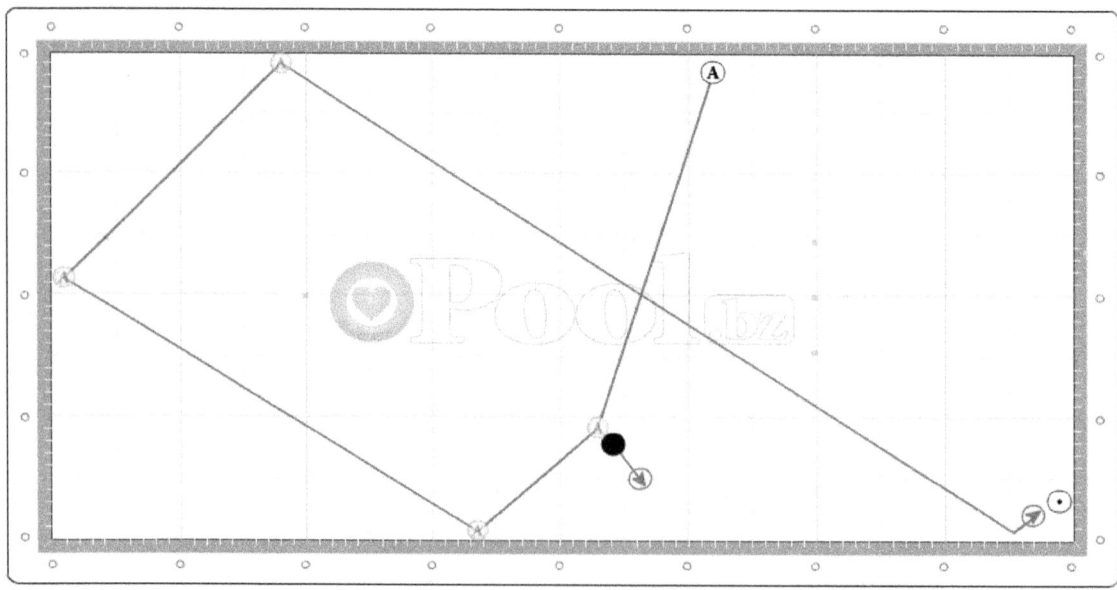

D:7d – Inrätta

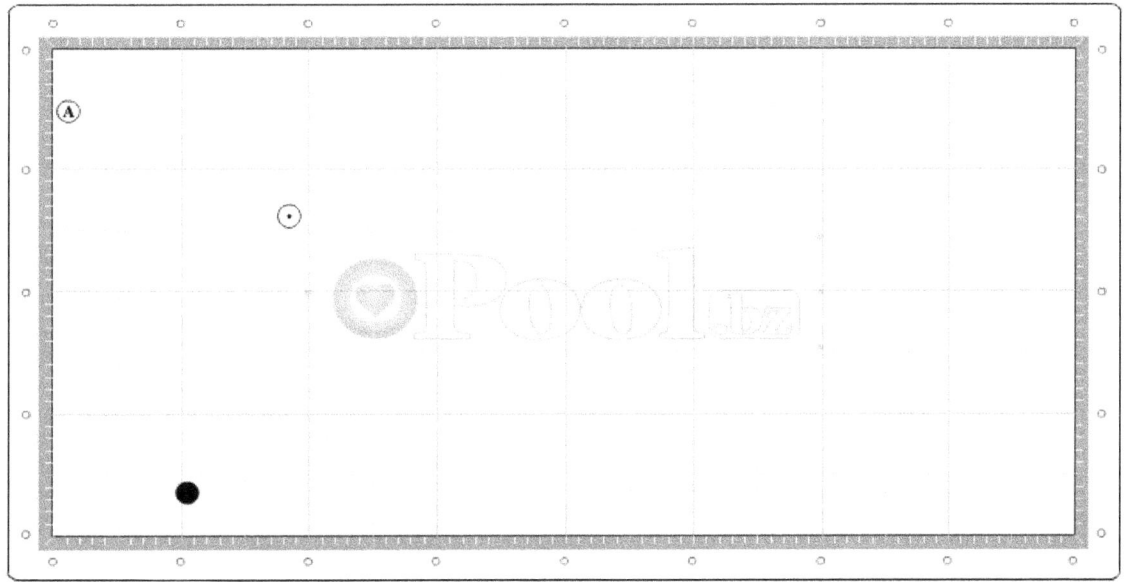

Anteckningar och idéer:

Skottmönster

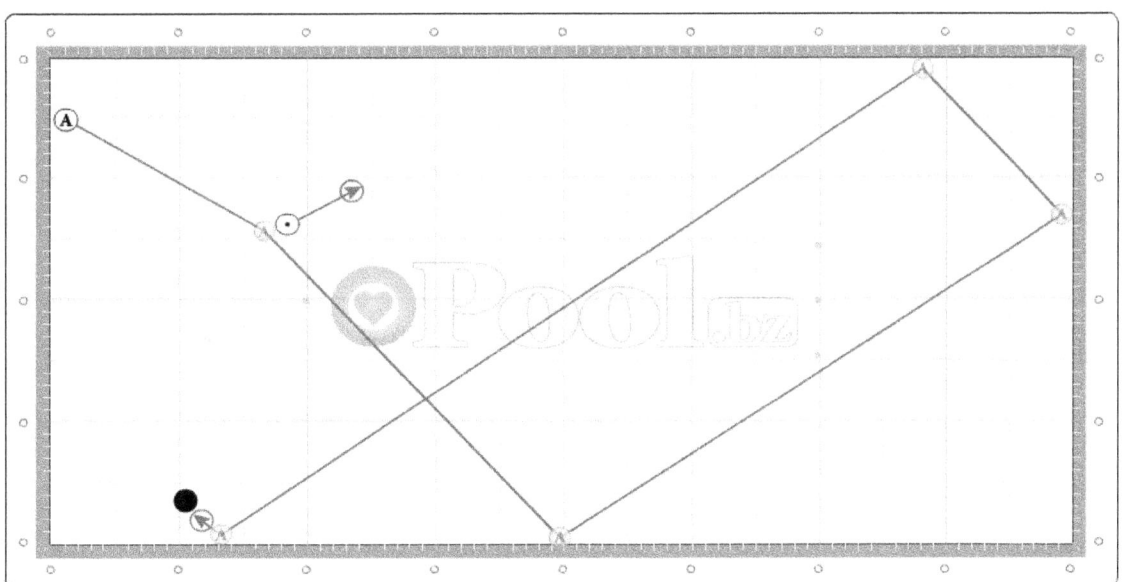

D: Grupp 8

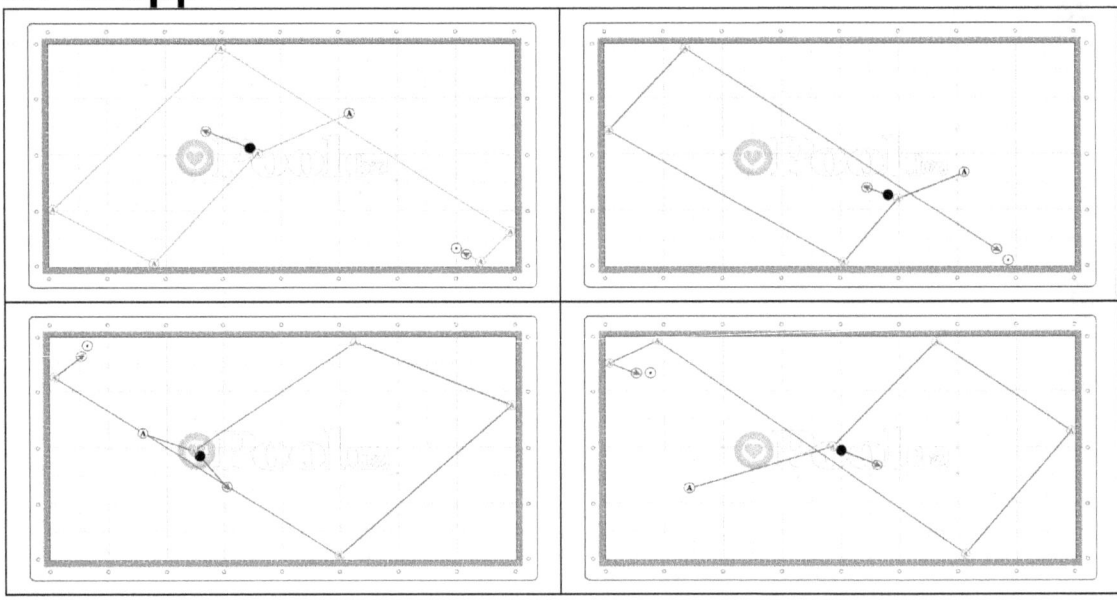

Analys:

D:8a. _____

D:8b. _____

D:8c. _____

D:8d. _____

D:8a – Inrätta

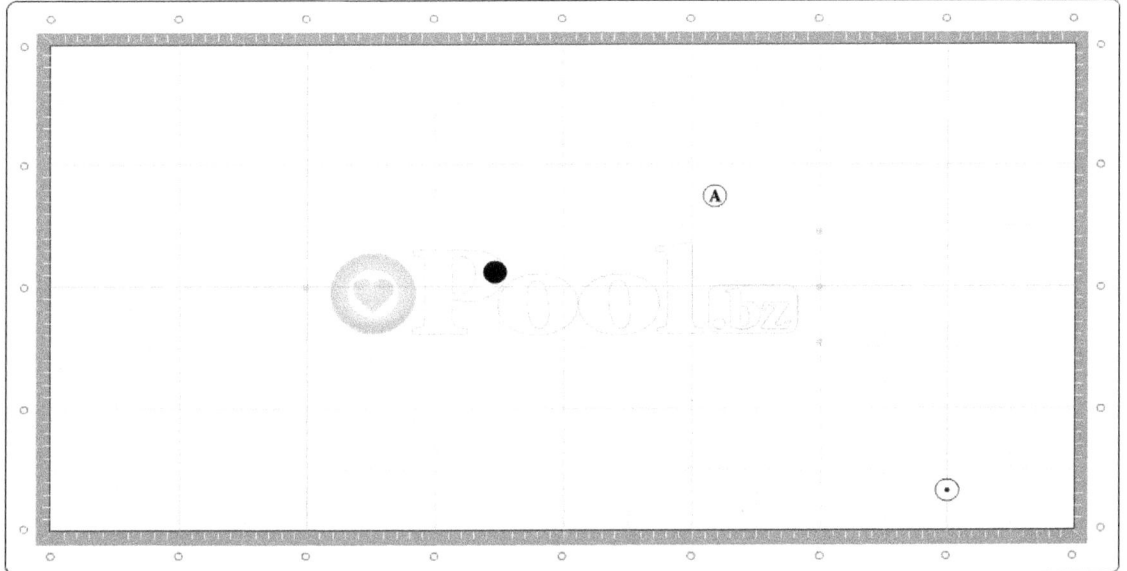

Anteckningar och idéer:

Skottmönster

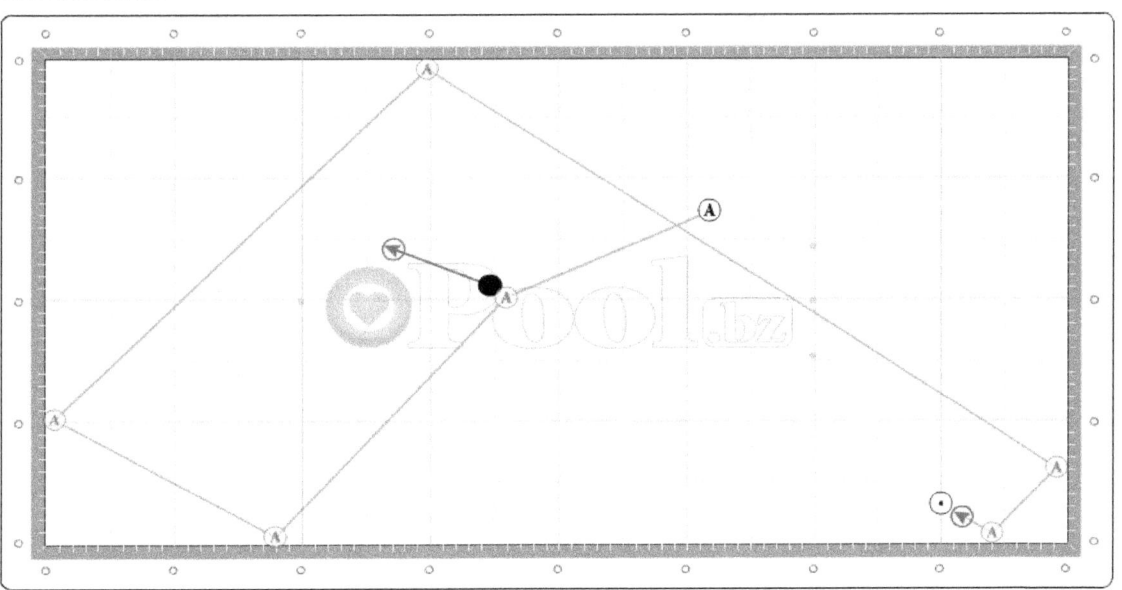

D:8b – Inrätta

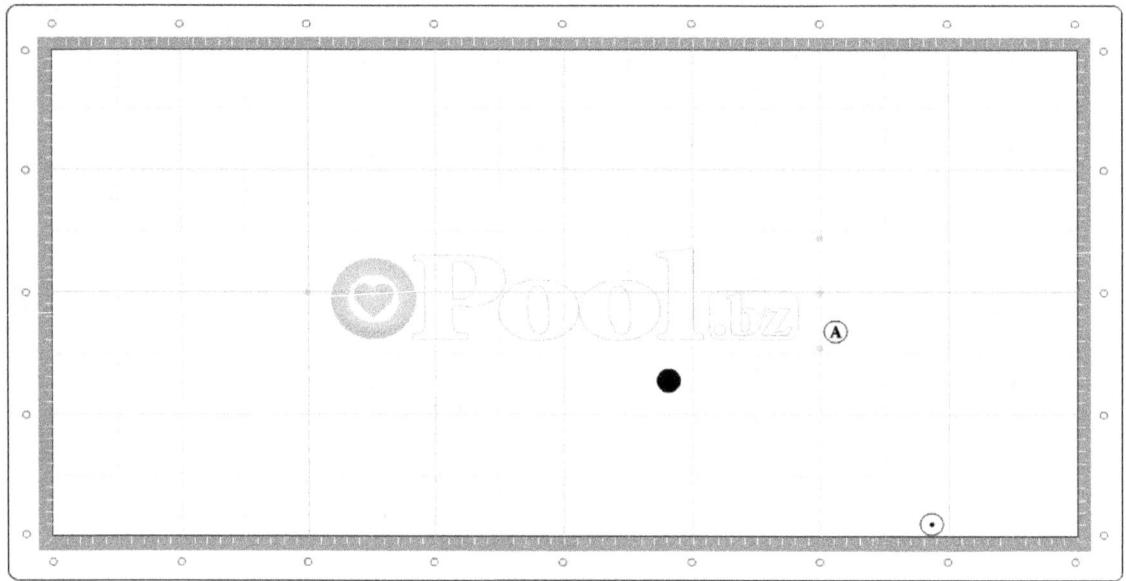

Anteckningar och idéer:

Skottmönster

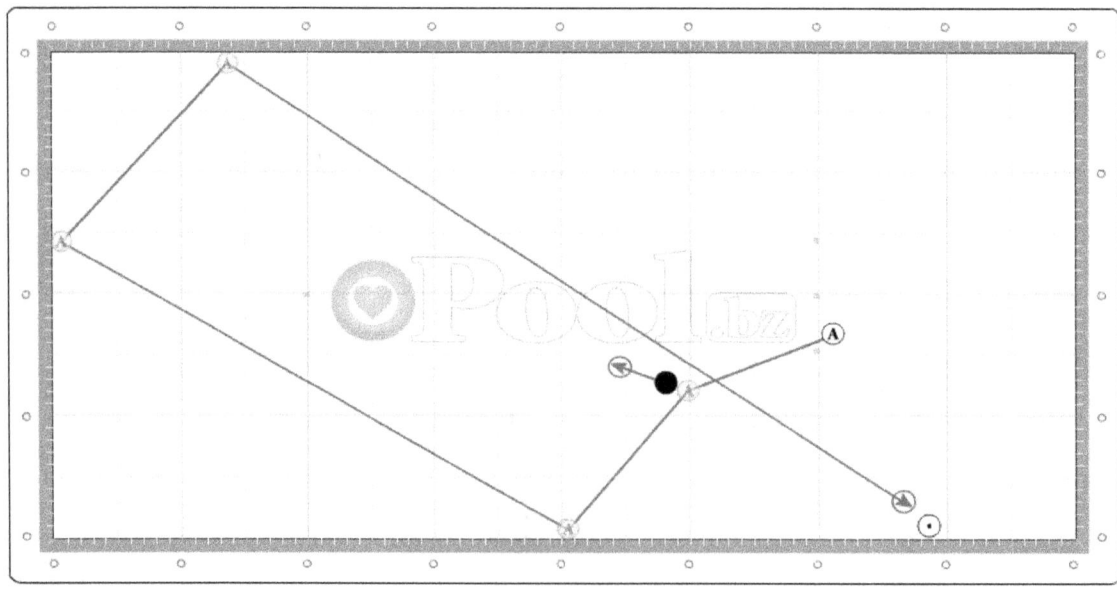

D:8c – Inrätta

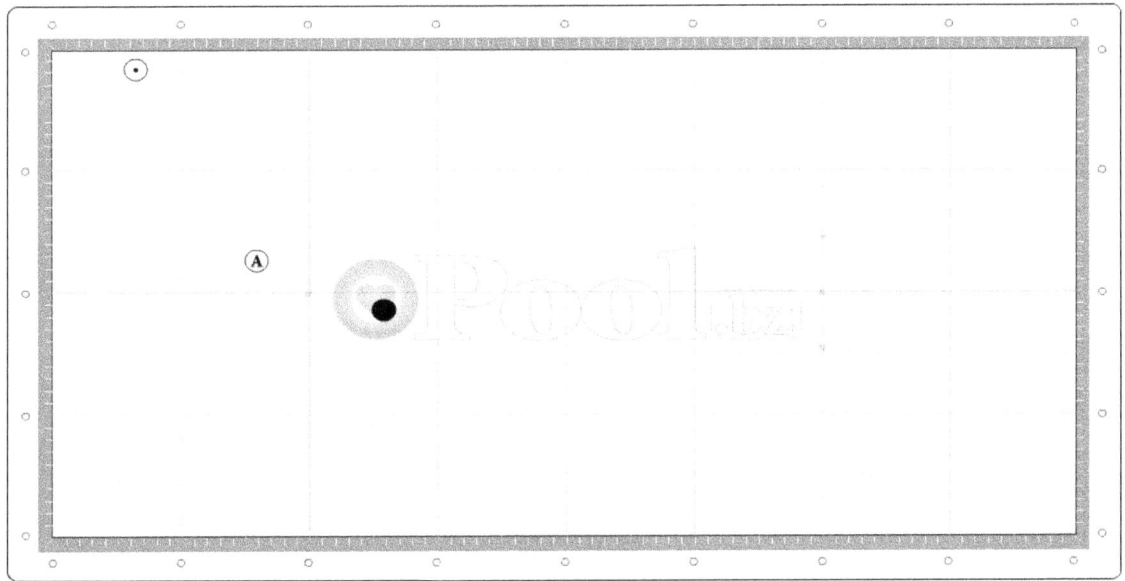

Anteckningar och idéer:

Skottmönster

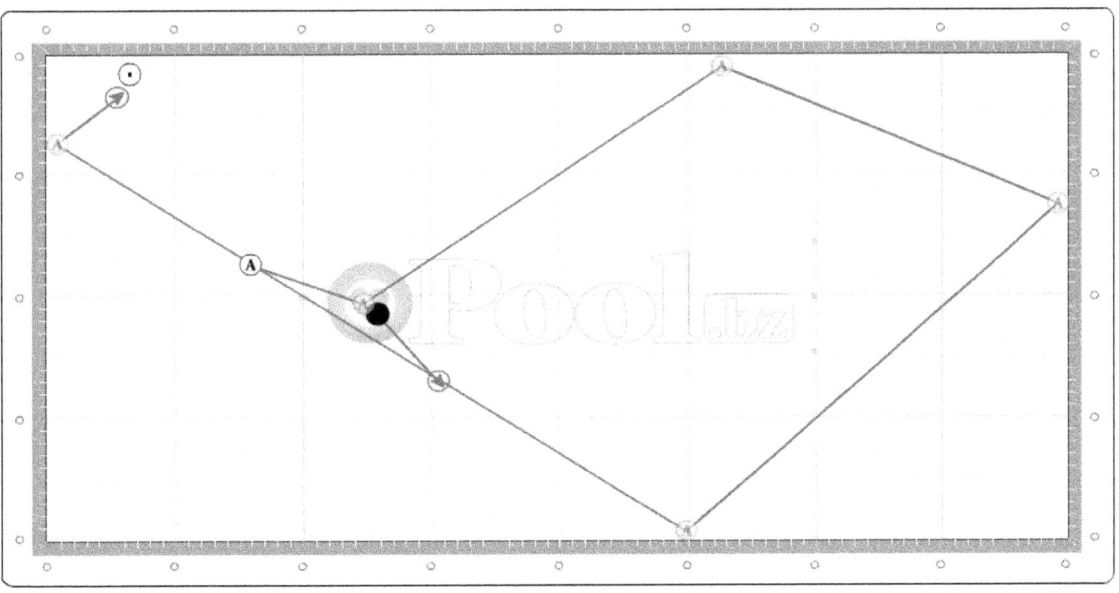

D:8d – Inrätta

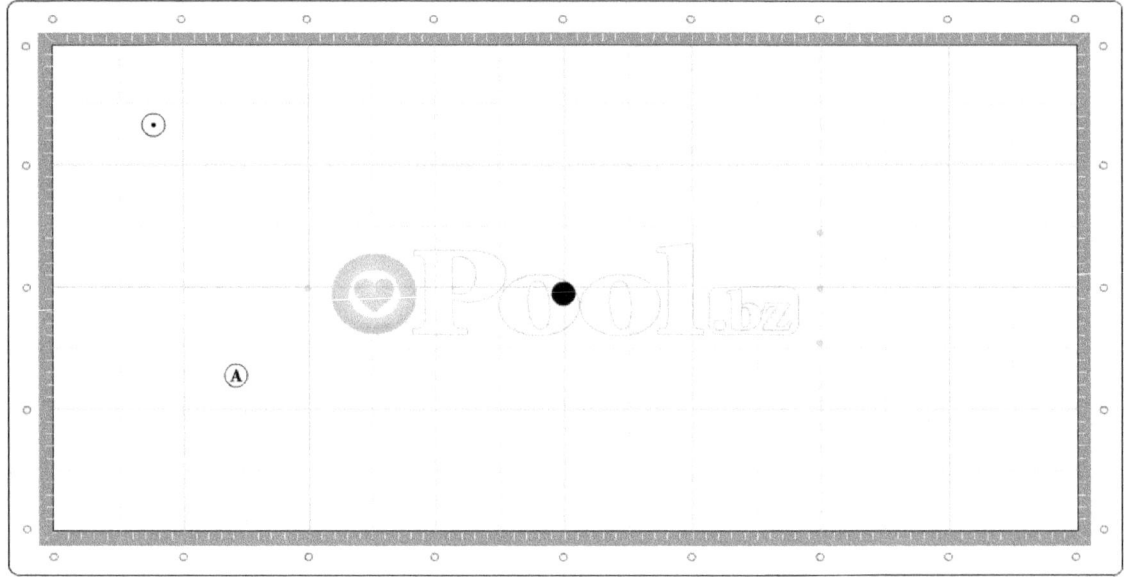

Anteckningar och idéer:

Skottmönster

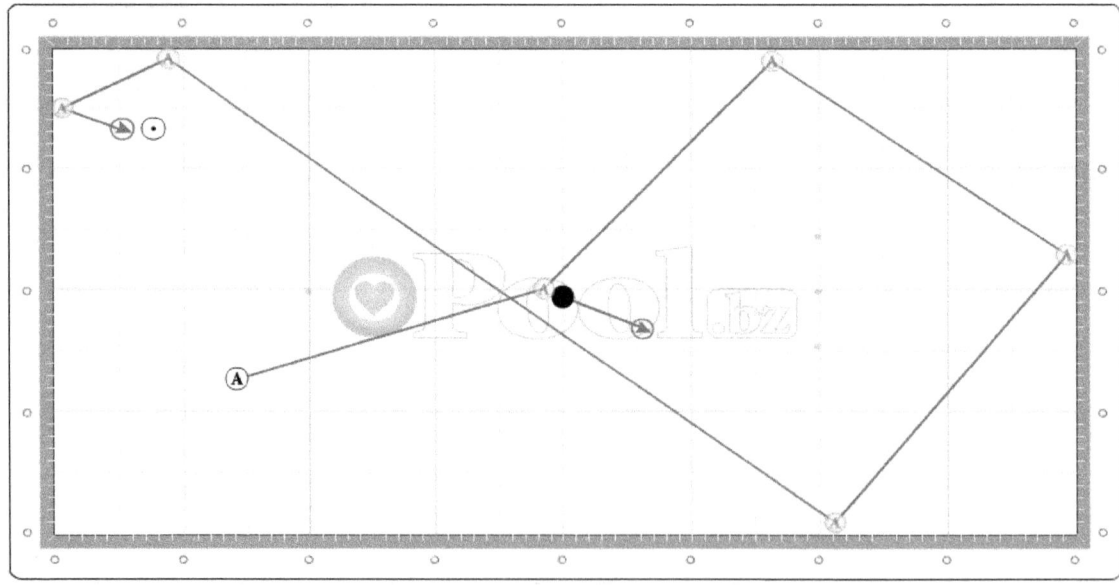

D: Grupp 9

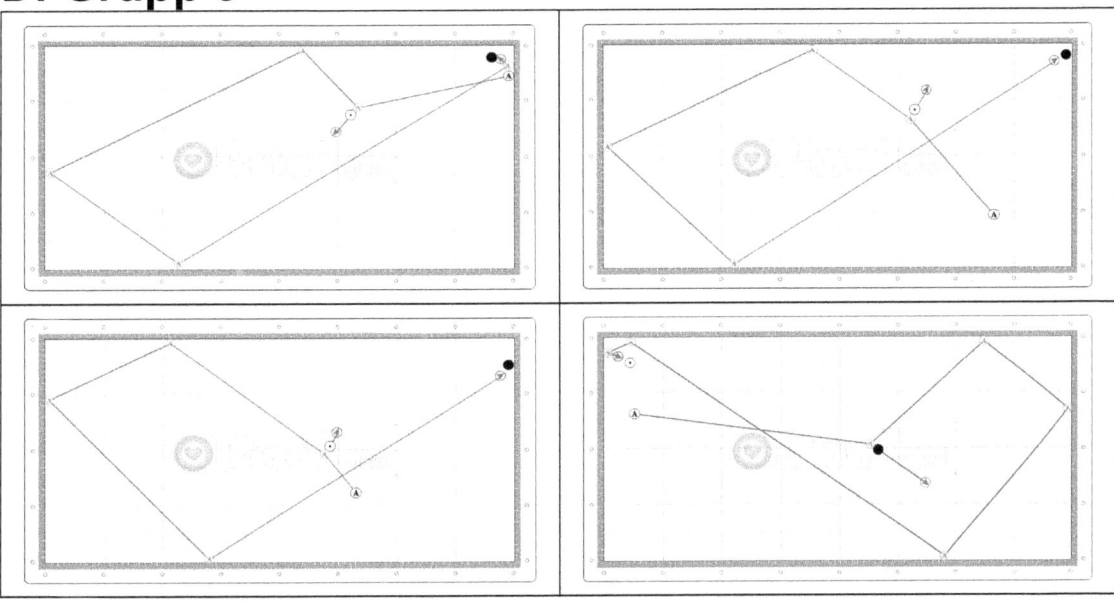

Analys:

D:9a. _____

D:9b. _____

D:9c. _____

D:9d. _____

D:9a – Inrätta

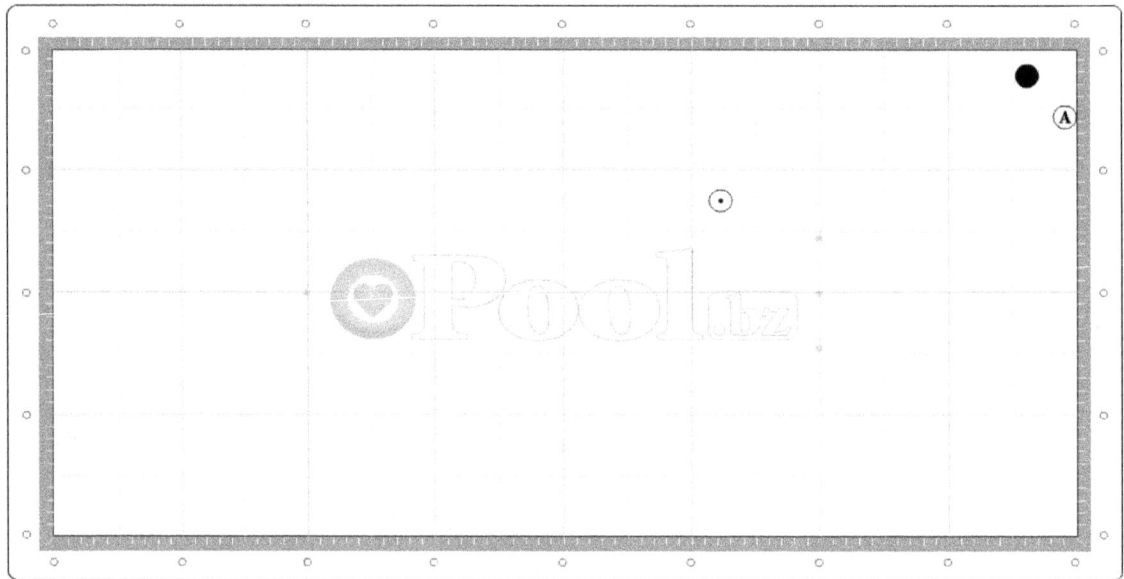

Anteckningar och idéer:

Skottmönster

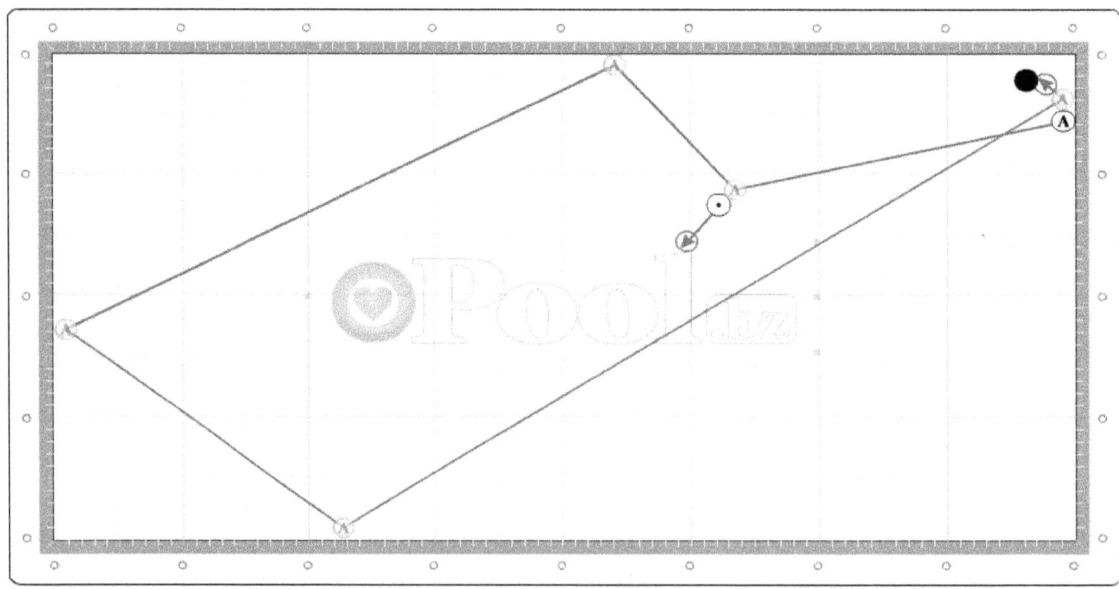

D:9b – Inrätta

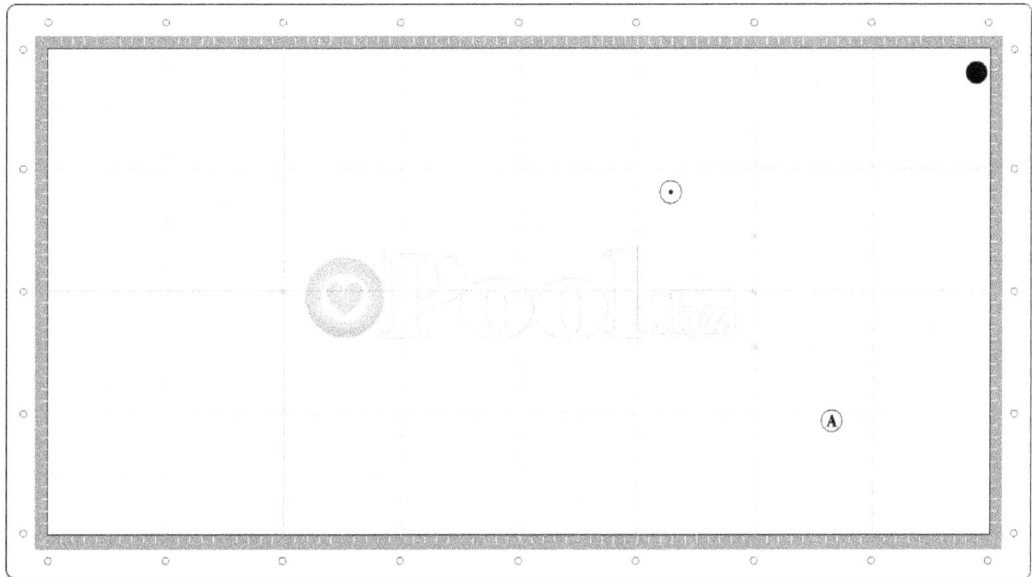

Anteckningar och idéer:

Skottmönster

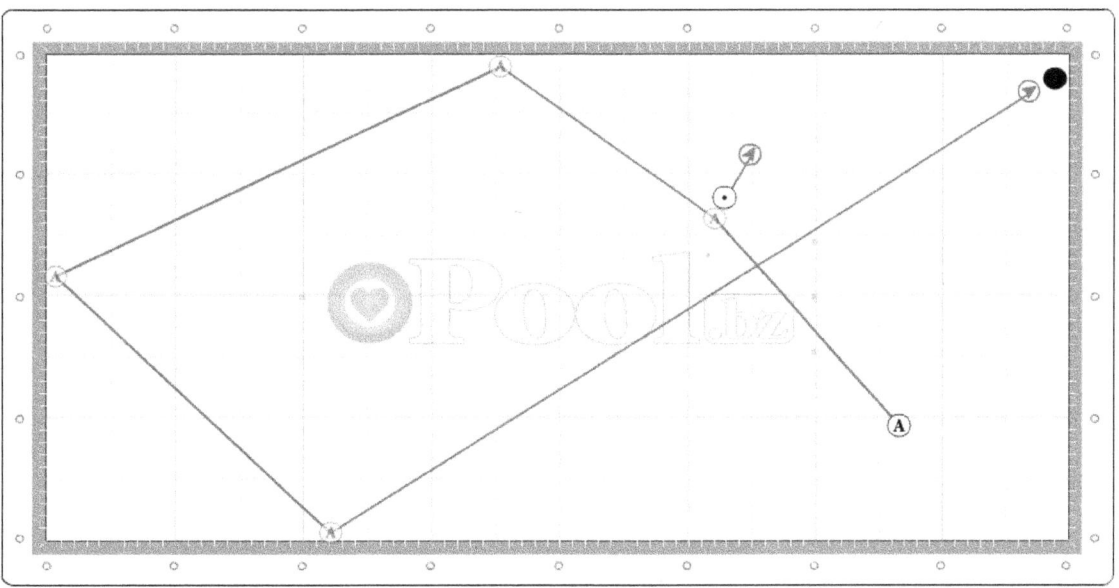

D:9c – Inrätta

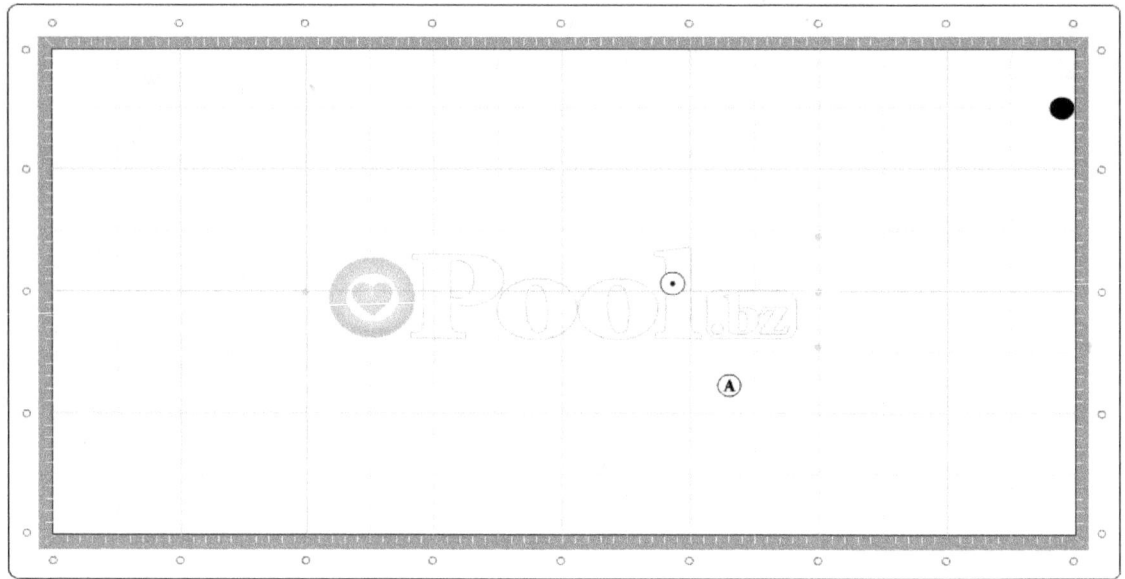

Anteckningar och idéer:

Skottmönster

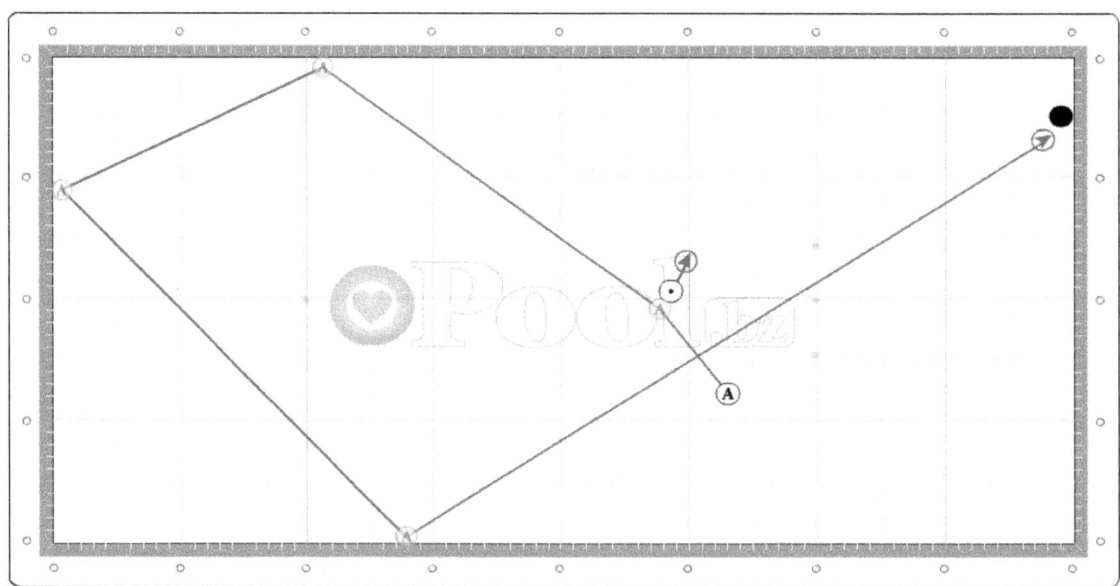

D:9d – Inrätta

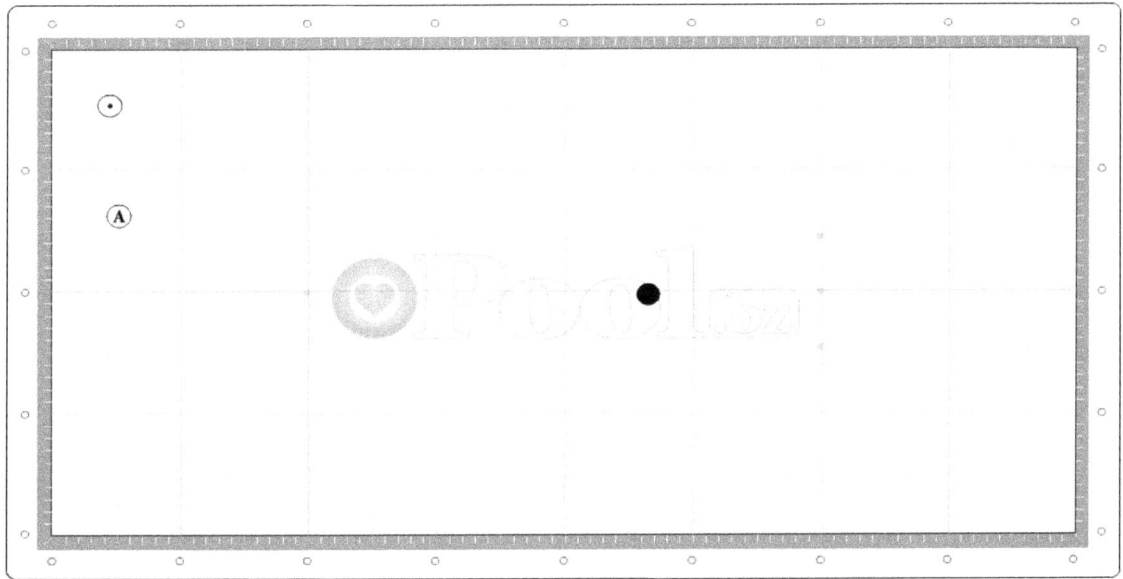

Anteckningar och idéer:

Skottmönster

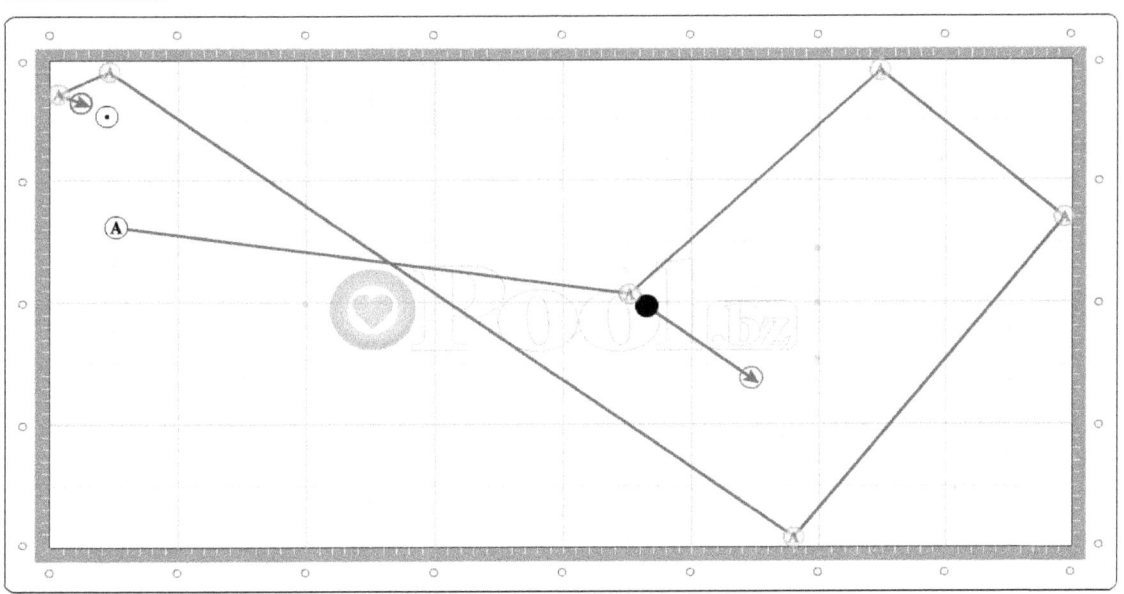

Trevallars carambole: Runt om i världen mönster

E: Följ i hörnet

Den (CB) kommer från den första (OB) och in i de tre följande vallarna, enligt standarden runt världsmönstret. Eftersom den andra (OB) ligger på (CB) -banan i hemmet hörs (CB) att slå den andra (OB) för en poäng.

Ⓐ (CB) (din biljardboll) - ⊙ (OB) (motståndare biljardboll) - ● (OB) (röd biljardboll)

E: Grupp 1

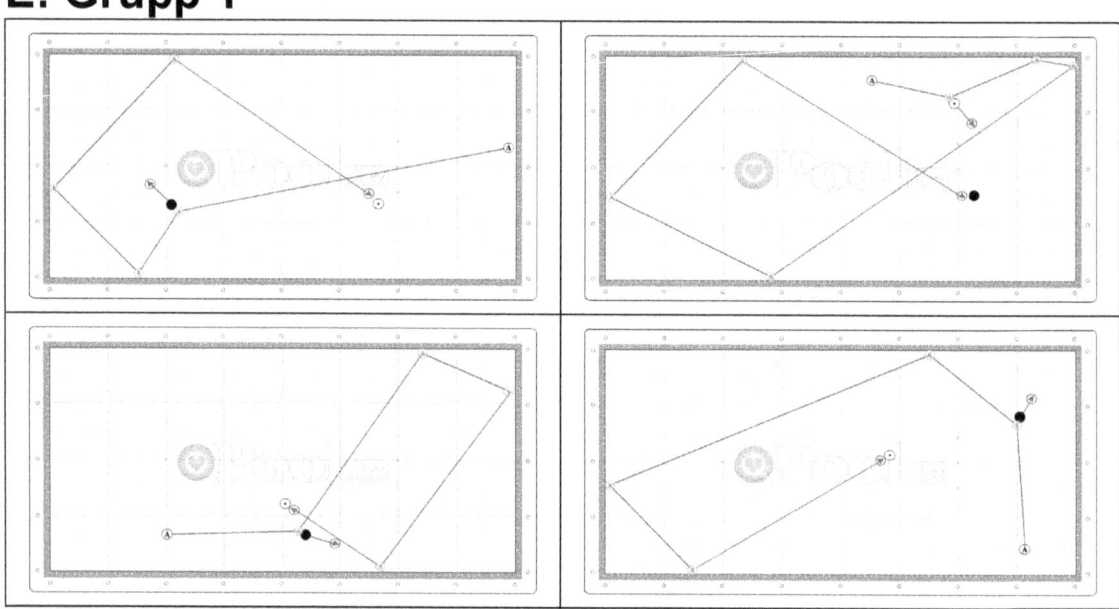

Analys:

E:1a. _____

E:1b. _____

E:1c. _____

E:1d. _____

118

E:1a – Inrätta

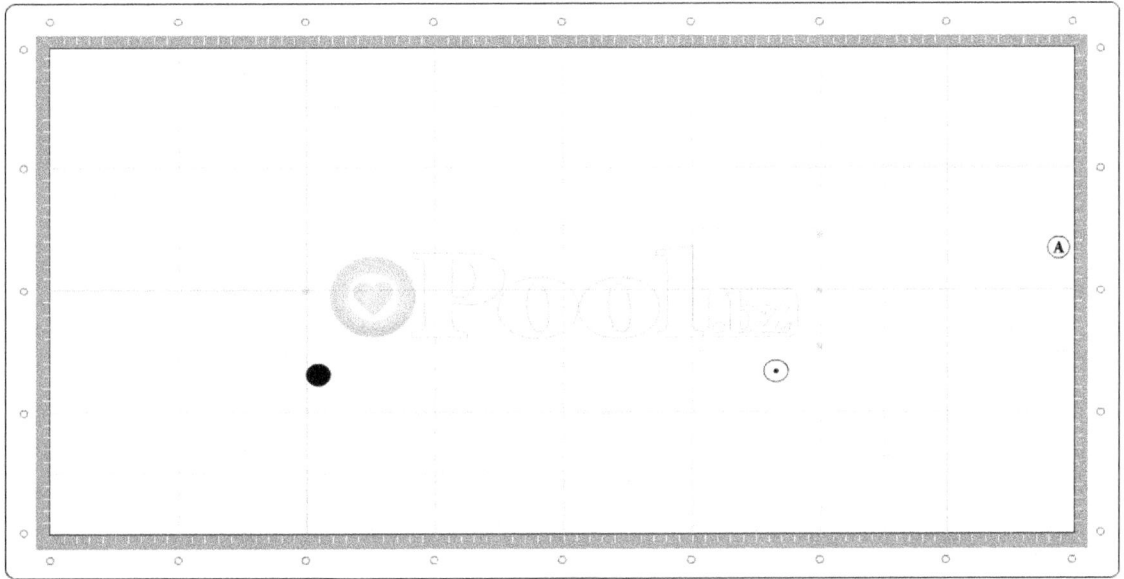

Anteckningar och idéer:

Skottmönster

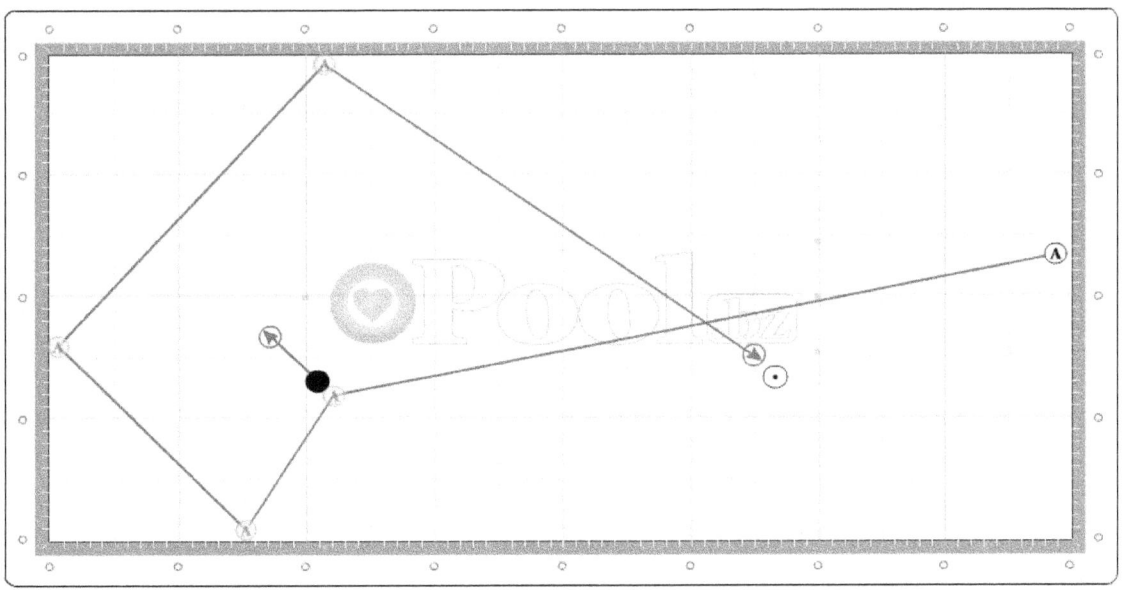

E:1b – Inrätta

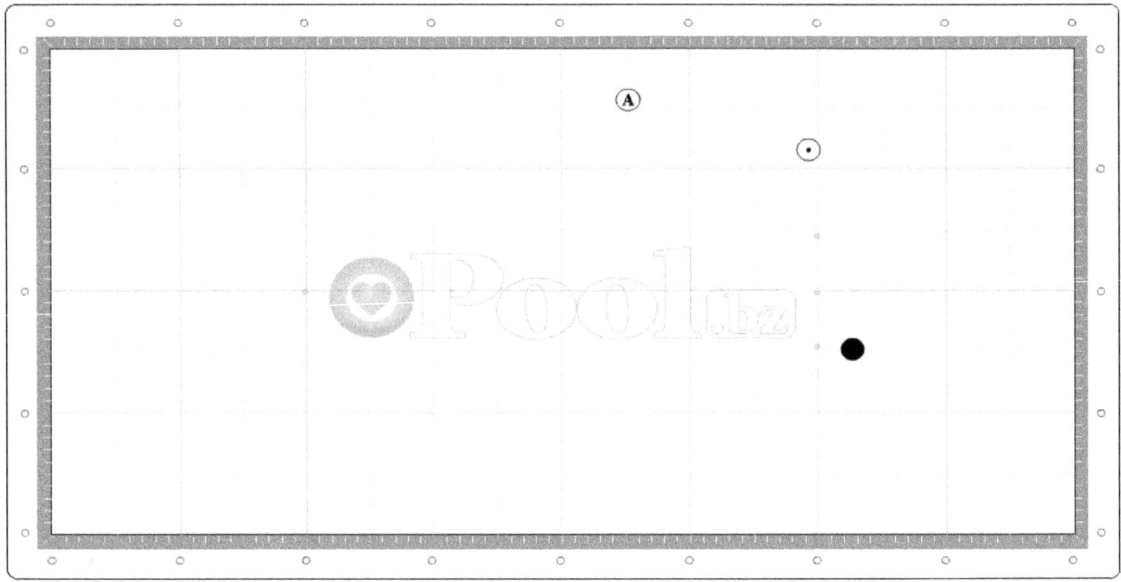

Anteckningar och idéer:

Skottmönster

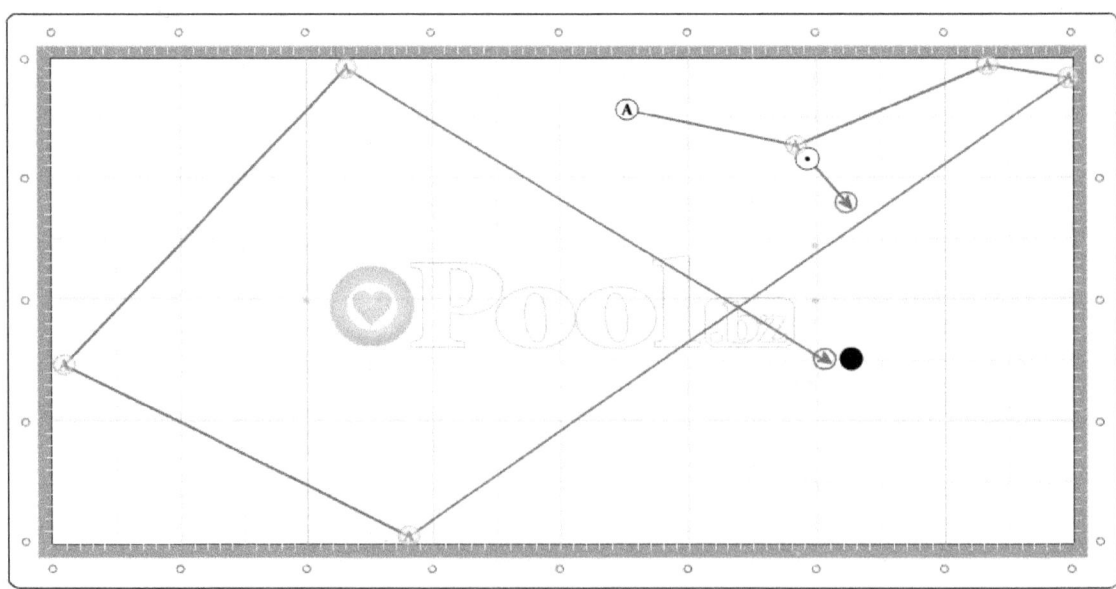

E:1c – Inrätta

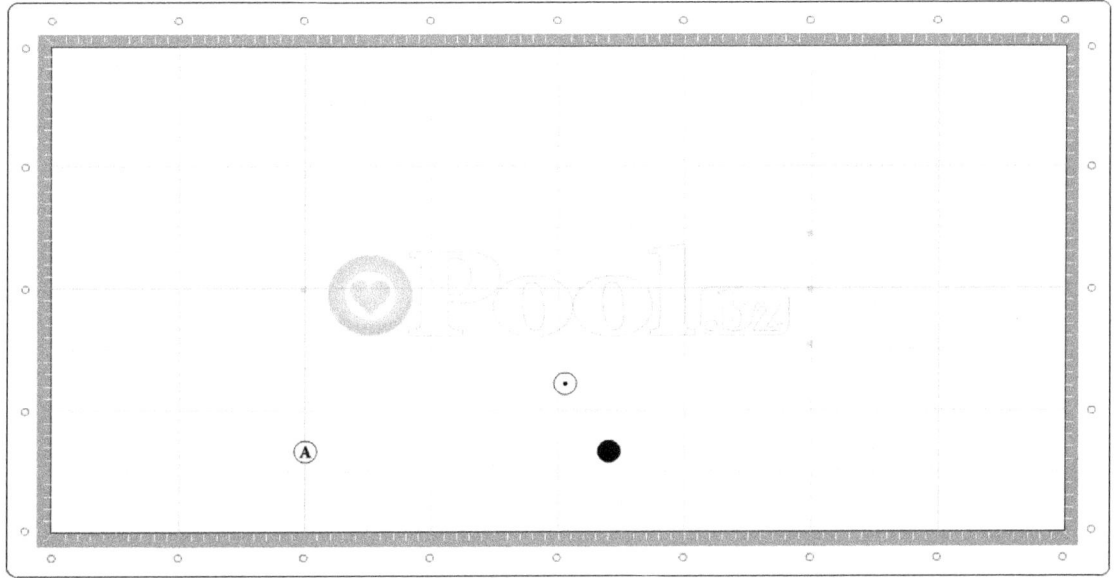

Anteckningar och idéer:

Skottmönster

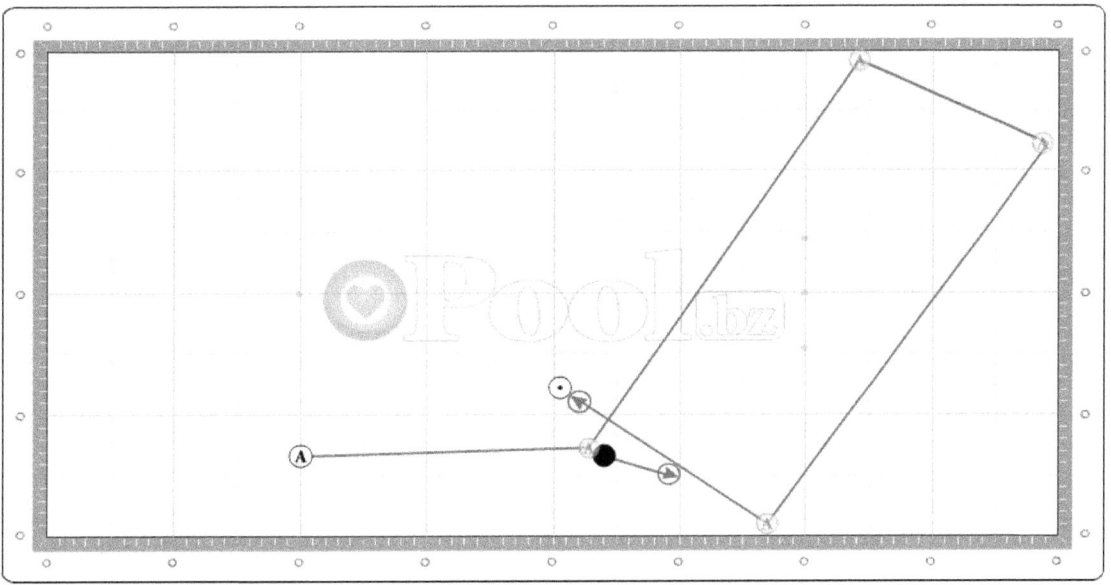

E:1d – Inrätta

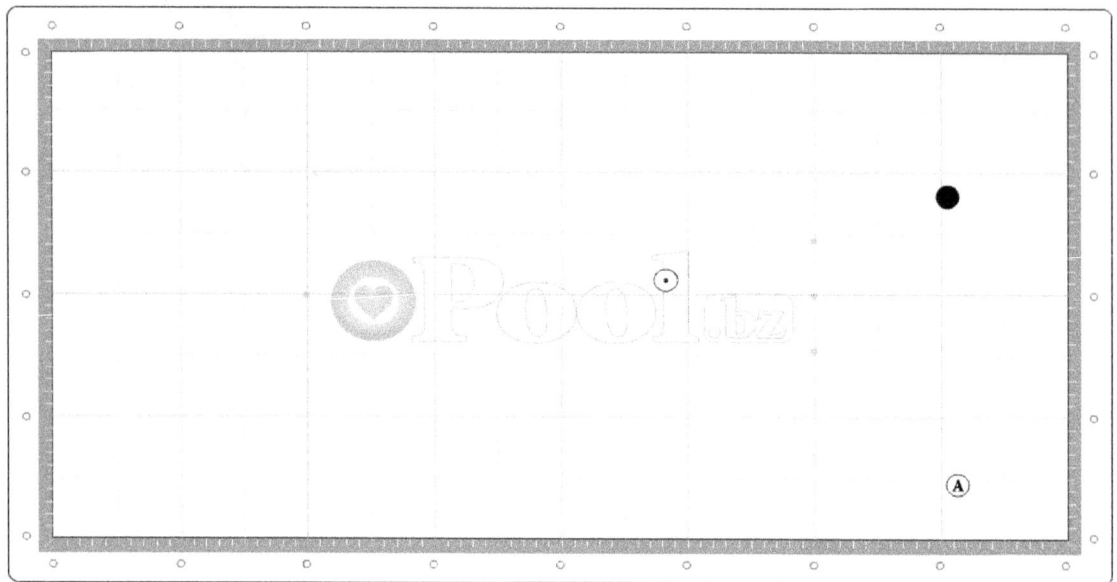

Anteckningar och idéer:

Skottmönster

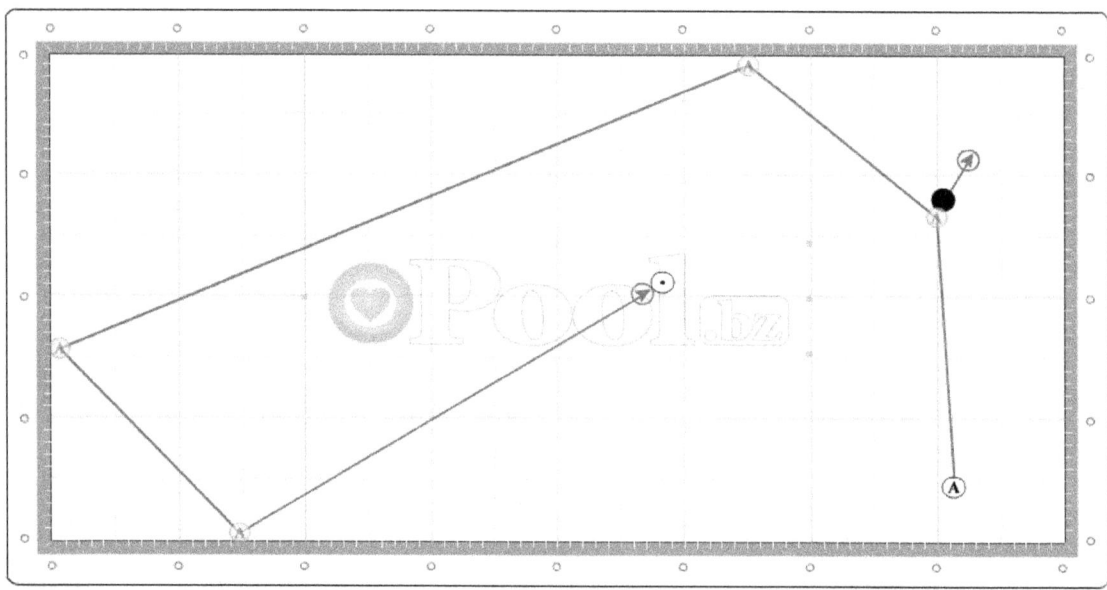

E: Grupp 2

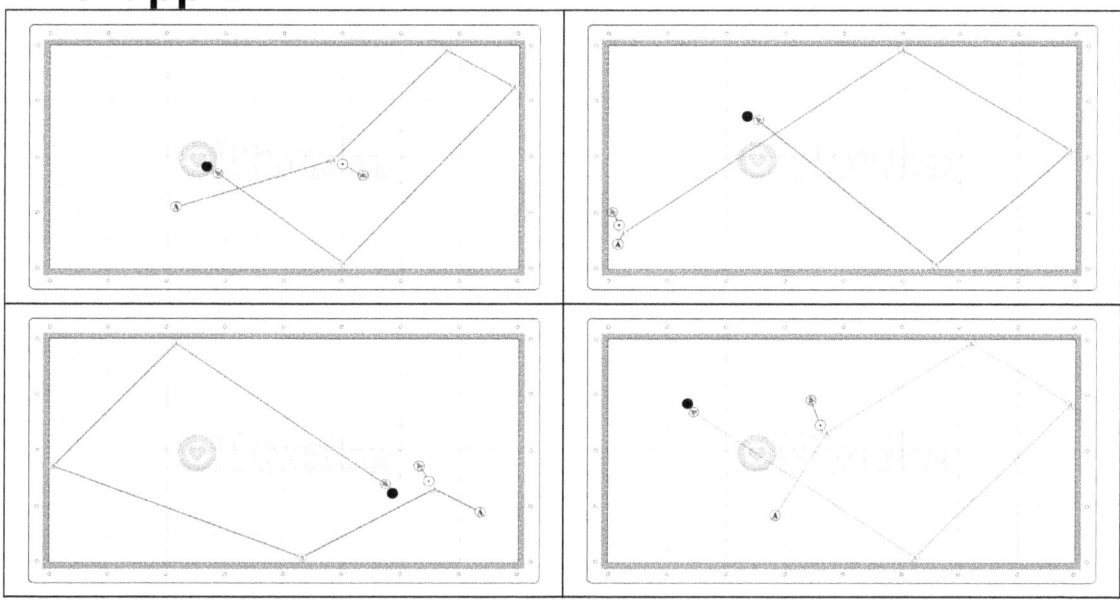

Analys:

E:2a. _____

E:2b. _____

E:2c. _____

E:2d. _____

E:2a – Inrätta

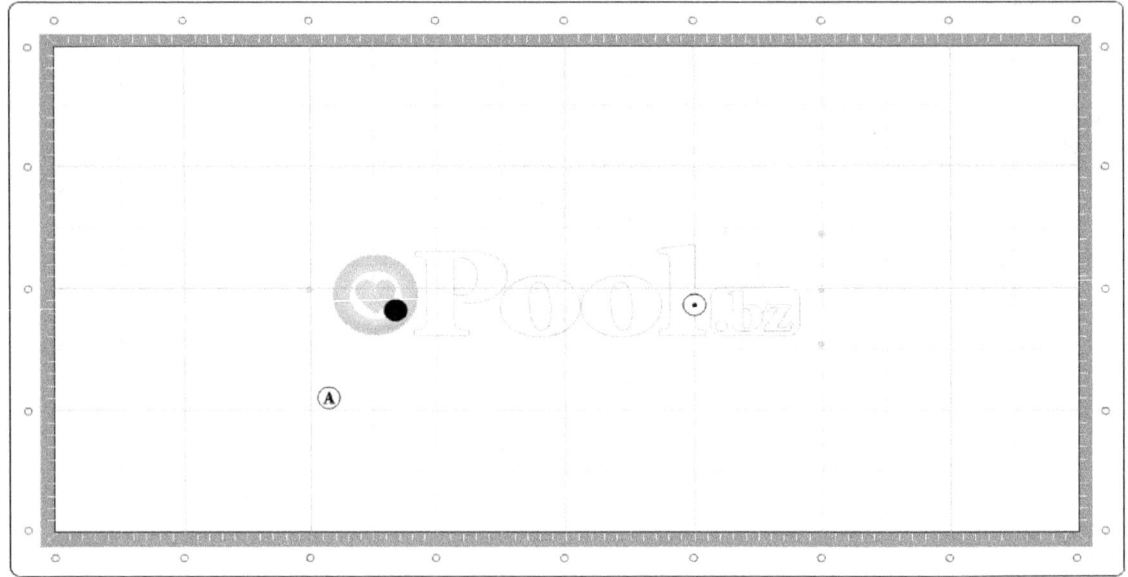

Anteckningar och idéer:

Skottmönster

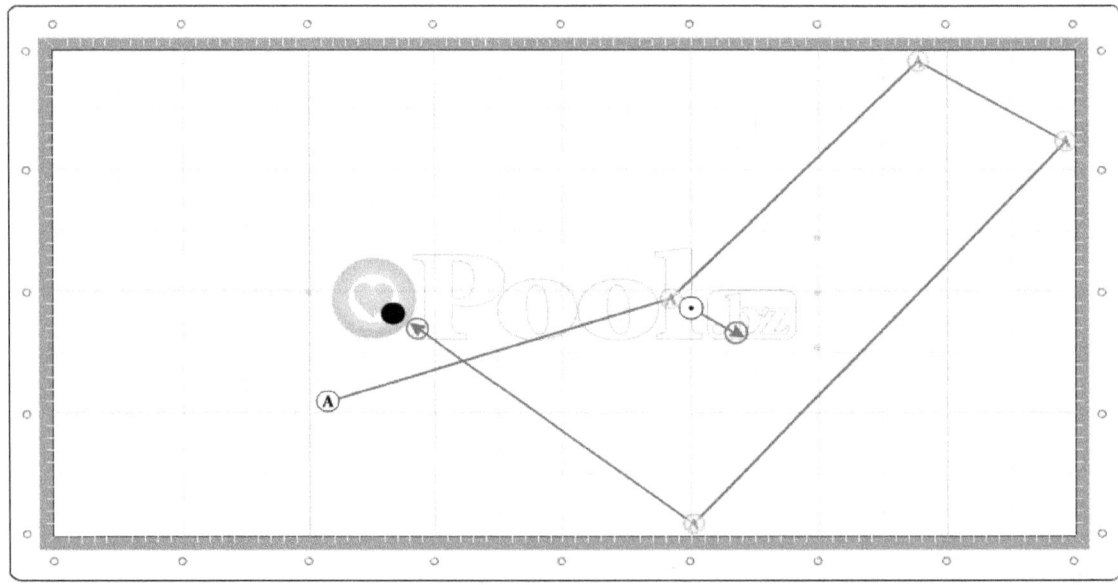

E:2b – Inrätta

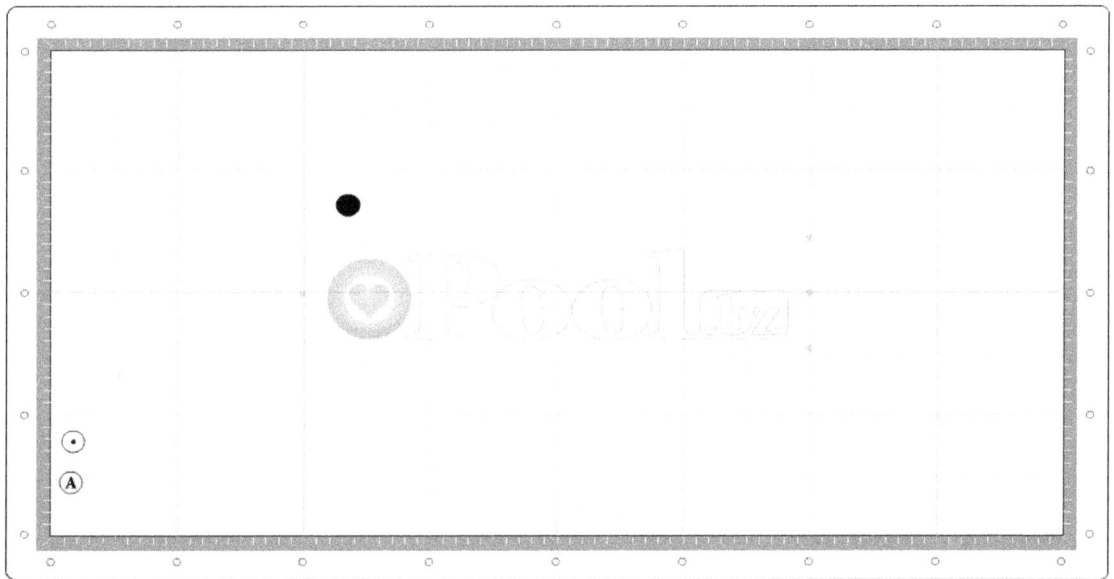

Anteckningar och idéer:

Skottmönster

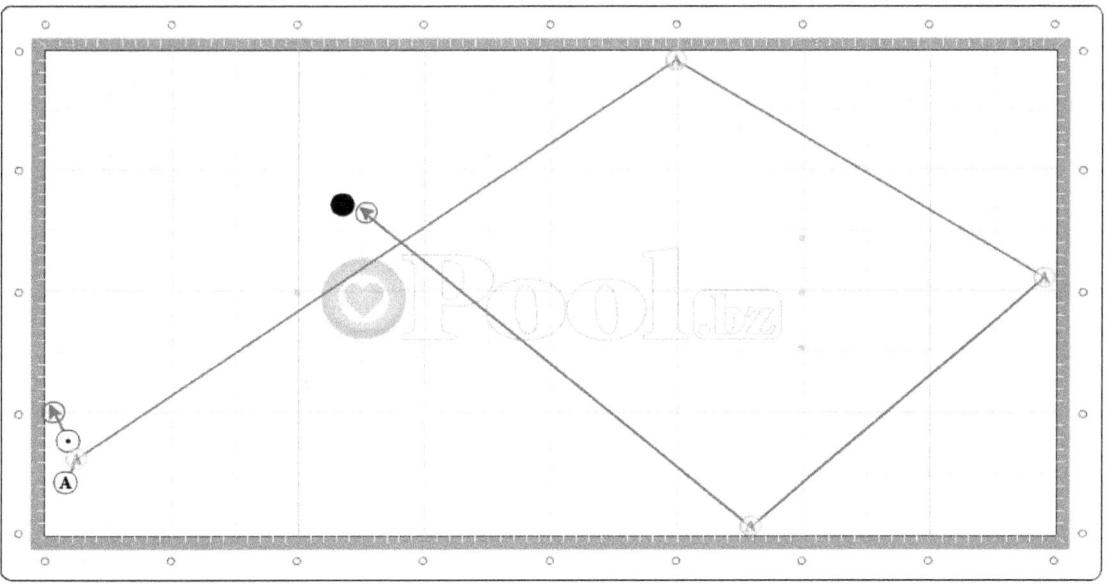

E:2c – Inrätta

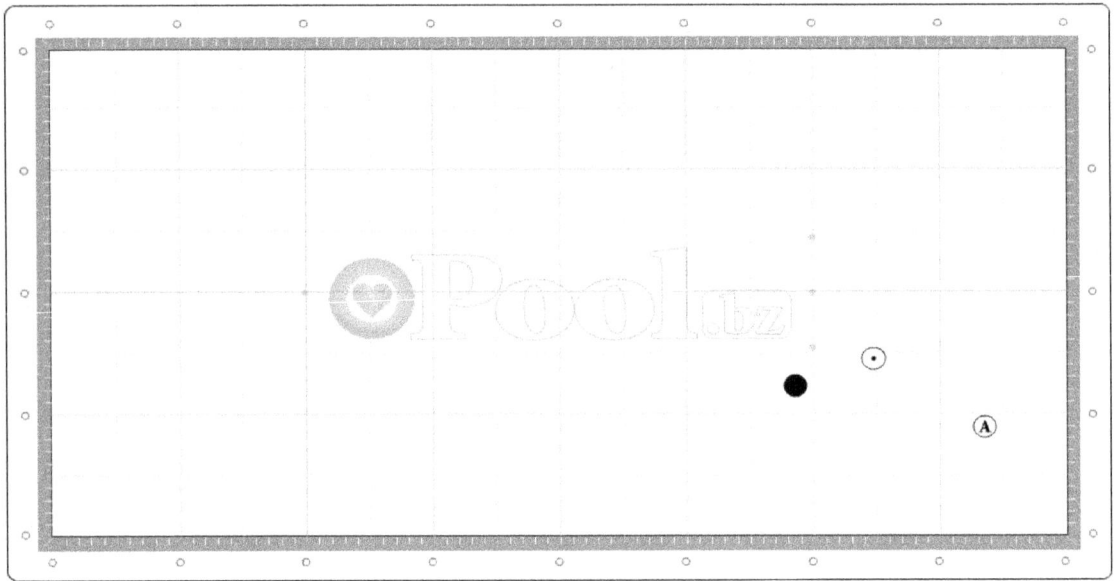

Anteckningar och idéer:

Skottmönster

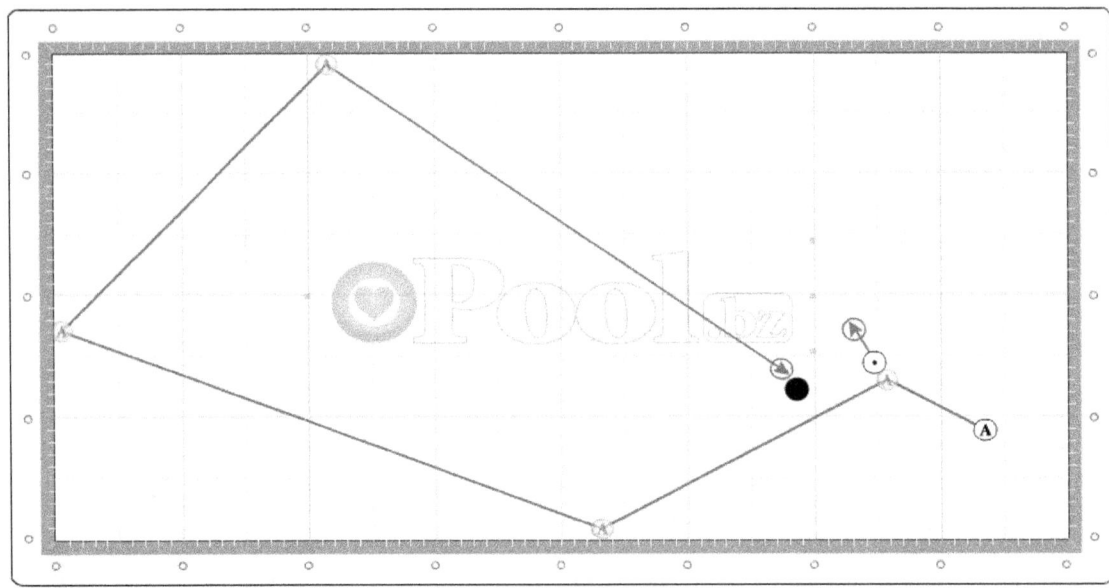

E:2d – Inrätta

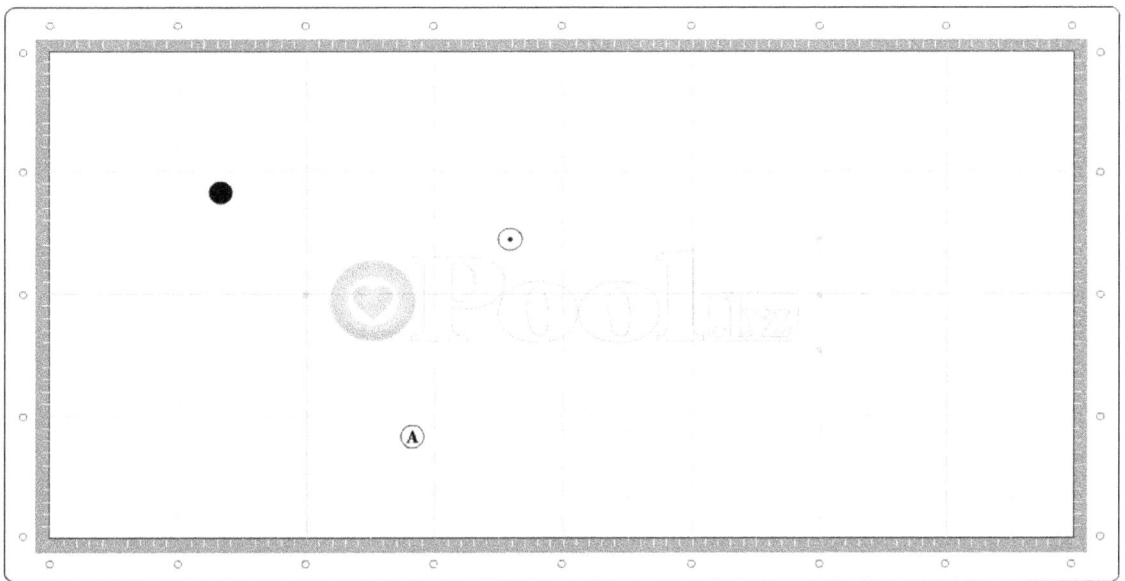

Anteckningar och idéer:

Skottmönster

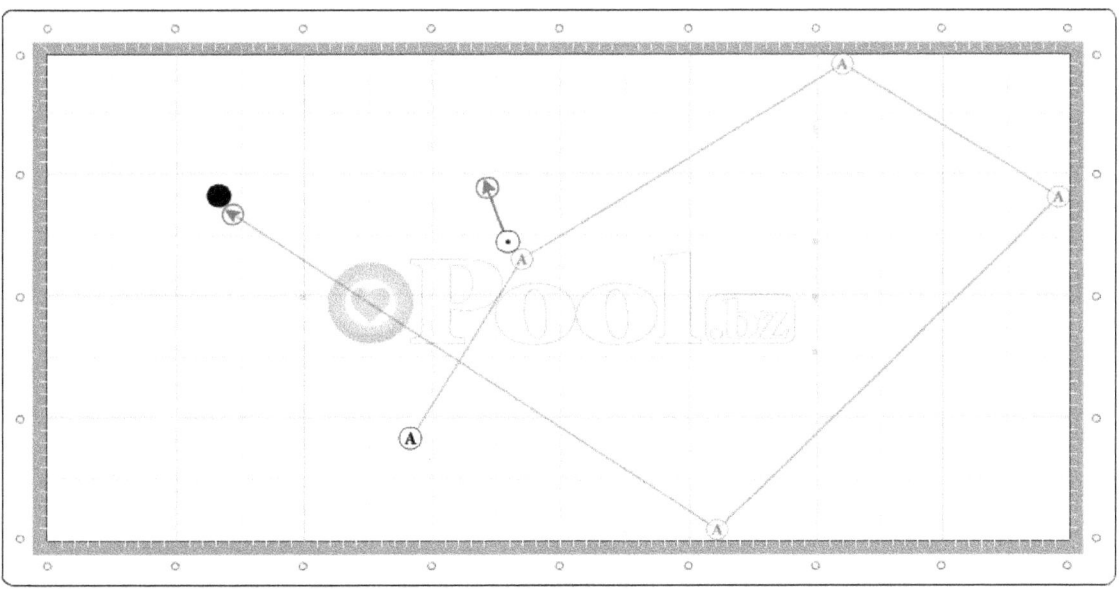

E: Grupp 3

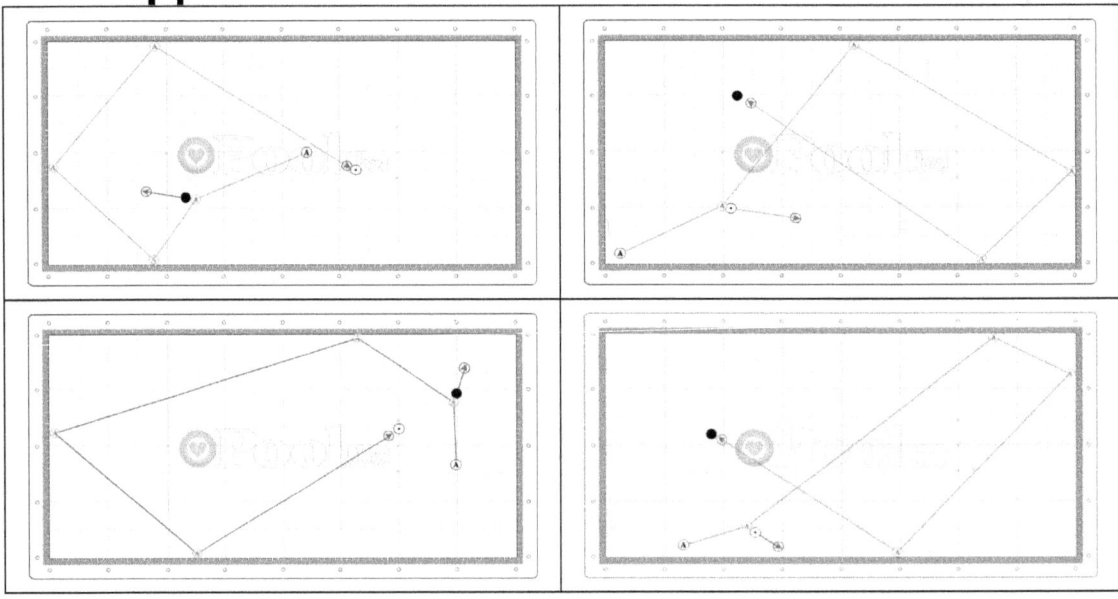

Analys:

E:3a. _____

E:3b. _____

E:3c. _____

E:3d. _____

E:3a – Inrätta

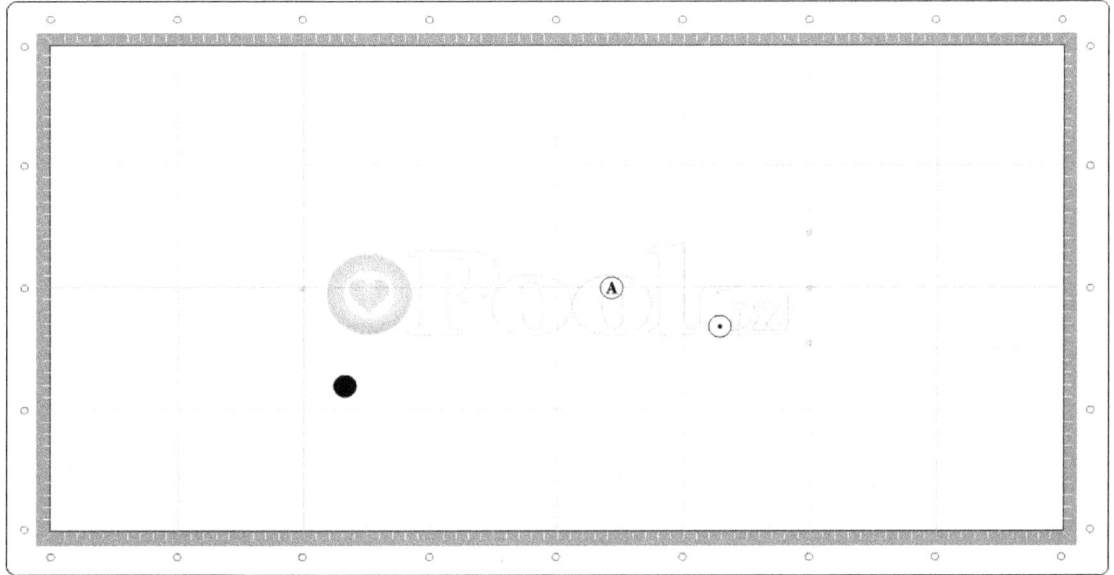

Anteckningar och idéer:

Skottmönster

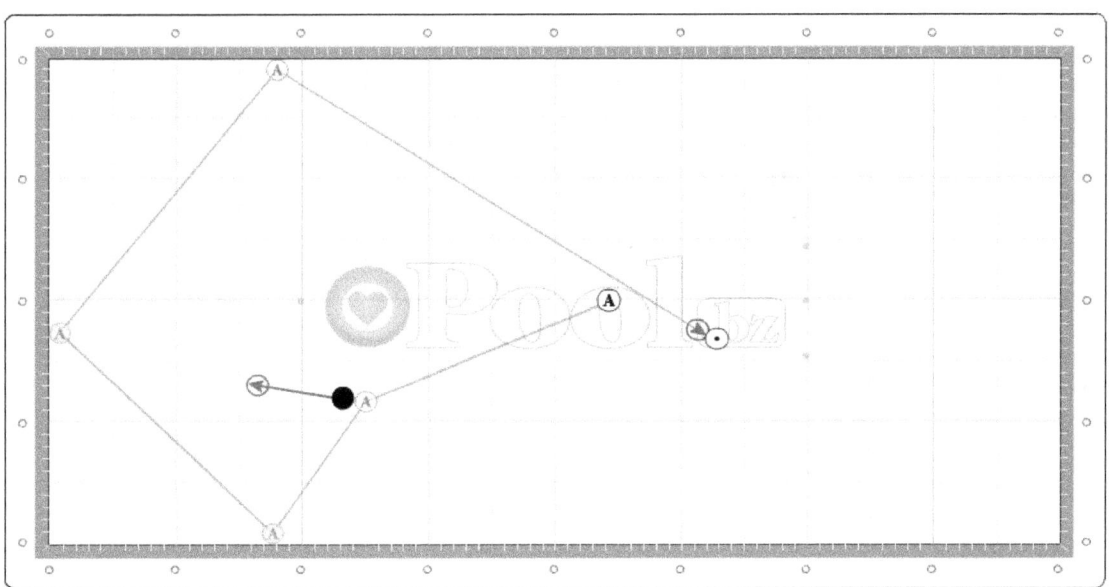

E:3b – Inrätta

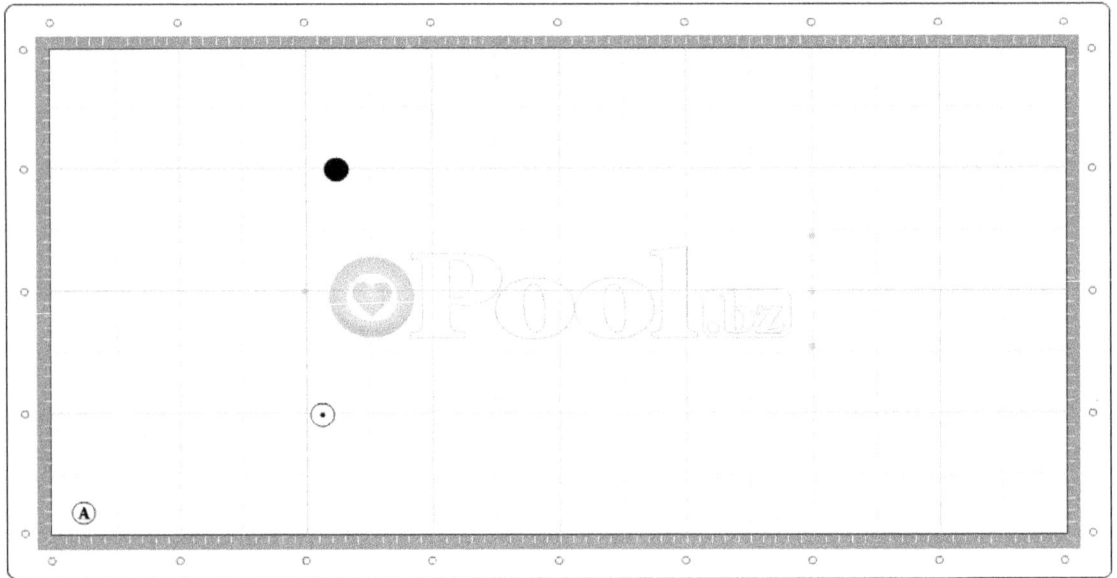

Anteckningar och idéer:

Skottmönster

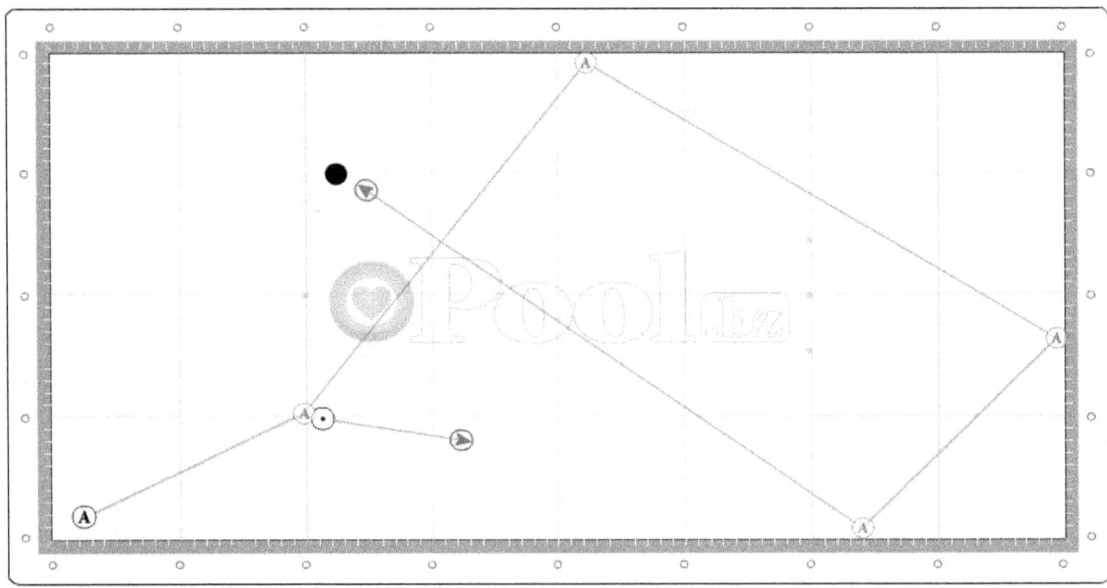

E:3c – Inrätta

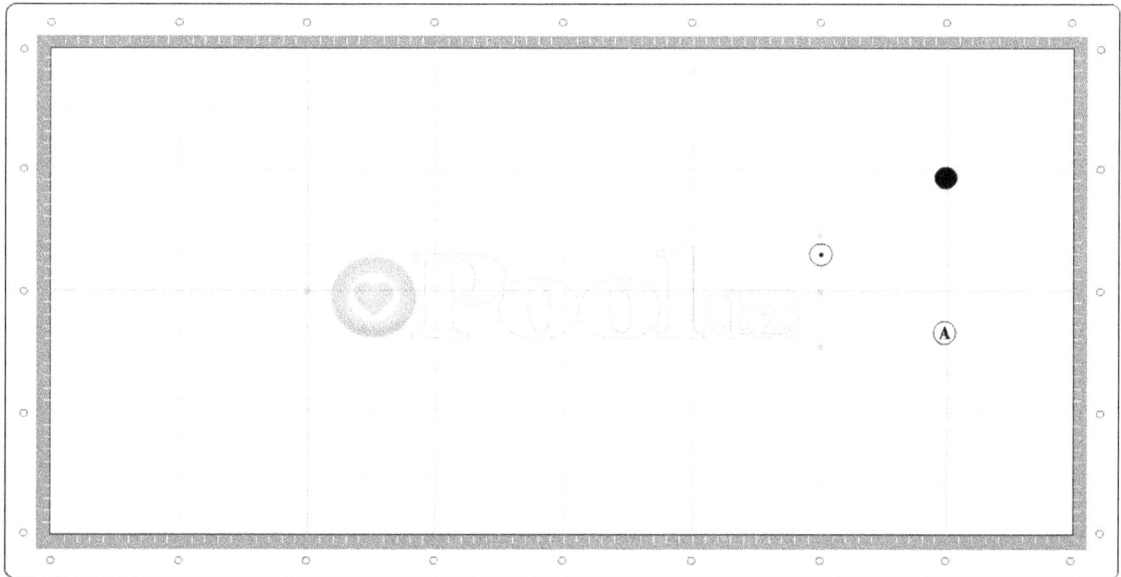

Anteckningar och idéer:

Skottmönster

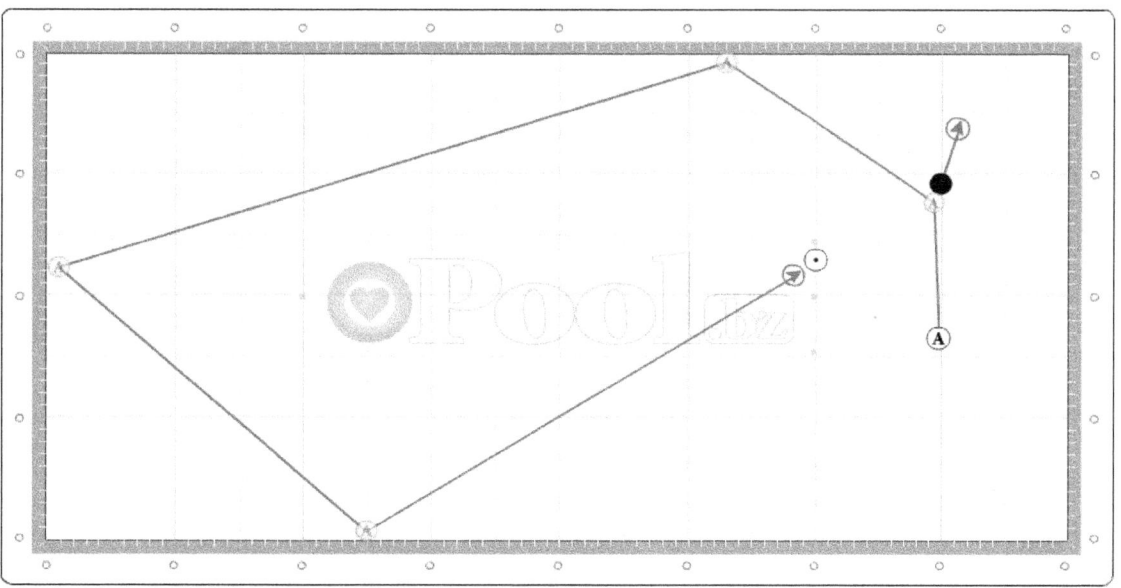

E:3d – Inrätta

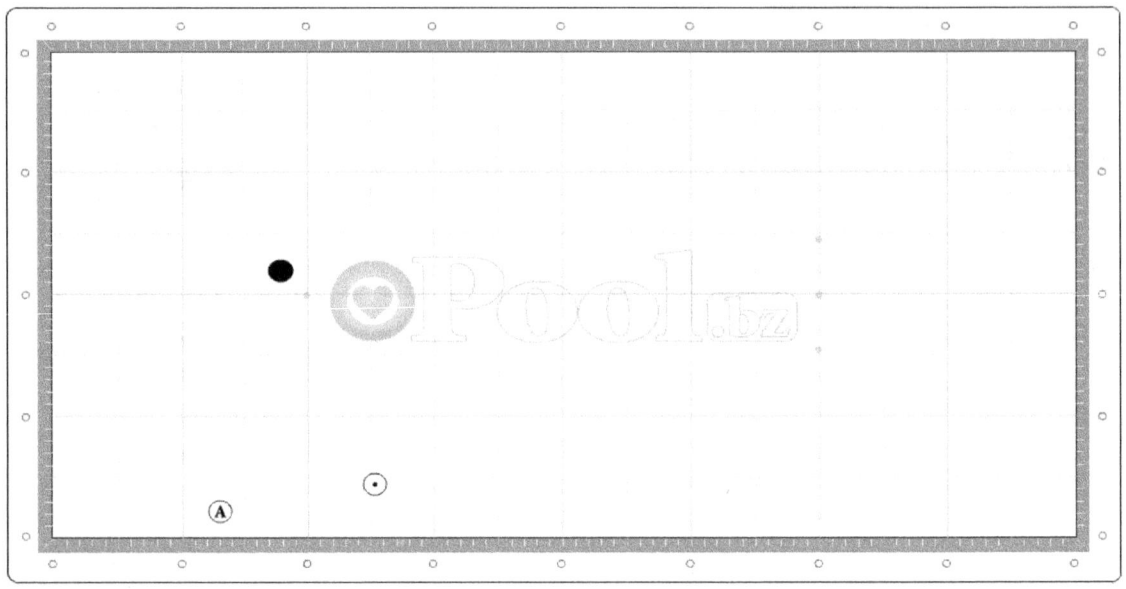

Anteckningar och idéer:

Skottmönster

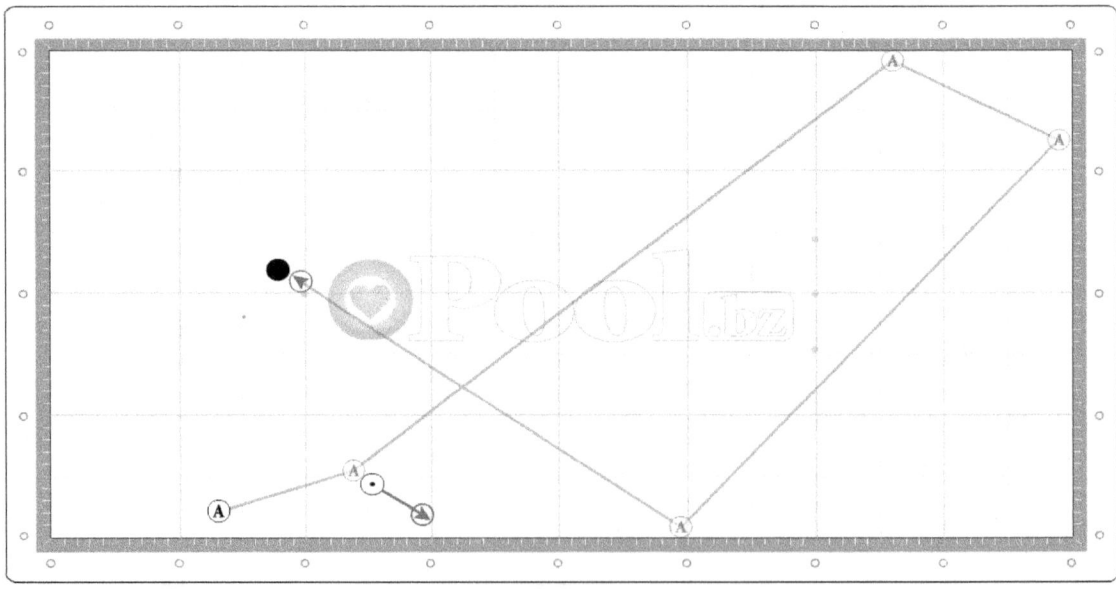

F: Kort ben (modifierat)

(CB) går in i den första (OB) och följer standarden runt världsmönstret. Emellertid modifieras mönstret, eftersom den andra (OB) inte är på den normala vägen in i hemhjälp. Detta innebär att vinklarna måste anpassas för att åstadkomma en träff på den andra (OB).

(A) (CB) (din biljardboll) - (•) (OB) (motståndare biljardboll) - ● (OB) (röd biljardboll)

F: Grupp 1

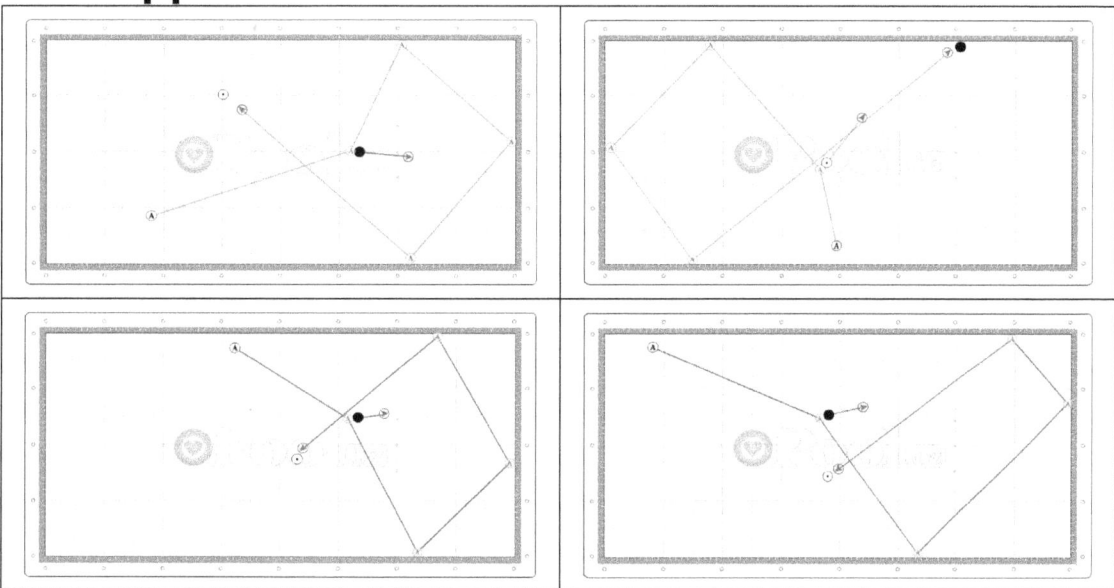

Analys:

F:1a. _____

F:1b. _____

F:1c. _____

F:1d. _____

F:1a – Inrätta

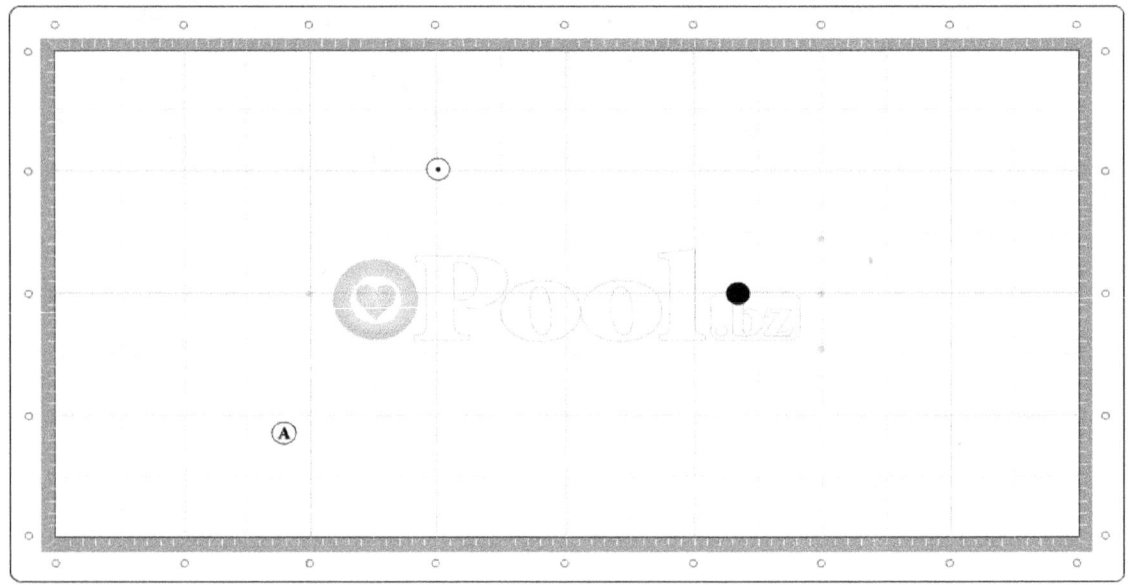

Anteckningar och idéer:

Skottmönster

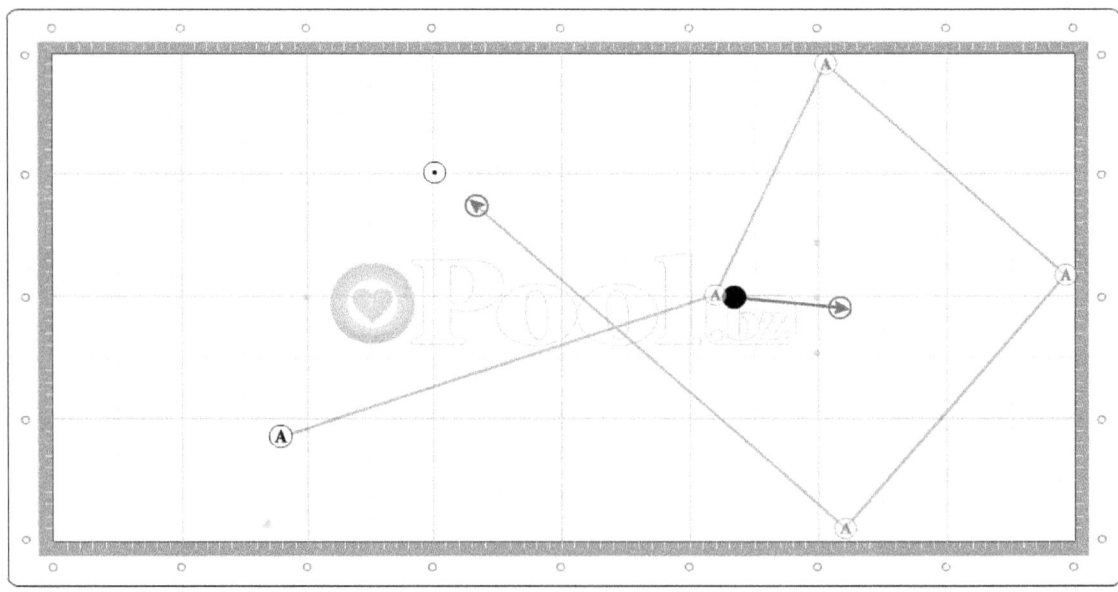

F:1b – Inrätta

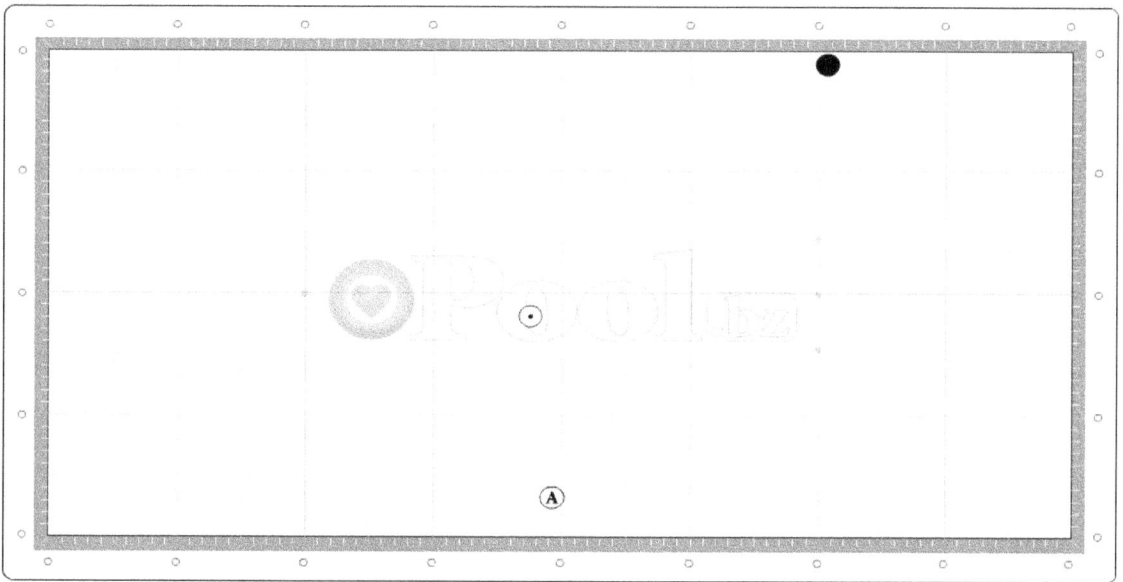

Anteckningar och idéer:

Skottmönster

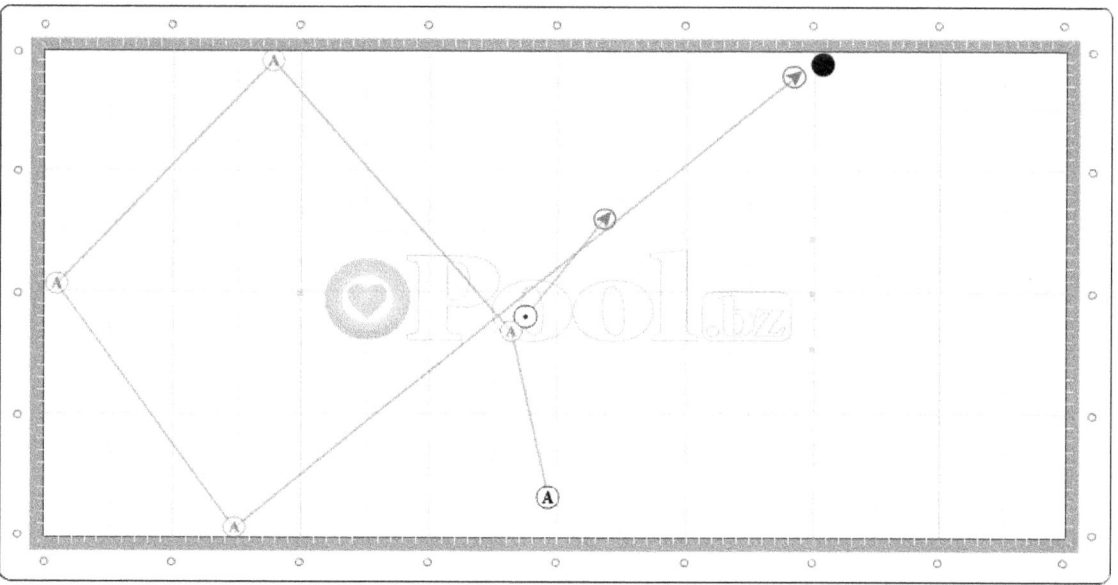

F:1c – Inrätta

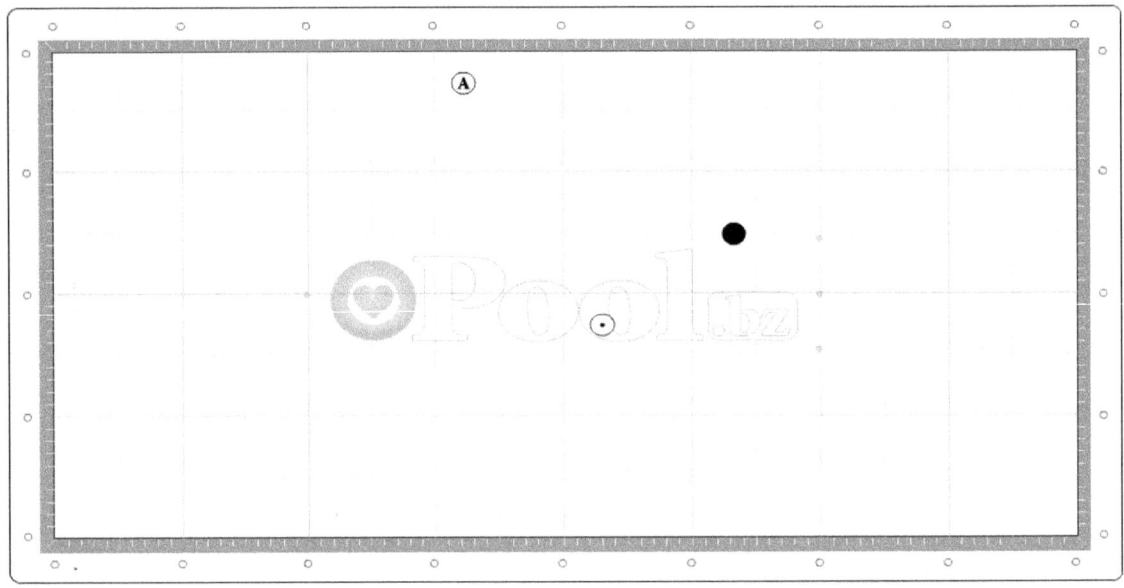

Anteckningar och idéer:

Skottmönster

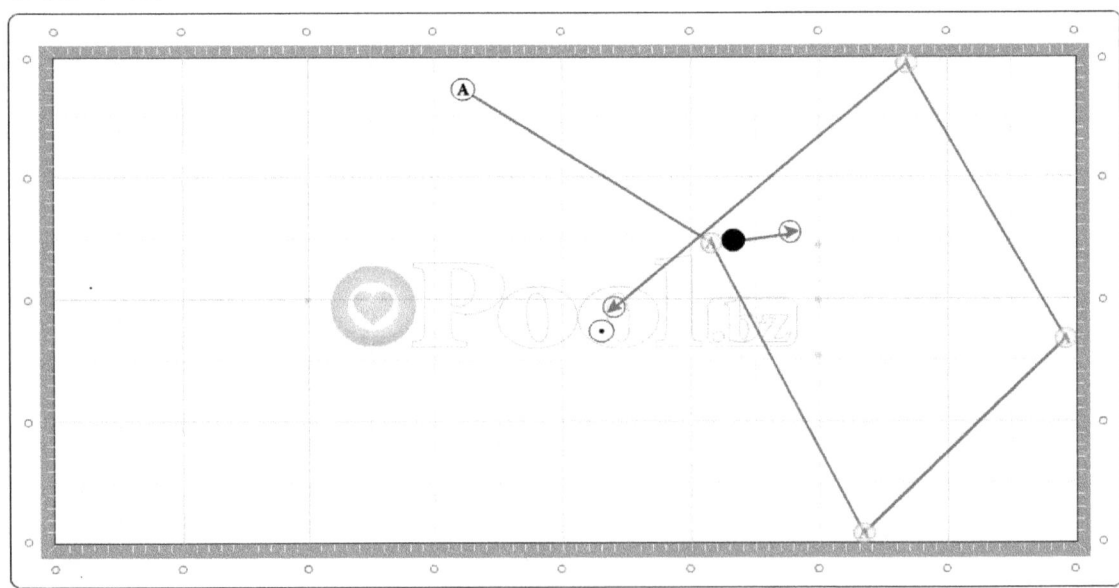

F:1d – Inrätta

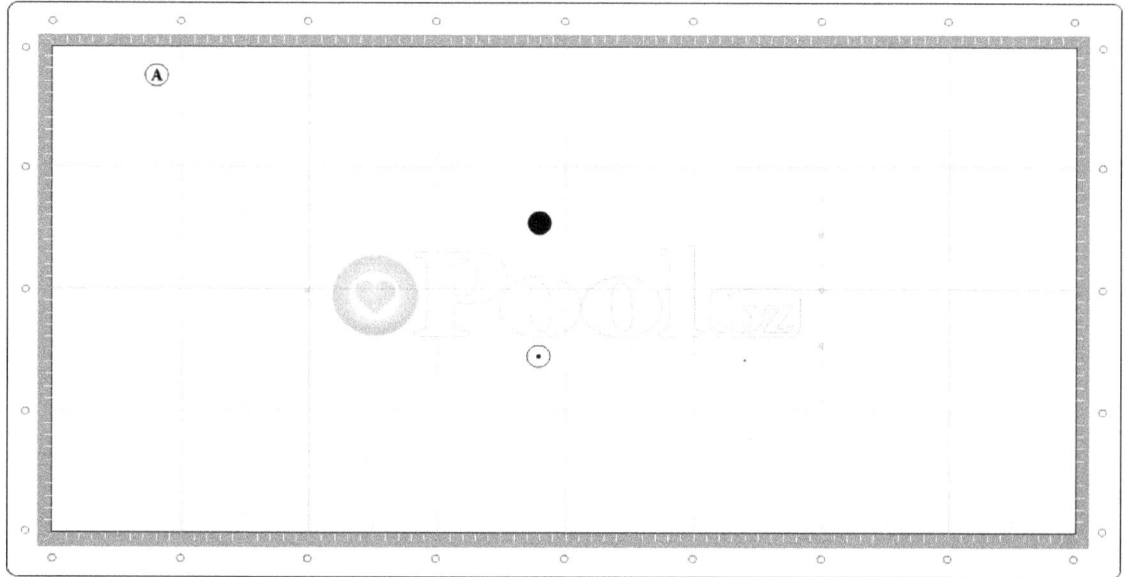

Anteckningar och idéer:

Skottmönster

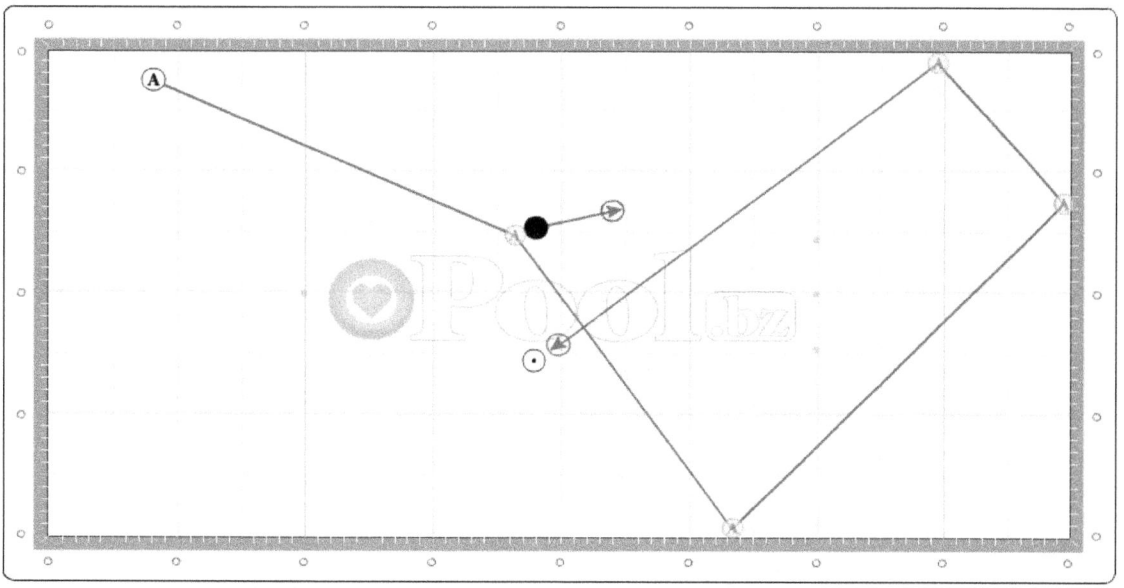

F: Grupp 2

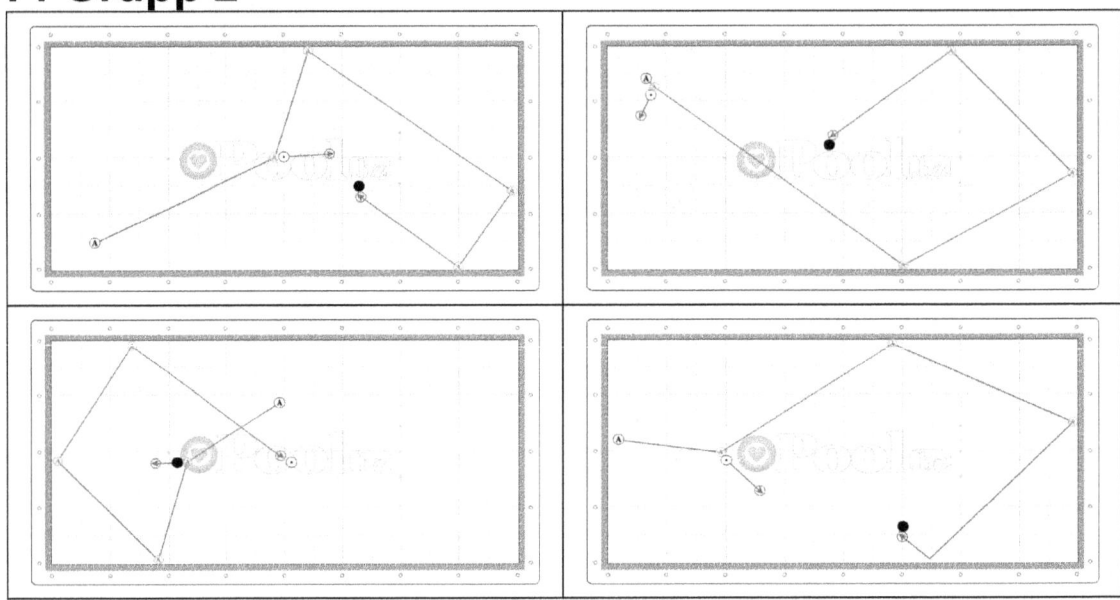

Analys:

F:2a. _____

F:2b. _____

F:2c. _____

F:2d. _____

F:2a – Inrätta

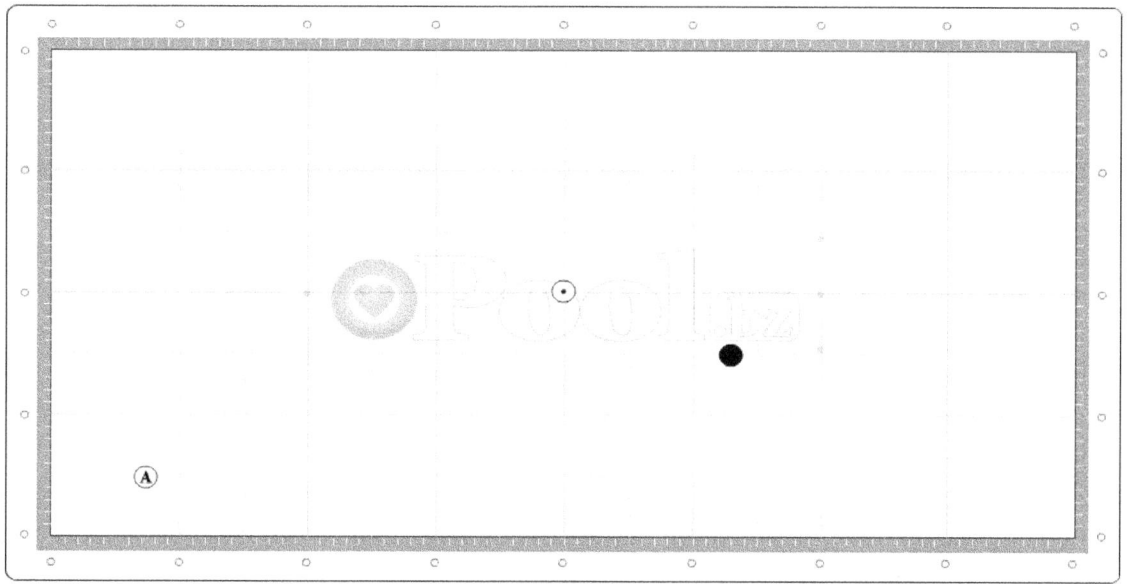

Anteckningar och idéer:

Skottmönster

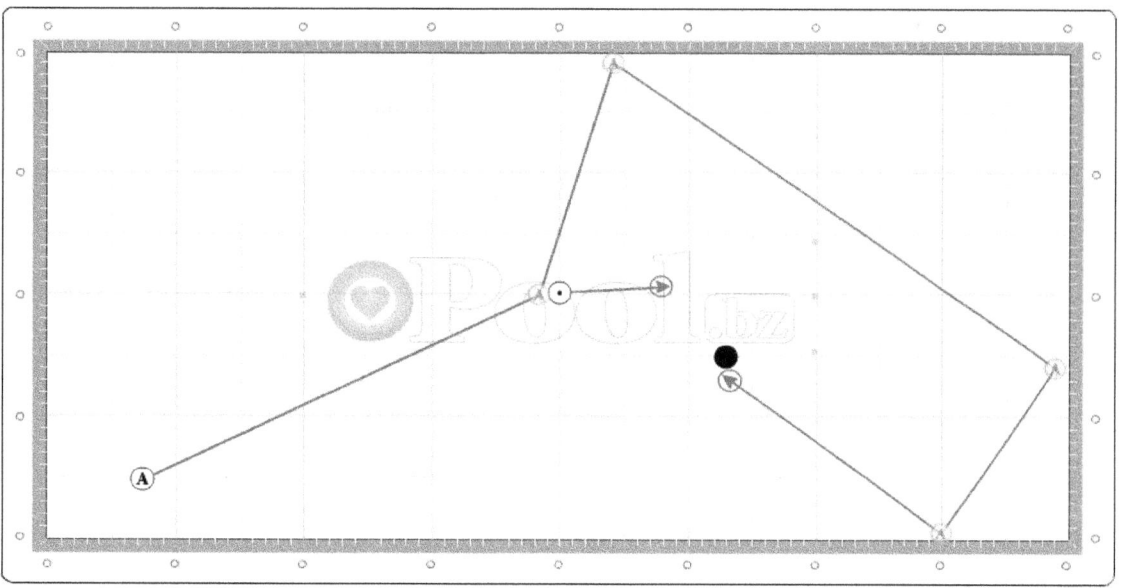

F:2b – Inrätta

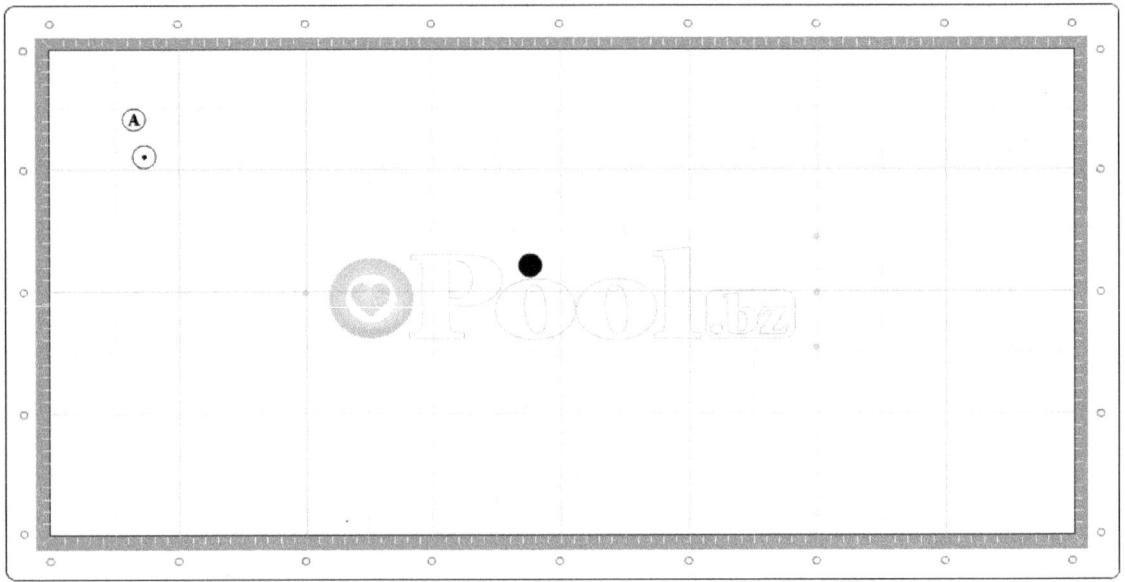

Anteckningar och idéer:

Skottmönster

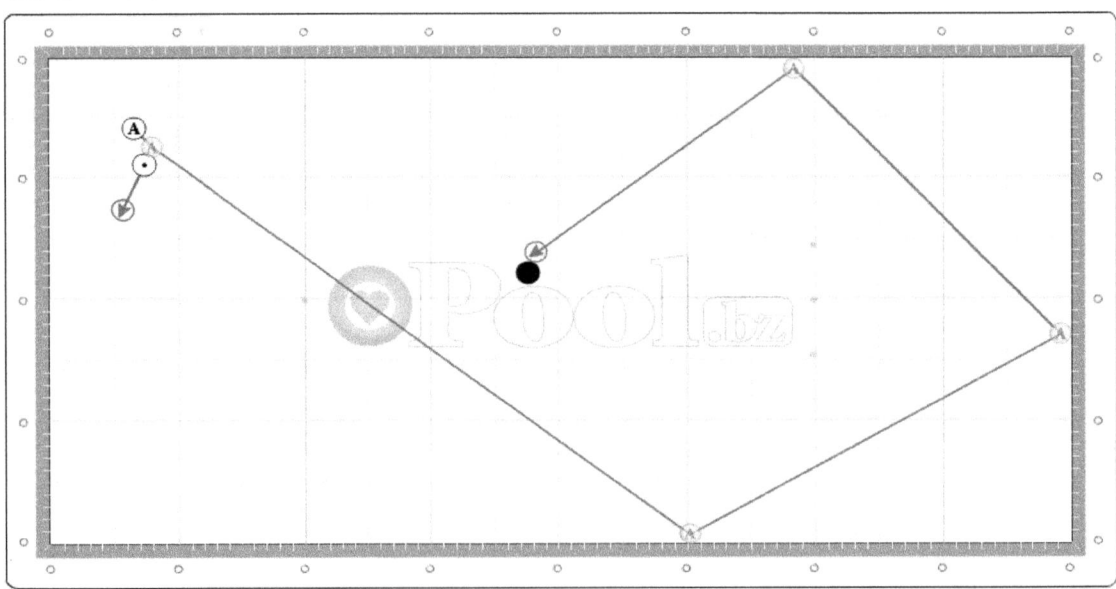

F:2c – Inrätta

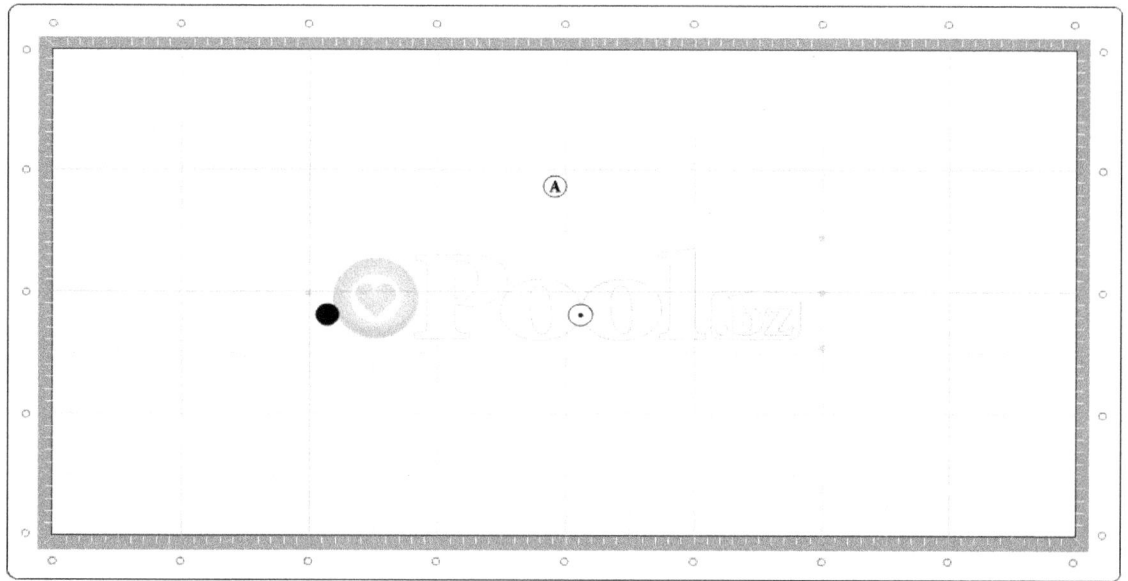

Anteckningar och idéer:

Skottmönster

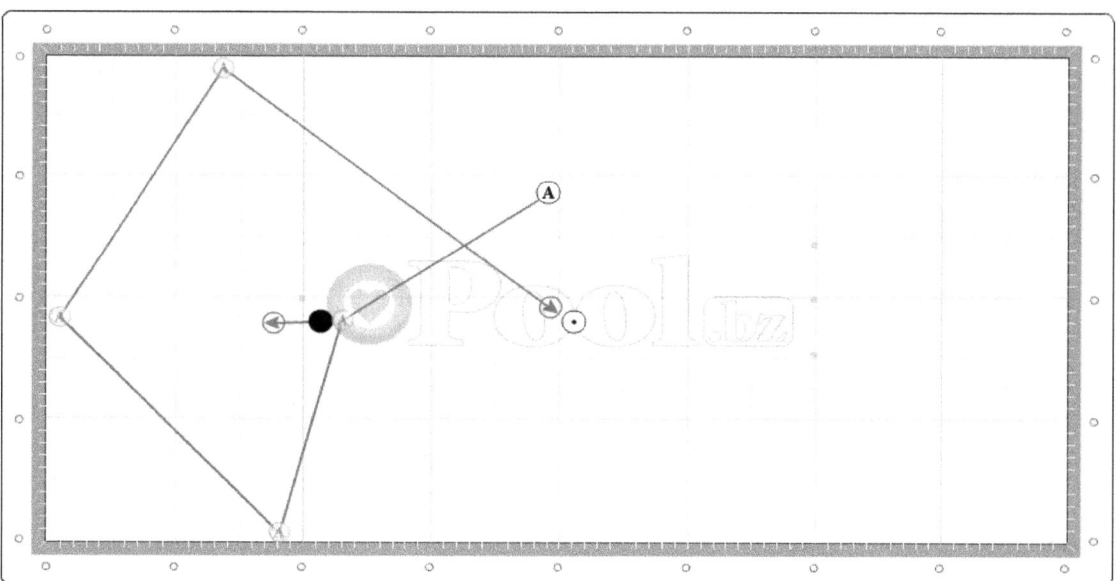

F:2d – Inrätta

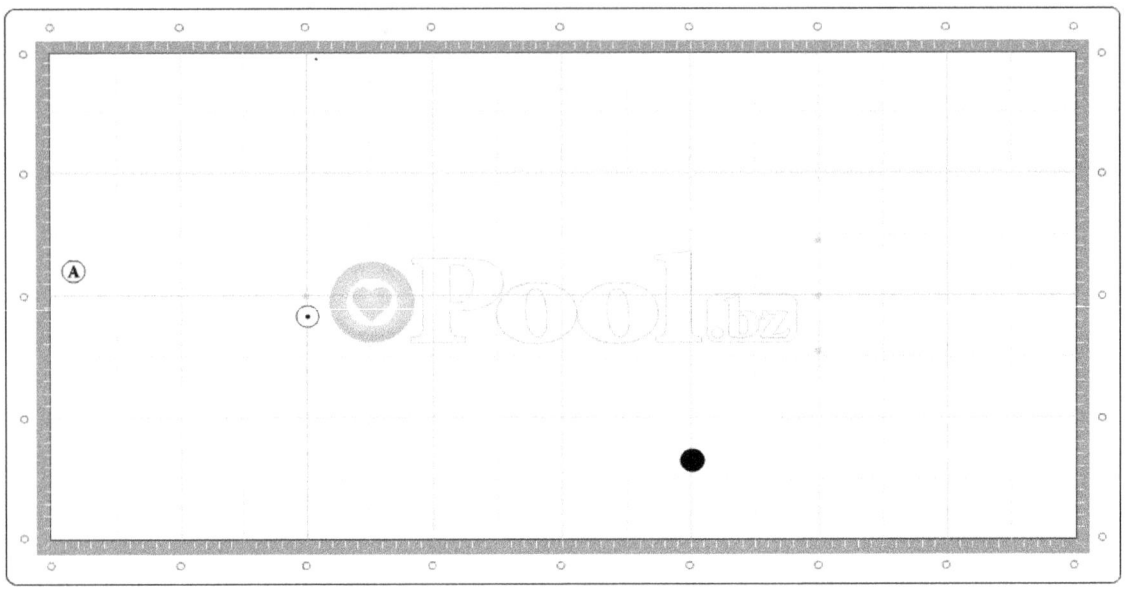

Anteckningar och idéer:

Skottmönster

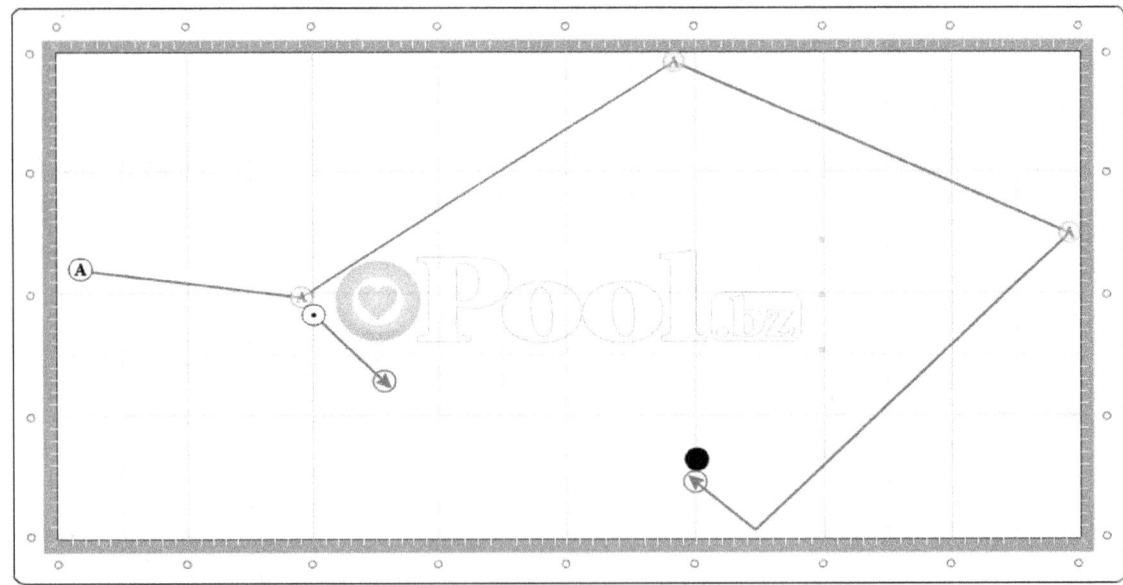

www.ingramcontent.com/pod-product-compliance
Lightning Source LLC
Chambersburg PA
CBHW080922170426
43201CB00016B/2242